인권 유학

신정근

서울대학교 철학과를 졸업하고 동 대학원에서 박사학위를 받았다. 현재 성균관대학교 동양철학과 교수로 재직하고 있으며, 유학대학장 및 유교문화연구소장을 맡고 있다. (사)인문예술연구소를 운영하고 있으며, 〈웹진 오늘의 선비〉를 발행하고 있다.
저서로는 『동양철학의 유혹』, 『논어의 숲, 공자의 그늘』, 『공자씨의 유쾌한 논어』, 『마흔, 논어를 읽어야 할 시간』, 『신정근 교수의 동양고전이 뭐길래?』, 『공자와 손자, 역사를 만들고 시대에 답하다』, 『맹자와 장자, 희망을 세우고 변신을 꿈꾸다』, 『동양철학 인생과 맞짱 뜨다』, 『철학사의 전환』, 『노자의 인생강의』 등이 있고, 옮긴 책으로는 『유학, 우리 삶의 철학』, 『공자신화』, 『중국 현대 미학사』, 『소요유, 장자의 미학』, 『의경, 동아시아 미학의 거울』, 『대역지미, 주역의 미학』 등이 있다.

인권 유학

초판 1쇄 인쇄 2017년 12월 22일
초판 1쇄 발행 2017년 12월 29일

지은이 | 신정근
펴낸이 | 정규상
펴낸곳 | 성균관대학교 출판부
등 록 | 1975년 5월 21일 제1975-9호
주 소 | 03063 서울특별시 종로구 성균관로 25-2
대표전화 | (02) 760-1252~4
팩시밀리 | (02) 762-7452
홈페이지 | press.skku.edu

ⓒ 2017, 유교문화연구소

값 15,000원

ISBN 979-11-5550-267-9 94150
      978-89-7986-493-9 (세트)

* 잘못된 책은 구입한 곳에서 교환해 드립니다.

유교문화연구총서 19

인권 유학

신정근 지음

　'유학儒學'은 처음 듣는 말이 아니지만 선뜻 그 특징이 잡히지 않는다. 유학은 우리가 숨 쉬며 살 수 있는 공기처럼 늘 익숙한 듯 여겨지지만 정작 "그것이 뭐냐?"고 물으면 그 정체를 말하기가 쉽지 않다. 유학에 대한 정의가 없지는 않다. 하지만 기존의 정의는 그리 익숙하지 않은 인물과 한자투의 전문 용어로 되어 있어서 보고서도 뭐가 뭔지 알기가 쉽지 않다. 예컨대 공자孔子 정도는 들어보았지만 요 임금과 순 임금이라든지 동중서라든지 인물이 열거되면 낯설어서 무엇을 말하는가라는 의구심이 든다. 또 수기안인修己安人, 천인합일天人合一, 체용일원體用一源 등의 용어를 보면 유학에 더 가까이 다가가지 않고 더 멀어진다는 느낌을 받는다. 사실 정의는 더 설명이 필요하지 않은 자명한 용어를 사용하여 명확하게 의미를 전달해야 한다. 예컨대 총각은 결혼하지 않은 남자로 정의된다. 결혼과 남자의 의미를 알고 있으면 '총각'이라는 말을 처음 보고 듣더라도 그 말이 누구를 가리키는지 알 수가 있다. 그렇다면 유학의 정의도 처음 들어보는 인물과 낯선 전문 용어를 배제하고서 누구나 알 수 있는 용어를 사용해서 시도되어야 한다.

그래서 이 책에서는 유학에 대해 총체적 정의를 시도하고자 한다. 그 시도의 결실을 소개하면 다음과 같다. "유학은 사람이 전승 문화를 평생 학습하여 삶의 제도로 습관화시키고 내재적 역량을 바탕으로 자신의 기질을 통제하고 부족하고 과도한 부분을 변화시켜 일상과 정치 영역 그리고 국제 관계에서 상생과 평화의 가치를 극대화시키는 거룩한 사람이 되고자 하는 가치 체계이다." 이러한 정의가 유학의 특징을 잘 드러낼 수 있다면 유학의 정의를 둘러싸고 논의가 활발히 일어나는 계기가 되기를 바란다. 이것이 바로 내가 이 책을 집필하는 첫 번째 이유이다.

유학은 한 번에 완성된 가치 체계를 숭배하고 현실에 실현해야 했던 절대적 교조가 아니다. 유학은 공자에 의해 틀을 갖추었지만 그의 사후에도 맹자에서부터 조선의 최한기에 이르기까지 그리고 근대 계몽주의자까지 끊임없이 그 교의를 시대와 더불어 호흡하기 위해 확장과 발전을 거듭했다. 유학의 텍스트는 최초의 성경 한 권에 한정되지 않고 계속해서 다시 쓰이는 무한한 팽창을 거듭했다. 앞으로 시대가 진행된다면 그만큼 유학의 텍스트가 늘어날 것이다.

그렇다면 오늘날 제4차 산업혁명이 논의되는 상황에서 유학은 무엇을 화두로 삼아서 연구되고 현실에서 실천되어야 할까? 지금까지 유학은 내면의 성찰을 통해 넘치지도 모자라지도 않은 중용을 실천하는 사람을 길러내고자 했다. 중용을 잃은 극단의 언행은 개인을 불행의 나락으로 내몰기도 하고 공동체를 위험의 사지로 내몰 수 있기 때문이다. 하지만 오늘날 우리는 불행과 위험의 가능성 때문에 사람이 실험하고 도전할 수 있는 다양한 가능세계를 금지할 수는 없다. 즉 사람이 갈 수 있는 길이 뻔히 정해져 있지도 않고 꿈꿀 수 있는 상상이 판에 박힌 듯이 상투적이지도 않다. 파국으로 치닫는 상황이 명시적이지 않다면 내가 하고 싶은 욕망을 금지할 수는 없다. 그것이 나다움을 이루는 길이고 사람다움을 넓히는 가능성의 세계이기 때문이다. 이런 측면에서 유학은 사람이 사전의 금제와 관행에 억눌리지 않고 자율적으로 자신의 길을 선택할 수 있도록 자기 결정권을 허용하지 않을 수가 없다. 그래서 유학은 인권과 결합할 수 있는 방향으로 진화해야 한다. 21세기 유학은 인권 유학의 가치를 지향할 수밖에 없다. 인권의 시련을 견뎌내지 않으면 유학은 전통 문화에만 머물게 될 뿐 시대와 호흡하는 사상 자원이 될 수가 없기 때문이다. 이것이 바로 내가 이 책을 집필하는 두 번째 이유이다. 아울러 이 책은 '인권 유학'이란 신조어를 통해 유학의 미래를 최초로 제시한다는 점에서 중대한 의의를 갖는다고 할 수 있다.

성균관대학교 유교문화연구소 소장을 맡은 지 벌써 4년이 지나갔다. 처음의 어수선함과 낯설음이 아직도 가시지 않았는데 시간은 그렇게 속절없이 흘렀다. 이 글은 그간 "유학이 무엇일까?" "어떻게 유학 연구를 활성화시킬까?"라는 화두를 생각하고 고민한 흔적이다. 글이 한 번 완성되더라도 그것은 그 시점의 나일 뿐이고 미숙함과 조급함이 결국 드러나므로 지속적으로 수정되고 보완되지 않을 수가 없다. 시간이 지났다고 하더라도 아직도 나의 생각이 여물지 않고 흐물흐물한 상태이므로 고친다고 고쳤지만 크게 나아지지 않고 그나마 눈에 들어온 오류와 허물을 조금 가릴 뿐이다. 이 책이 유학의 정체와 방향에 대한 대화의 장을 마련하는 데에 일조하기를 바랄 뿐이다.

유교문화연구소 소장을 맡은 동안 부족한 사람과 함께 한 연구원과 조교분들에게 진심으로 감사드립니다. 마지막으로 예정된 시간을 넘겼지만 차분히 기다려준 성균관대학교 출판부에도 고마움을 전합니다.

2017년 겨울
만기당晩器堂 수어재에서 신정근 씁니다

│차례│

■ 序文 / 5

제1장 유학이란? ·· 11
　　　– 유학에 대한 총체적 정의 시도 –
　　　1. 정의의 부재와 어려움 / 12
　　　2. 정의의 시도들과 그에 대한 촌평 / 16
　　　3. 유학의 정의 / 29
　　　4. 맺으며 / 37

제2장 유학과 인권의 결합 지점을 찾아서 ···················· 39
　　　1. 문제 제기 / 40
　　　2. 유학의 과제와 그 역사 / 42
　　　3. 유학과 인권의 결합 지점 / 48
　　　4. 맺음말 / 55

제3장 인권 유학으로서 21세기 동아시아학의 성립 가능성 모색
　　　– 유학사儒學史의 궤적과 함께 – ···························· 59
　　　1. 문제 제기 / 61
　　　2. BC 6세기 체제: 황하黃河 + 존왕양이尊王攘夷 +
　　　　유술儒術 + 지역학 / 65
　　　3. 960년 체제: 해내海內 / 천하天下 + 천하일통天下一統 +
　　　　성학聖學 · 도학道學 + 절대적 보편학 / 72

4. 1644년 체제: 청 · 조선 · 에도 + 보편의 경쟁 +
   중화학中華學 + 상대적 보편학 / 81

4. 1894~1895년 체제: 국민국가 + 억압적 대동아공영 +
   국학 + 국권國權 담론 / 94

6. 21세기 신체제: 동아시아 + 인권의 심화 +
   인권유학 + 공동체성 / 106

7. 맺음말 / 116

제4장 현대 유학의 길, 탈脫중국화와 인권 유학 ·············· 121

1. 문제 제기 / 122

2. 중국 '기원'론의 한계와 모순 – 한국과 중국의
   충돌 경험을 중심으로 / 125

3. 유학 전개의 시기 구분과 체제 구분 / 130

4. 인성 유학에서 인권 유학으로 / 138

5. 맺음말 / 146

제5장 신유교 윤리의 '동반성'에 대한 현대적 재해석 ········ 149
   – 구삼강오륜에서 신삼강오륜으로 –

1. 문제 제기 / 151

2. '구삼강오륜'의 특성과 근대의 '삼강오륜' 논쟁 / 153

3. 신삼강오륜의 제언: 동반同伴과 공진共進의
   관계적 자아 / 170

4. 맺음말 / 187

제6장 인권 유학의 현실 적합성과 응용 ·········· 189

    1. 문제 제기 / 190

    2. 부르키니burquini 착용과 '쩍벌남manspreading' 논쟁 / 192

    3. 『흥부전興夫傳』과 인성人性 유교 / 196

    4. 사익私益 추구 : 약탈과 가치의 창출의 차이 / 198

    5. 인권人權 유교의 길 / 199

    6. '국민－기계'론의 맹위－유교의 동아시아 맥락에서 / 200

    7. '국민－기계론'의 무용無用과 한국의 촛불혁명 / 204

■ 참고문헌 / 208

제1장 유학이란?

─ 유학에 대한 총체적 정의 시도 ─

요약문

유학은 공자와 긴밀한 연관성을 갖지만 인물로만 그 특성이 드러나지 않는다. 그 특성이 잘 드러나지 않으면 많은 말을 하더라도 유학의 정체성이 분명해지지 않는다. 아울러 유학은 시대마다 다른 이름을 부여받아 일실다명一實多名의 복잡성을 지니고 있다. 또 기존의 유학 정의는 전문적인 용어를 사용하여 일반인에게 암호와 같은 느낌을 던져주었다. 이 글에서는 지금까지 유학의 정체성을 규명해온 한·일·중의 대표적 사례와 사전에 간명하게 규정된 정의를 살펴보고자 한다. 그 과정에서 과도하게 인물과 전문적 용어에 의존하여 핵심 가치가 잘 드러나지 않기도 하고, 공자가 과거로부터 이어받은 측면과 스스로 발견한 측면의 관계가 제대로 밝혀지지 않기도 한다. 이런 성과를 바탕으로 전문용어와 특정 인물에 의존하지 않고 정의에 쓰인 용어의 의미를 통해 유학의 정체성을 구성할 수 있는 항목별 정의와 총체적 정의를 시도하고자 한다.

키워드 : 유학, 유儒, 총체적 정의, 일실다명一實多名, 공자

1. 정의의 부재와 어려움

나는 모임에서 자기 소개를 하게 되면 공부가 업인지라 전공을 말하게 된다. 이때 '유학'을 전공한다고 하면 내가 미처 예상하지 못한 물음을 받는 수가 있다. "유학을 공부하면 유학을 가느냐?" 이 이야기는 요즘 말로 하면 재미가 없어 웃음의 포인트를 찾기 어려운 아재개그의 일종으로 들리지만 웬만한 동양철학 연구자라면 실제로 현장에서 한 번씩 들어보았다는 고전적 에피소드이다. 인문학 또는 고전을 공부한다면 유학이 무엇을 가리키는지 잘 알지만 그렇지 않으면 유학儒學이 동음이의어인 유학遊學과 얼마든지 혼동할 수 있다.[1]

어찌 보면 이 이야기는 유학儒學이 그만큼 일반 사람에게 낯설게 느껴진다는 증거라고 할 수 있다. 사람은 대화 상황에서 어떤 말을 들으면 그 음성으로 환기되는 지시 대상을 떠올리게 된다. 이때 '유학'이란 발음을 인지하면 사람은 잠깐 "그게 뭘까?"라고 생각하다가 "아하, 살던 곳을 떠나 멀리 대도시나 외국으로 공부하려 가는 행위"로서 유학을 연상하게 된다. 물론 상대방과 대화를 지속하다보면 자신이 떠올린 '유학'이 상대방이 말하는 '유학'과 다르다는 점을 알아차리고 재차 "그게 뭘까?"라는 물음 상황으로 들어가서 다음처럼 자신의 오류를 교정할 수 있다. "그래, 저 사람이 말하는 '유학'은 내가 처음에 생각한 '유학'과 달라. 아마 공자와 관련된 사상을 가리키는 모양이지."

이러한 에피소드는 사상으로서 유학이 사람에게 대도시나 해외로 공부하려 가는 유학처럼 명확하게 식별되지 않는다는 현실을 보여준

---

1 유학儒學과 유학遊學의 동음이의어의 관계는 한국어에서 나타나는 발음 현상이다. 중국의 경우 유학儒學은 '루쉐'이고 유학遊學은 '요우쉐'로 발음되므로 두 개념을 우리처럼 동음이의어로 보는 일이 일어나지 않는다.

다. 물론 일상에서 경험할 수 있는 일과 추상적인 학문은 원래부터 난이도의 차이가 있다. 유학 공부한다는 말보다 유학 간다는 말을 많이 듣게 되므로 난이도의 차이가 심화될 수 있다. 그렇지만 사상으로서 유학이 어렵다고 하더라도 그에 대한 경험이 있고 정의가 분명하게 있다고 한다면 사정은 달라질 수 있다. 어렵다고 하지만 그것이 무엇을 가리키는 정도는 인식할 수 있기 때문이다. 따라서 지금 '유학'하면 곧바로 해외(도회지) 유학을 연상하고 사상 유학을 떠올리지 못하는 상황은 두 가지 현실을 상징적으로 보여준다. 하나는 유학에 대한 정의가 부재하여 그 정체가 분명하지 않다는 점이고, 다른 하나는 첫 번째 이유로 인해 유학이 가까이 하려고 해도 쉽게 다가갈 수 없는 어려운 대상으로 여겨진다는 점이다. 즉 유학은 가까이 하기에 너무 먼 대상인 셈이다.

　사람마다 이름이 있다. 어떤 사람을 만나 이야기를 나누려면 그 사람의 이름을 불러야 한다. 이렇게 불리는 이름을 지을 때 작명가가 특정한 가치와 의미를 고려할 수 있다. 하지만 이름을 부르고 불리는 행위에서 이름에 담긴 가치와 의미가 그리 중요하지 않다. 이름은 다만 다른 사람과 구분되는 음가를 나타내는 기호에 지나지 않는다. 간혹 동명이인同名異人이 있으면 신체를 기준으로 '작은'과 '큰'을 이름 앞에 붙이거나 단순히 'a'와 'b'를 이름 뒤에 붙여 두 사람의 식별을 나타낸다.

　그런데 사람이 어떤 분야에서 활약하든 평가의 대상이 되면 이름의 특성이 달라진다. 예컨대 조선시대에 일본군을 물리쳤던 충무공 이순신李舜臣 장군을 살펴보자. 합당한 근거를 제시하지 않고 이순신을 역적으로 평가하면 '이순신'과 '역적'의 결합이 부당하다는 비판을 받을 수 있다. 이순신의 이름은 구국救國의 영웅 또는 충신의 평가를 받아 그러한 의미 맥락으로 쓰이고 있으므로 이순신의 이름에 '역적'

의 꼬리표를 달 수 없기 때문이다. 이때 이름은 다른 사람과 식별되는 기호가 아니라 특정한 평가를 부과하는 대상이 된다. 그리하여 "이순신은 역적이 아니다" "이순신은 충신이다"는 명제 형태로 이름이 쓰이게 된다.

유학은 특정한 사람을 부르는 이름이 아니다. 하지만 유학은 사람과 다른 어떤 대상을 가리키는 이름임에는 틀림이 없다. 유학을 "미국의 건국 사상으로서……"(이)라는 맥락으로 말한다면 우리는 그 내용이 유학과 관련이 없다고 비판한다. 이렇게 비판을 한다는 것은 유학에게만 어울리는 내용이 있다는 말이다. 또 유학이 그 고유한 내용을 가리키는 이름으로 쓰인다는 뜻이다.

그렇다면 '유학'은 특정한 가치와 의미를 가지지 않고 단순히 병학兵學, 농학農學, 묵학墨學 그리고 물리학, 화학 등과 음가가 다르다는 점만을 나타낼까. 그렇지 않다. 물리학과 병학은 유학과 다른 음가를 가지면서 동시에 각자 연구하는 독특한 분야를 나타낸다. 농학과 물리학은 각각 구체적으로 농사와 자연의 대상과 긴밀하게 관련이 된다. 이 때문에 강과 바다에서 수산 자원을 관리하는 일을 농학이라고 부르지 않고 수산학水産學이라 부르고, 세계에 존재하는 물질과 원소를 물리학의 대상으로 보지 않고 화학化學의 대상으로 간주한다.

이러한 용례에 따르면 유학은 농학이나 물리학 등과 구별되는 고유한 연구 대상을 갖는 학문이라고 할 수 있다. 농학의 농과 물리학의 물리가 각각 고유한 연구 대상을 가리킨다면 유학儒學의 '유'가 비슷한 기능을 한다고 할 수 있다. 즉 유학은 '유'를 연구하는 학문이라고 할 수 있다. 유는 유학이 다른 학문과 구분되는 특징을 나타내는 결정적 포인트라고 할 수 있다. 이로써 유학을 정의할 수 있는 실마리가 풀렸다고 할 수 있다.

하지만 조금만 깊이 들어가보면 기대와 달리 어려움이 나타난다.

앞서 말한 농학의 농과 물리학의 물리는 심오한 사유와 복잡한 추론을 거치지 않더라도 그 대상이 구체적으로 무엇을 가리키는지 분명하다. 농사와 자연을 전혀 모르지 않는 한 농학과 물리학이 무엇을 대상으로 연구하는 학문인지 쉽게 파악할 수 있기 때문이다. 따라서 농학과 물리학의 연구 대상을 두고 심각한 논쟁이 벌어질 가능성이 없다.[2] 반면 유학의 유儒는 농학의 농, 물리학의 물리처럼 분명하지 않다. 유학의 '유'가 분명하지 않다고 하더라도 유학을 정의할 수 있는 길은 분명하다. 적어도 유가 무엇인지 밝혀낸다면 유학을 명백하게 정의할 수 있다고 할 수 있기 때문이다.

유학을 정의할 수 있다는 희망이 생기지만 정의의 어려움이 완전히 없어지지 않았다. 유학은 시대에 따라 도학道學, 성리학性理學, 신유학新儒學 등 다양하게 다른 이름으로 불렸기 때문이다. 우리는 유학의 유를 밝히면 그 정의를 속 시원하게 내릴 줄 알았지만 대상이 하나인데 이름이 여럿인 일실다명一實多名의 새로운 환경을 맞이하게 되었다. 일실일명一實一名도 추상 명사의 경우 의미를 파악하기가 쉽지 않은데 일실다명이면 그 어려움은 배가된다고 할 수 있다. 이렇게 되면 유학의 의미를 밝힌다고 하더라도 그 의미[一實]가 과연 다명多名을 다 포괄할 수 있을지 의문이 든다.

이러한 의문을 풀려면 이전에 생각할 수 없었던 새로운 문제가 제기된다. 제일 먼저 유학의 의미를 밝히는 작업과 동시에 도학道學, 성

---

2 오늘날 학제간 연구(inter-disciplinary research) 또는 간학문처럼 전공 영역 안에 한정되지 않고 유사 또는 인접 학문과 협업하는 경향이 두드러지게 나타나고 있다. 그 결과 특정 학문의 연구 대상이 확대되는 추세를 보이고 있다. 이 때문에 과거에는 특정 학문의 연구 주제가 아니었지만 오늘날 연구 주제가 될 수 있다. 이러한 추세를 제외할 경우 특정 학문의 연구 대상을 두고 심각한 논쟁이 벌어진다면 그것은 학문의 특성이 아니라 연구자의 이해와 관련된다고 할 수 있다.

리학性理學, 신유학新儒學 등의 일실다명一實多名이 무엇을 의미하는지 밝혀야 한다. 둘째, 이렇게 일실다명을 각각 밝히고 나면 각각은 어떤 점에서 같고 어떤 점에서 다른지 밝혀야 한다. 셋째, 일실다명의 같은 점은 과연 시공간을 초월하여 보편적 특성을 갖는지 다른 점은 보편적 특성의 우연적 현상에 불과한지 밝혀야 한다. 넷째, 근현대에도 유학이 규제력을 발휘하고 있다면 그 유학은 이전의 일실다명과 구분되는 별도의 이름으로 불릴 수 있는지 밝혀져야 한다.

이렇게 생각하면 생각할수록 유학을 정의하는 작업은 새로운 이름을 익히는 간단한 일이 아니라 고려할 요소가 많고 요소들이 서로 뒤엉킨 복잡한 일이다. 나는 이 글에서 유학에 대한 정의를 시도하려고 한다. 이 시도를 본격적으로 진행하기에 앞서 기존에 수행된 유학의 정의를 살펴보고자 한다.

2. 정의의 시도들과 그에 대한 촌평

앞에서 유학의 정의가 부재하다고 해서 유학을 정의하려는 시도가 전혀 없었다고 할 수는 없다. 다만 기존에 수행한 유학의 정의가 분명 의미 있는 작업이지만 한계를 가지고 있다. 크게 두 가지 문제를 찾을 수 있다. 첫째, 인물과 전문 용어를 사용하여 일반인이 이해하기 어렵다는 점이다. 둘째, 정의에 사용된 용어가 정의가 필요하다는 점이다. 원래 정의는 더 이상 설명을 필요로 하는 용어를 사용하지 않아야 하는데 그 원칙을 지키지 못하고 있다고 할 수 있다. 기존의 성과와 한계를 객관적으로 점검하면서 이를 바탕으로 유학의 정의라는 어려운 과제를 시도해보고자 한다.

모든 시도를 일일이 살펴볼 수 없으므로 한중일의 대표적인 사례와 우리나라에 크게 통용되는 사전의 사례를 살펴보고자 한다.

2.1 한·일·중의 대표적 사례

근대 이후에 유학을 연구하여 이후 큰 영향을 준 사례를 선별하고 자 한다. 이 사례가 절대적인 기준이 될 수는 없지만 많은 연구자들 이 참조하는 만큼 널리 공유되고 있는 관점이라고 볼 수 있다.

1) 류정동 외의 『유학원론』(1978)

류정동은 네 사람의 공저인 『유학원론』의 서설序說을 집필하면서 유학을 개념적으로 정의해야겠다는 관점을 강하고 가지고 있지 않다. 그는 유학을 형성과 근본 사상의 차원에서 다루면서 연원, 공자, 의 의, 변천을 논의하고 있다.[3] 따라서 그는 "유학은 무엇이다"라는 규정 적 정의를 내리지 않는다. 다만 논의를 풀어가기 위해 제일 먼저 유 학의 형성을 한 문장으로 요약하고 있다.

"유학은 중국의 하·은·주 삼대(요·순·우·탕·문·무·주공) 문화를 계승하여 공자(기원전 551~479)에 이르러서 정립定立되었다."(위의 책, 11쪽)

인용문에 이어서 삼대三代 문화, 공자, 유학의 의의와 변천을 다루 고 있으므로 이 요약문에 대해 과도하게 의미 부여를 할 수는 없다. 첫 문장이 전체 논의를 이끌어가고 있는 만큼 주목할 만하다. 핵심을 짚어보면 다음 두 가지이다.

첫째, 서설에서 유학의 형성形成을 말하려고 하면서 첫 문장의 마

---

3 류승국·류정동·안병주·이동준, 『유학원론』, 성균관대학교출판부, 1978, 11~31 쪽. 류정동이 「서설」을 집필했기 때문에 공동 필자의 대표로 이름을 제목에 제시 했다.

지막에서 '정립定立되었다'고 선언하고 있다. 이것은 유학은 공자에 의해 일단락되었다는 점을 나타낸다. 유학이 변천의 과정을 보이지만 공자가 유학의 정형定型을 완성시킨 것이 된다.

둘째, 공자는 유학의 정형을 완성시켰지만 그 작업을 무에서 유를 창조하지 않았다. 그는 삼대 문화를 계승하고 거기에 없는 것을 찾아 내서 덧보탠 작업을 수행했다. 따라서 공자는 삼대 문화의 계승에다 부족의 발견 그리고 양자의 결합의 형태로 유학을 정립한 셈이다. 결 국 유학은 계승(삼대) 그리고 발견과 결합(공자)의 두 부분으로 구성된 다. 이때 두 부분의 비중을 어떻게 평가하느냐에 따라 공자에 대한 평가가 달라질 수 있다.

위와 같은 유학의 형성은 나름 핵심을 짚으면서 유학과 공자의 특 별한 관계를 밝히고 있다. 하지만 아쉬움이 없는 것은 아니다.

첫째, 유학의 형성을 요·순·우·탕·문·무·주공과 공자 등의 인 물에 초점을 맞추면서 유학이 무엇인가라는 정체성을 드러내지 못하 고 있다. 인물은 분명히 유학의 형성을 설명하는 중요한 요소이다. 하지만 인물이 공통으로 지향하고 있는 가치와 방향을 언급하지 않으 면 유학의 형성은 인물의 교체로 간주될 수 있다.

둘째, 공자가 삼대 문화를 계승하여 유학을 정립하게 되었다고 한 다면 계승과 정립의 관계가 중요하다. 유학의 형성에서 계승에 초점 이 있으면 공자의 비중이 약해지고 정립에 초점이 있으면 공자의 비 중이 커진다. 따라서 계승과 정립의 차이가 명확하게 규정될 필요가 있다.

셋째, 공자가 계승과 정립의 작업을 했다고 하더라도 그의 정치적 사회적 지위가 성왕이었던 삼대의 인물에 비해 현격하게 차이가 된 다. 성왕이 현실을 규제하고 질서를 부여하는 방식과 공자가 계승과 정립의 작업을 수행하는 방식이 결코 같을 수는 없다. 따라서 계승과 정립의 정통성과 현실성은 어디에 있는지도 논의가 필요하다.

전체적으로 보면 유학의 형성에 대한 류정동의 요약은 인물에 치중되어 유학이 무엇을 하고자 하는 학인지 그 정체가 잘 드러나지 않는다. 특히 요·순·우·탕·문·무·주공과 공자 등에 대해 사전 지식이 없다면 유학의 규정을 파악하기가 어렵다. 사전 지식을 전제하지 않고 정의와 설명에 사용된 단어의 의미만으로 유학을 파악할 수 있는 정의가 필요하다고 할 수 있다.

2) 타케우치 요시오(武內義雄)의 「유교의 윤리」(1941)

일본은 동아시아의 근대사에서 유교를 가장 먼저 체계적으로 연구했다. 한국과 중국은 제국주의에 의해 식민지 또는 반식민지 상황에 빠져 구국救國과 생존 또는 독립과 근대화의 운동을 매진하고 있었다. 제국주의에 비해 한국과 중국은 구국과 근대화를 동시에 해결해야 하는 이중 과제를 풀어야 했다. 그 결과 유학은 한국과 중국에서 과거의 내용과 형식으로 시대의 요구에 대응할 수 없기 때문에 '개신改新'의 압박을 받았을 뿐만 아니라 변화의 노력에도 불구하고 시대의 사명에 반하는 봉건적 가치로 부정되는 경향이 강했다.

반면 일본은 국제 조류에 편승하여 아시아에서 유일하게 제국주의로 탈바꿈하여 과거 전통의 문화와 사상을 재조명하는 작업을 수행했다. 물론 당시 일본의 유학 연구가 대동아공영大同亞共榮의 기치를 이론적으로 뒷받침하고 충효의 일치를 역설하는 황도유학皇道儒學의 경향을 띠었다. 그럼에도 불구하고 유학은 개인적 삶과 공동체 질서의 기준으로 믿고 따르는 신념 체계가 아니라 그 의미를 객관적으로 밝히는 학문 대상으로 접근하기도 했다.[4] 후자는 유학을 근대적으로 연

***

4 토가와 요시오(戶川芳郎) · 하치야 쿠니오(蜂屋邦夫) · 미조구치 유조(溝口雄三), 조성을 · 이동철 옮김, 『유교사』, 이론과실천, 1990; 2쇄 1994, 13~30쪽. 원래 이 책은

구를 개시한 의의를 갖는다고 할 수 있다. 당시 중국에서 유학은 아직도 과거의 빛나는 전통 문화일 뿐만 아니라 한족의 미래를 밝혀줄 수 있는 신념 체계로 간주되고 있었다.

> "유교는 공자에 의해 건립된 가르침이고, 유교적으로는 요와 순, 문왕과 무왕의 도를 계승한 것이지만 내용적으로 시·서·예·악·역·춘추의 6경에 근본을 두고, 인의의 가르침을 창도하는 것이라고 이해된다."(위의 책, 17쪽)

타케우치 요시오의 주장은 네 부분으로 이루어져 있다. 그 중 공자와 계승의 측면은 류정동의 주장과 별다른 차이가 없다. 다만 하·은·주 삼대 문화를 일군 인물로 요·순·우·탕·문·무·주공 등을 열거한 반면 타케우치 요시오는 삼대 문화文化 대신 도道를 사용하고 인물로 요, 순, 문왕, 무왕 네 성왕을 제시하고 있다. 그 외의 특징은 두 가지로 드러난다.

첫째, 공자는 요와 순, 문왕과 무왕의 도를 계승하고 또 6경에 근본을 두고 유학을 건립했다. 공자는 네 성왕의 도만이 아니라 6경의 내용에서 유교를 건립할 수 있는 사상 자원을 캐냈다고 할 수 있다. 이로써 공자는 과거 성왕과 직접 연결될 뿐만 아니라 중국 고대 문화를 담고 있는 6경과 관련을 맺게 되었다. 즉 유학은 성왕의 언행만이 아니라 문자로 기록된 텍스트에 기반할 수 있게 되었다.

둘째, 유학이 다양한 개념과 풍부한 사상을 담고 있지만 그것이 인

『세계종교사총서』의 한 권으로 기획되어 니시 쥰조오(西順藏)와 아카츠 카키요시(赤塚忠)가 집필하기로 했지만 두 사람이 각각 1984, 1983년에 작고하는 바람에 지금의 필자로 바뀌었다. 토가와 요시오가 「서장 유교를 어떻게 볼 것인가?」를 집필하면서 '유교'에 대한 일본 학자들의 다양한 정의를 소개하고 있다. 이 글에서는 이 중에 타케우치 요시오의 주장을 소개하고자 한다.

의仁義로 귀결될 수 있다는 점을 밝히고 있다. 이로써 유학은 불교의 자비, 기독교의 박애처럼 인의라는 핵심 가치를 지니게 되었다.

위와 같은 타케우치의 정의는 공자와 6경의 관계 그리고 유학의 핵심 가치를 제시하는 장점을 가지고 있다. 여전히 분량의 문제로 길게 서술하지 못했겠지만 한계를 드러내기도 한다.

첫째, 공자가 계승한 요와 순, 문왕과 무왕의 도道와 근본을 둔 6경六經의 차이가 무엇인지 분명하지 않다. 만약 양자의 내용이 같다면 동어반복에 지나지 않고 다르다면 그 차이가 밝혀져야 한다. 그에 따라 유교를 건립한 공자의 역할이 객관적으로 평가될 수 있기 때문이다.

둘째, 공자에 의해 건립된 유학(유교)이 역사적으로 변화되는 측면을 언급하지 않고 있다. 이렇게 되면 공자는 유학의 창시자라는 지위를 갖게 되지만 유학은 후학들이 공자의 유학을 계승하고 발전시킨 측면을 적극적으로 끌어안을 수가 없게 된다.

셋째, 공자가 인의의 가르침을 창도唱導하게 되면 적어도 인의만큼은 성왕의 도나 6경의 내용에 들어 있지 않게 된다. 이 지점은 논란의 여지가 있을 수 있지만 넘어가고자 한다. 다만 인의仁義가 유학의 핵심 가치라고 하더라도 공자는 『논어』에서 인仁과 의義 등 다양한 덕목을 논의하기는 했지만 덕목의 상관성을 심도 있게 다루지 않았다. 묵자가 인의仁義를 연칭하여 사용했고 그를 이어 맹자가 이어받았다.[5]

전체적으로 보면 타케우치의 주장은 공자가 계승과 창도의 작업을 통해 유학을 건립한 네 가지 요소를 잘 포착하고 있다. 반면 공자가

---

[5] 이와 관련해서 신정근, 『사람다움의 발견 – 인仁 사상의 역사와 그 문화』, 이학사, 2004 참조.

유학을 건립하면서 계승하고 창도한 측면에 대한 정확한 기술이 부족하고 유학의 변화를 고려하지 않고 있다.

3) 펑유란의 「원유묵原儒墨」(1935)

펑유란馮友蘭은 중국 철학을 근대 학문의 틀에 따라 중국 특색을 살리고자 했다. 그는 일찍이 제자백가의 학문적 기원에 많은 관심을 기울였다. 그 결과 「원유묵原儒墨」과 「원유묵보原儒墨補」를 집필하여 유가와 묵가를 비롯하여 다양한 학파의 사상적 기원을 추적했다.[6] 그는 이 작업을 바탕으로 중국철학사의 집필로 나아갔다.[7]

"소위 유儒는 지식과 학문을 갖춘 일종의 전문가로서 민간에 흩어져 남을 교육하고 예식을 보좌함(敎書相禮)으로써 생계를 유지하는 사람들이었다. …… 이 전문가들이 귀족 정치 붕괴 이후 전에는 관官의 전문가였다가 세습 직업을 상실하자 민간에 흩어진 경우였거나 혹은 지식을 소유한 귀족이 몰락하여 그 지식에 의지해서 생활한 경우였다고 여긴다."(위의 책, 675~676쪽)

"유 가운데 교육과 예식의 보좌를 일로 삼는 데 그치지 않고, 예전의 예악 제도로써 천하를 평정하고자 한 사람도 생겼고 또 옛날의 예악 제도에 이론적인 근거를 부여한 사람도 생겼는데, 이런 사람들이 바로 그 후의 유가儒家이다. 공자는 유의 창시자는 아니었으나 유가의 창시자였다."(위의 책, 678쪽)

---

6 「원유묵」은 1935년 4월 『청화학보淸華學報』에, 「원유묵보」는 1년 뒤 1936년 4월 『청화학보淸華學報』에 발표되었다.
7 펑유란, 박성규 옮김, 『완역판 중국철학사』 상하, 까치, 1999, 647~698쪽 참조.

평유란이 유학을 정의하는 방식을 보면 주목할 만한 점이 있다. 첫째, 평유란은 사회 경제적 변화와 결부시켜서 유학을 정의하고자 한다. 이를 위해 그는 사회 질서를 주도하던 귀족 정치가 서주 시대 말기에 붕괴되는 상황에 주목했다.

둘째, 귀족 정치가 붕괴하면서 귀족을 보좌하던 다양한 전문가들이 관官에서 민간으로 활동 무대를 옮기게 되었다. 풍유란은 민간에서 활동 공간을 찾은 민간인 집단을 유儒로 보았다. 이렇게 보면 사회적 혼란과 정치적 위기로 인해 새로운 사회 계층이 탄생할 공간을 마련해준 셈이다.

셋째, 유가는 교육과 예식을 보좌하는 전문가를 넘어 사회 질서를 지탱하는 제도의 이론적 근거를 탐구한 집단이다. 공자는 바로 그러한 집단을 창시한 인물이다. 이렇게 보면 유가는 유에 뿌리를 두지만 동일하지 않고 창조적 전환을 해냈다고 할 수 있다.

위와 같은 평유란의 주장은 귀족 정치의 붕괴에서 유儒의 탄생 그리고 다시 유가儒家의 탄생으로 이어지는 진화의 과정을 인과적으로 설명해내고 있다. 일찍이 누구도 설명해낸 적이 없는 탁월한 시도라고 할 수 있다. 하지만 그의 주장에도 숨길 수 없는 아쉬움이 남아 있다.

첫째, 귀족 정치의 붕괴에서 유가의 탄생 과정을 논리적인 인과 관계로 설명해냈지만 진화의 단계에 대한 실증적 증거를 제시하고 못하고 있다. 아마 자료의 한계 때문이겠지만 논리적으로 그럴 듯한 개연성 차원에서 진화를 단정하고 있다.

둘째, 공자가 유 집단에서 유가의 창시로 진화한 과정을 설명하려면 공자와 유 집단의 관련성 그리고 유 집단의 한계에 대한 공자의 비판 등에 대한 논의가 필요하다. 그렇지 않으면 유가의 탄생은 사전에 아무런 축적의 과정을 거치지 않고 모든 게 갑작스럽게 일어난 사건이 된다.

넷째, 펑유란은 공자의 유가 창시 이후를 어떻게 설명할지 언급하지 않고 있다. 사회 경제적 변화와 더불어 어떤 중요한 계기가 유가의 변화 또는 발전을 가능하게 하는지 설명할 필요가 있다. 그렇지 않으면 유가의 역사적 형태는 그냥 사실로 존재하게 된다.

전체적으로 보면 펑유란의 설명은 유가의 탄생을 사회 경제적 변화와 더불어 인과론으로 잘 포착하고 있다. 하지만 유가의 정체성이 무엇인지 별다른 논의를 전개하지 않고 있다.

2.2 사전의 사례 분석

사전은 전문가의 학문적 성과를 압축하여 전달하는 특성을 갖는다. 특히 입문자는 사전을 통해 해당 학문의 축적된 지식을 습득하게 된다. 사전이 많고 좋다는 것은 초학자가 해당 학문에 들어설 수 있는 문턱이 낮다는 뜻이기도 하다. 이런 측면에서 전문가의 연구만큼이나 사전의 정의를 살펴보지 않을 수가 없다. 잘된 사전은 초학자들을 이해의 길로 이끄는 해당 학문의 좋은 친구가 될 수 있지만 잘못된 사전은 초학자들을 오해의 길로 이끌어 중도에 포기하게 만드는 나쁜 친구가 될 수 있다.

1) 『한국민족문화대백과』의 '유학'과 '유교' 항목

『한국민족문화대백과』는 제목에서 보이듯 한국 민족 문화에 방점이 있으므로 항목마다 한국의 상황을 기술하고 있다. 유학과 유교의 경우도 마찬가지로 한국의 전개 양상을 다루고 있다. 제일 앞에 나오는 정의를 보면 다음과 같다.

"공자孔子와 그 제자들의 가르침인 경전과 이 경전에 근거한 후세 학

자들의 체계적인 학문"(유학)[8]

　　"유교儒敎는 중국 춘추시대(기원전 770~403년) 말기에 공자孔子가
체계화한 사상인 유학儒學을 종교적 관점에서 이르는 말이다. 시조 공
자의 이름을 따서 공교孔敎라고도 한다."(유교)[9]

'유학' 항목은 공자와 그의 언행이 기록된 『논어』의 특별한 지위를
부각시킬 뿐만 아니라 후세 학자들의 계승을 강조하고 있다. 인물과
텍스트에 초점을 두고 있다. '유교' 항목은 공자의 특별한 지위를 강
조한 탓에 그 별칭으로 '공교'를 소개하고 있으며 종교의 특성을 내세
우고 있다. 이는 유교를 영어로 Confucianism으로 표기하여 공부자
孔夫子, 즉 공자의 지위를 강조하는 이름과 비슷하다.
　　『한국민족문화대백과』는 공자에 초점을 두지만 정작 유학과 유교
가 무엇을 하고자 하는지 정체성을 제시하지 못하고 있다. 유학과 유
교의 정의에서 '공자'를 빼고 나면 별도의 의미를 전달하지 못하고 있
다. 결국 공자에 편중된 결과 유학과 유교가 가진 다른 결정적 계기
가 전혀 드러나지 않는다고 할 수 있다.

2) 『두산백과』의 '유학'과 '유교' 항목

　　사전의 항목은 비중에 따라 분량의 차이가 난다. 전체 설명은 자세
할 수도 있고 소략할 수도 있다. 『두산백과』의 전체 설명에서 유학
항목은 공자만이 아니라 맹자와 순자가 언급되고 한 제국 이후 유학

8　출처는 http://terms.naver.com/entry.nhn?docId=539752&cid=46649&categoryId=
　46649이다.
9　출처는 http://terms.naver.com/entry.nhn?docId=539115&cid=46649&categoryId=
　46649이다.

의 변천도 다루고 있고, 유교는 공자의 특수한 지위와 동아시아 문명의 핵심 사상으로 자리한 의의를 말하면서 효와 인의의 덕목을 말하고 있다. 반면 표제어의 정의는 다음처럼 아주 간명하다.

"공자의 가르침을 근본으로 삼는 학문"(유학)[10]

"공자를 시조始祖로 하는 중국의 대표적 사상"(유교)[11]

『두산백과』는 유학과 유교를 오로지 공자 중심으로 정의를 시도하고 있다. 전체 설명에서 다양한 특성이 반영될 수 있지만 정의에서 공자 이외의 다른 요소가 끼어들 틈이 없다. 이렇게 되면 공교 항목에서 말하듯이 유교는 "공교孔敎·공자교孔子敎라고도 한다."고 하듯이 공자의 가르침과 동의어에 지나지 않는다.

3) 『종교학대사전』의 '유교' 항목

같은 항목도 사전의 종류에 따라 다르게 규정될 수 있다. 학문의 영역이 다르면 중점적으로 바라보는 요점이 달라지기 때문이다. 편집의 기준과 집필자의 취향이 전체 설명과 정의에서 반영될 수도 있다. 아울러 유교는 철학과 사상의 연구 대상이기도 하지만 종교학의 연구 대상이기도 하다.[12] 종교학에서 내린 유교의 정의는 다음과 같다.

---

10 출처는 http://www.doopedia.co.kr/doopedia/master/master.do?_method=view&MAS_IDX=101013000737301이다.

11 출처는 http://www.doopedia.co.kr/doopedia/master/master.do?_method=view&MAS_IDX=101013000732582이다.

12 유교의 종교성은 학계만이 아니라 일반인들 사이에서도 관심을 끄는 오래된 주제이다. 이와 관련해서 한국종교연구회, 『종교 다시 읽기』, 청년사, 1999; 임계유, 안유경·금장태 옮김, 『유교는 종교인가』, 지식과교양, 2011 참조.

"중국에서 전한의 무제가 동중서의 헌책獻策으로 유가의 교설을 기초로 정통교학으로서 고정하고, 이후 청말까지 왕조지배의 체제교학이된 사상. …… 유교의 기본적 교의는 오륜오상, 수기치인, 천인합일, 세속적 합리주의이다."[13]

『종교학대사전』의 규정은 여러 가치 측면에서 주목할 만하다. 첫째, 전한의 동중서의 헌책과 무제의 수용에 커다란 비중을 두고 있다. 즉 유교가 이론적으로 모습을 드러낸 측면보다 사회를 운용하는 질서의 원리로 작동하는 측면에 초점을 두고 있다. 둘째, 춘추전국 시대에 활약했던 공자를 뚜렷하게 언급하지 않고 유가의 교설을 마련한인물로 평가되고 있다. 셋째, 유교는 전한 시대에 정통교학이 되고청말까지 체제교학이 된 역사성을 언급하고 있다. 넷째, 유교의 기본교의로 오륜오상 등 네 가지를 제시하고 있다. 이 중에 세속적 합리주의는 현대적 평가인 반면 나머지 세 가지는 유교에서 사용하는 개념이다.

전체적으로 보면 유교와 현실의 접합에 초점을 두면서 핵심 교의(이론과 실천)의 형성에 대해 주목하지 않는다. 아울러 유교가 정통교학과 체제교학을 넘어 개인의 인격과 사회의 통합에 작용하는 방식그리고 문화의 측면에 주목하지 않을 뿐만 아니라 근대와 현대에 작용할 수 있는 점을 살피지 않고 있다.

---

13 출처는 http://terms.naver.com/entry.nhn?docId=630596&cid=50766&categoryId=50794이다. 정의의 전체 내용은 인용문 이외에 4문장이 더 있다. 첫 문장이 명사로 끝나서 이후에 유교의 역사적 변화와 사회적 위상을 다루고 마지막에서 기본교의를 제시하고 있다.

4) 『21세기 정치학대사전』의 '유교' 항목

유교(유학)는 현대 학문의 분류에 따르면 인문학만이 아니라 사회과학의 특성을 지니고 있다. 사회과학 중에서도 정치학은 유교(유학)와 긴밀한 관련성을 지니고 있다. 유교가 이상 사회의 원리를 탐구하는 데에 그치지 않고 현실 정치의 비리와 부정을 비판하고 왕도王道 정치를 실현하고자 했기 때문이다.[14] 유교의 가치를 믿는 사람은 유교의 핵심 가치를 담은 텍스트를 연구할 뿐만 아니라 현실에 참여하여 그 가치를 실현하고자 했다. 이 때문에 유교적 지식인은 학자-관료 또는 지식인-관료의 종합적 특성을 가지고 있다고 할 수 있다.[15] 이런 맥락에 보면 유교가 『21세기 정치학대사전』의 항목에 포함되는 점은 당연하다고 할 수 있다.

> "고대 중국에서 발생한 공자의 사상을 존신하는 교이다. 한 마디로 유교는 요·순·우·탕·문·무·주공의 도를 대성한 공자의 교학을 일컫는다. 즉 중국 고유의 사상을 종합하여 효제충신을 주로한 일상생활의 실천도덕을 완성함에 노력하고, 인으로써 모든 도덕을 일관하는 최고이념을 삼아 수신·제가·치국·평천하를 이룩할 수 있는 자질을 함양함을 본지로 하였다."[16]

『21세기 정치학대사전』은 유교를 정의하며 공자의 지위를 특별하게 취급하지만 서술이 이어지면서 공자 이전의 고유 사상을 종합한 측면을 부각시키고 있다. 하지만 양자 사이의 구별이 명확하게 해명

---

14 신정근, 「유교 지식인의 '사회'개선의 의의 - 선진시대에서 송대까지 유교 지식인을 중심으로」, 『동양철학연구』 26권, 2001, 257~285쪽 참조.

15 송영배, 『완정판 중국사회사상사』, 사회평론, 2012 참조.

16 출처는 http://terms.naver.com/entry.nhn?docId=728855&cid=42140&categoryId=42140이다.

되지 않는다. 즉 처음에 "공자의 사상을 존신"한다고 했다가 "요·순·우·탕·문·무·주공의 도를 대성"했다고 하는데, 둘의 관계가 잘 드러나지 않는다. 다음 문장에서 "요·순·우·탕·문·무·주공의 도"는 "중국 고유의 사상"으로 설명되고 있는데, 이는 '중국' 용어의 부적절한 사용이라고 할 수 있다. 그리고 공자는 과거로부터 물려받은 측면 이외에 효제충신의 실천 도덕을 완성하고 인의 최고 이념을 밝혀냈다. 전체적으로 보면 유교에서 공자의 지위를 강조하고 있지만 공자가 이어받는 측면과 스스로 밝혀낸 측면 그리고 이후에 발전된 측면을 명확하게 나누어 설명하지 못하고 있다.

3. 유학의 정의

지금까지 유학을 정의하는 한중일 대표 학자와 사전의 사례를 살펴보았다. 그 성과를 부분적으로 수용하면서 현대적 맥락에서 유학의 재정의를 시도하고자 한다. 재정의는 두 가지 방식으로 진행된다. 먼저 구체적 설명 없이 빼놓을 수 없는 항목별로 유학의 결정적 의미와 그 특성을 도식적으로 파악하고 다음으로 항목별 정의를 문장 형식으로 재서술하고자 한다.

3.1 항목별 정의

유학은 과거 철학과 사상에 한정되지 않고 역사, 문화, 종교, 정치, 군사, 외교 등 다양한 측면에 큰 영향을 끼쳤다. 이렇게 유학이 관련된 영역과 분야가 다양한 만큼 유학에 대한 이해가 하나로 모이기가 쉽지 않다. 여기서 먼저 유학과 관련된 다양한 영역을 항목으로 재분류하여 그 특성을 살펴보고자 한다. 이를 통해 유학의 다면성을 확인할 수 있다.

1. 선구자 : 요, 순, 우, 탕, 문왕, 무왕, 주공 그리고 현자들
2. 사회 집단 : 유儒
3. 종합자 : 공자
4. 계승자 : 제자 그룹, 맹자, 순자, 동중서, 한유, 주희, 왕수인, 이황, 정약용 등

5. 선행자료 : 『역경』(집단 지성의 문화사), 『서경』(문화 영웅의 언행록), 『시경』(시가와 연회 문화), 『예기』(집단 지성의 생활사), 『춘추』(춘추 시대의 연대기)
6. 텍스트 : 『논어』와 계승자들의 저작, 『맹자』 『순자』 『춘추번로』 『주자어류』 『전습록』 등

7. 목표 : 자신의 내재적 역량을 바탕으로 자기 통제를 하여 사회의 문제를 해결하여 우주 가족을 일구어내는 성인되기
8. 이론 학습 : 6경과 『논어』 등의 문헌을 강독하고 이해하기
9. 실천 수행 : 상황에 따른 의례를 실행하고 조상과 자연(하늘, 땅, 사직 등) 그리고 문화 영웅에게 감사의 제사를 지내기
10. 제도화 : 공자와 그의 위대한 계승자들을 문묘文廟에 안치하여 주기적으로 제사를 지내고 정치에 참여하여 유학의 가치를 현실에 실천하고 향교鄕校와 서원書院을 설립하여 지역 공동체를 유국토儒國土로 탈바꿈시키려 노력

1~4까지는 유학에서 차지하는 인물의 측면을 밝히고 있다. 공자는 요·순 등의 선구자 그룹과 비슷한 시대의 현자 그룹으로부터 이어받은 사상 자원을 바탕으로 유학의 틀을 완비하자 후계자들은 공자의 업적을 철학 사상과 문화 종교만이 아니라 사회 정치 그리고 국제 관

계 등으로 확대 발전시켰다. 이 과정에는 중국의 사상가만이 아니라 한국 그리고 일본의 다양한 사상가를 포함할 수 있다. 그래야만 유학이 중국에서 기원하여 중국에서 발전해간 사상 체계가 아니라 중국을 넘어 세계로 확산될 수 있는 확장성을 가지게 된다.

　5~6은 1~4의 인물들이 구술한 텍스트를 가리킨다. 공자에 주목하면 6경과 『논어』가 유학의 텍스트라고 할 수 있다. 하지만 유학은 공자에 의해 완성되고 텍스트의 집필이 끝나지 않았다. 이 점이 바로 기독교를 비롯하여, 이슬람의 종교 문화와 다른 점이라고 할 수 있다. 기독교는 구약 성경과 신약 성경의 차이가 있지만 성경이 더 확대 생산되지 않는다. 이슬람도 꾸란이 완성된 뒤로 새롭게 더 늘어나지 않는다. 주해와 주석의 텍스트가 나오지만 그 비중은 성경과 꾸란에 비할 바가 아니었다.

　유학은 공자에 의해 집대성되었지만 이후 끊임없이 계승자가 출현하여 공자가 밝히지 못한 점을 더 정교하고 정확하게 규명했다. 그리하여 텍스트는 쉬지 않고 재생산되었다. 비슷한 사례를 찾는다면 불교가 있다. 불교도 석가모니의 불설을 담은 초기 경전만이 아니라 이후 소승과 대승의 텍스트가 끊임없이 출현했다. 해인사의 대장경大藏經이 바로 그러한 특성을 보여준다고 할 수 있다. 유학도 최근에 유장儒藏이란 이름으로 텍스트의 결집을 시도하고 있다.

　7~10은 사람이 유학의 가치를 내면화시키고 현실에서 확산시키고자 노력하는 제도적 측면을 나타낸다. 유학자는 불교의 스님, 기독교의 목사와 신부처럼 제도화된 사제로 존재하지 않지만 자체의 규율을 지키며 일상과 정치에서 자신의 정체성을 실천하고자 했다. 이를 위해 유학자는 먼저 『논어』를 비롯하여 유학의 텍스트 내용을 이해하여 그 가치를 내면화하고 이를 바탕으로 정치에 참여하여 현실을 유학에 따라 재구성하고자 노력하고 지역 공동체에서 유학을 삶의 제도로 정착시키고자 했다. 나아가 국제 관계에서도 유학은 전쟁과 폭력보다

상생과 평화의 가치를 우선시하고자 했다. 물론 시대의 한계로 인해 유학자들은 농민의 반란을 체제 도전으로 간주하여 학자에서 장군으로 변신하여 진압에 주저하지 않았다.

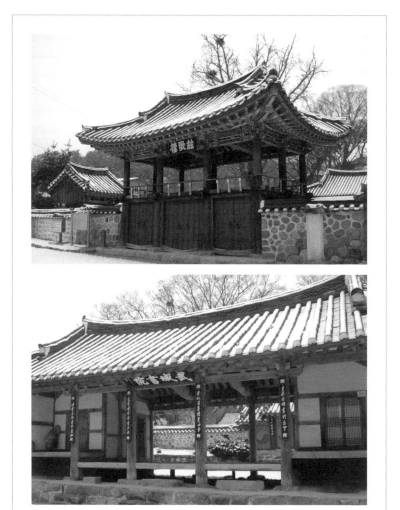

〈사진〉 정읍의 무성武城 서원의 현가루絃歌樓와 서원 편액: 서원의 이름은 『논어』에서 공자의 제자 자유子游가 실현하고자 했던 예악(예술) 정치를 구현하고자 한 시도를 반영하고 있다.

따라서 유학자는 학자에 머물지 않고 세계의 운영에 참여하고 질서를 부여하는 우주의 관리자였다. 이 때문에 세계에 유례가 없을 정도로 문묘文廟를 설립하여 문인文人을 제사지내며 기억하는 독특한 문화 현상을 낳았다. 국내외 여행을 하다보면 왕조 시대에 백성에게 선정을 베푼 황제나 국난의 위기를 극복한 장군의 동상을 세우거나 숭배를 하는 경우는 많다. 문묘는 문인을 한 사람이 아니라 일종의 계보를 만들어 집단 숭배를 하고 있다. 따라서 왕조의 역사는 종묘宗廟에 나타나듯이 왕의 역사에 한정되지 않고 문묘文廟에 보이듯 문인의 역사라고 할 수 있다. 즉 문인은 왕의 명령을 받아 실행에 옮기는 부하가 아니라 왕과 함께 세상을 다스리고 때로 왕을 유학의 세계로 나아가도록 지도 편달하는 역할을 하기도 했던 것이다. 이것은 신라가 불국토佛國土로 태어나려고 했다면 조선은 유국토儒國土로 거듭나려고 했다고 할 수 있다.

오늘날 '유국토'의 이상을 가진 사람은 많지 않고 유학을 연구하고 관심을 갖는 사람이 많다. 또는 유학이 전통의 문화 자산으로 남아 민족의 공통 기억을 확대 재생산시키고 있다. 현대 중국을 이끄는 공산당은 정치적 필요에 따라 공자와 유학의 일부를 원용하고 있지 시대를 운영하는 신념 체계로 간주하고 있지는 않다.

3.2 총체적 정의

지금까지 유학은 공자孔子를 비롯하여 숱한 인물, 수기치인修己治人·인의仁義·이기理氣·예악禮樂 등 전문 용어를 통해 설명되었다. 이 때문에 인물과 전문 용어에 익숙하지 않으면 유학의 정의를 보더라도 정확하고 심도 있게 이해하거나 공감하기가 쉽지 않았다. 나는 인물과 전문 용어를 하나도 사용하지 않고 현대 언어로 재해석하여 유학의 정체성을 규명하고자 한다.

〈사진〉 서울 문묘文廟의 대성전

〈사진〉 중국 취푸 공묘孔廟의 대성전

　"유학은 사람이 전승 문화를 평생 학습하여 삶의 제도로 습관화시키
고 내재적 역량을 바탕으로 자신의 기질을 통제하고 부족하고 과도한
부분을 변화시켜 일상과 정치 영역 그리고 국제 관계에서 상생과 평화
의 가치를 극대화시키는 거룩한 사람이 되고자 하는 가치 체계이다."

　위의 정의는 형식적으로 인물과 전문 용어를 쓰지 않지만 내용적
으로 양자를 전제하고 있다. 이를 설명하면 다음과 같다.

　"전승 문화를 평생 학습하여 삶의 제도로 습관화시키고"는 사람이
문화와 교육 측면에서 예악禮樂을 배우는 측면을 가리킨다. 유학에서
사람은 인륜 관계에서 하고 싶은 대로 반응하지 않고 전통을 통해 정
제되고 제도화된 예악에 따라 교제를 했다. 사람을 만나 반가우면 반
가운 마음을 담은 의례를 통해 반가움을 나타냈다. 이렇게 사람이 상
징적이고 형식적인 교제를 통해 교양 있고 기품이 넘치는 사람으로
탈바꿈할 수 있다. 특히 이러한 측면은 철학 사상만이 아니라 예술
미학의 특성을 가지고 있다. 올바르면서도 아름다운 행위의 예술을
일구어낼 수도 있다. 스포츠에서 탁월한 반응을 아름답다거나 예술적
이라고 하듯이 절제되고 기품 있는 언행은 상황에 딱 들어맞는 실효
성을 나타낼 뿐만 아니라 보는 사람으로 하여금 그 아름다움에 매료
될 수 있는 특성을 지니고 있다. 이러한 언행은 단 한번의 시도로 이
루어지지 않고 일상에서 수시로 일어나는 반복과 연마로 터득되는 경
지라고 할 수 있다.

　"내재적 역량을 바탕으로"는 유학이 초월적 신에 의지하여 개인과
공동체의 문제를 해결하려고 하지 않고 오로지 사람의 힘으로 문제
상황에 직면해야 하는 특성을 나타낸다. 유학의 문헌에서 간혹 신적
존재에 대한 신앙을 보이지만 그것은 어디까지나 인간의 노력과 추구
를 최대와 최고로 하고 난 뒤 한계 상황에서 고백하는 신음이지 기적
을 바라는 기도는 아니다. 유학에서 인간의 내재적 역량은 성선性善

으로 구조화되어 있다. 따라서 사람은 신의 개입 없이 스스로 도덕 세계를 일굴 수 있는 역량을 소유하고 있다. 간혹 환경적 요인에 의해 성선이 실현되지 않을 수 있지만 그것은 실체도 아니고 영속적이지 않으며 일시적으로 성선의 작동을 막고 있을 뿐이다.

"자신의 기질을 통제하고 부족하고 과도한 부분을 변화시켜"는 사람이 성선의 가능성을 지니고 있더라도 다양한 차이를 보이고 있다. 사람은 각자 부족하고 과잉된 부분을 조율하지 않으면 문제적 인간이 될 수 있다. 유학은 사람이 자신을 변화시키는 양적 질적 차이를 소인과 군자(대인)의 이분법으로 분류하거나 소인, 군자, 현자, 성인 등으로 세분화시키기도 한다. 사람은 기술자(장인)나 예술가와 마찬가지로 자신의 기질을 지속적으로 탈바꿈시켜 기질과 환경의 제약을 초월하는 성인으로 거듭나고자 했다. 조선의 이황은 『성학십도聖學十圖』에서 이이는 『성학집요聖學輯要』에서 보통 사람이 성인으로 거듭날 수 있는 길을 제시하고 있다.

"일상과 정치 영역 그리고 국제 관계에서 상생과 평화의 가치를 극대화시키는 거룩한 사람이 되고자 하는 가치 체계이다"는 유학의 가치가 단순히 개인의 정신적 개안, 인간적 한계의 초월만을 말하지 않고 정신과 육체, 이론과 현실, 개인과 사회 그리고 인간과 자연을 아우르는 통합의 세계를 향한다는 점을 잘 보여주고 있다. 그리하여 유학의 가치가 실현된 세상을 대동大同이라고 한다. 세계의 모든 존재가 차이를 보이면서도 유학의 가치와 연결될 수 있는 지점을 가지고 있다. 이로써 모든 존재는 개별성을 무장하여 타자와 거래하는 실체가 아니라 주위 세계와 송신과 수신을 주고받는 네트워크의 결절점이라고 할 수 있다.[17] 실체 의식으로 무장한 개인은 거래가 실패로 끝

---

17 이와 관련해서 신정근, 「공자의 '마음' 논의 : 흰 마음과 검은 마음」, 『동양철학연구』 72, 2012 참조.

나면 타자를 절멸시키려는 욕망을 거칠게 내뱉는다. 언어와 행동은 무기의 또 다른 모습이다. 거대한 망 속의 나는 타자와 연결된 숙명에서 속도와 넓이를 조율하며 공존하는 삶을 살 수 있다. 이것이 바로 유학에서 일구고자 하는 인의예지仁義禮智의 세계라고 할 수 있다.

4. 맺으며

유학에 대한 나의 정의가 절대적으로 옳다고 주장하려고 하지 않는다. 지금까지 정의가 유학을 이해시키기보다 오해하게 만들고 다가오게 만들기보다 멀리하게 만들었다고 생각한다. 이때 알려고 하는 자의 무지와 무관심을 탓했다. "좀 더 깊이 파고들면 알 수 있을 텐데!"라며 아쉬움의 반응을 했다. 이제 사전 지식을 전제하지 않고 유학을 이해할 수 있는 기회가 제공되어야 한다. 더 이상 유학의 텍스트는 필독서도 아니고 공자는 만세사표萬世師表로 공인되지 않기 때문이다. 텍스트는 읽고 싶은 사람만 읽는 선택의 대상이고 공자는 알거나 알고자 하는 사람에게 위인이자 거인일 뿐이다.

지금까지 유학의 정의는 설명이 필요한 인물과 전문 용어를 사용하여 정의를 시도하여 유학의 정체를 파악하는 데에 장애가 되었다. 나는 유학에 대해 총체적 정의를 시도하며 인물과 전문 용어를 배제했다. 이러한 정의를 통해 유학에 대한 다양한 정의가 시도되어 단순하면서 우아하고 효율적인 '유학'이 탄생되었으면 좋겠다. 나아가 섹시하기까지 하다면 그 '유학'은 전문가만이 아니라 대중의 관심을 끌수 있는 매력 덩어리가 될 수 있다. 그리고 유학은 이제 중국과 동아시아에 한정되지 않고 세계의 문화 또는 세계의 철학으로 거듭날 수 있도록 시야와 관심을 개방하고 타자를 환대하는 연구가 풍성하게 진행되기를 바라마지 않는다.

제2장 유학과 인권의 결합 지점을 찾아서

요약문

유학과 인권은 서로 상이한 시대와 사상적 배경에서 태동했다. 현대 사회는 인권의 검증을 거치지 않을 수가 없다. 아무리 좋은 이론이라도 인권과 부합되지 않는다면 현대 사상으로 자리할 수 없다. 현대 사상의 시민권을 획득하려면 인권의 검토를 피할 수 없다.

유학은 원래 인권의 보장이 아니라 인격의 고양에 초점을 두었다. 이 때문에 사람은 신과 같은 외적 존재에 의존하지 않고 오로지 자신의 힘으로 감각의 쾌락을 추구하는 자연적 존재에서 타자를 환대할 수 있는 이성적으로 존재로 거듭나야 했다. 공자는 소인을 군자로 탈바꿈시키는 기획을 통해 인간이 인간다울 수 있는 길을 찾고자 했다. 주렴계는 공자의 기획을 업그레이드시켜서 사람이 성인의 지평으로 나아가고 궁극적으로 천天과 대등한 지평에 서는 과제를 제시했다.

유학이 고유한 과제와 방향을 가지고 있다면 인권과 어떻게 결합될 수 있을까? 그것은 바로 유학의 다양한 특징 중에서 인권과 결합될 수 있는 지점을 찾아내서 그것을 극단화시키는 사유실험에 의해 가능하다. 이 글에서는 유학이 자신의 정체성을 지키면서 인권으로 진화할 수 있는 접점을 찾아내서 결합 가능성을 모색하고자 한다.

키워드 : 공자, 주렴계, 인권, 군자, 성인

1. 문제 제기

프랑스 혁명 이후에 1789년 프랑스 국회가 「인간과 시민의 권리 선언」을 헌법의 서문으로 채택했다. 이로부터 '인권'은 세상에 공식적으로 모습을 드러냈고 이후 철학 사상, 사회 문화, 정치 경제 등 다양한 영역에서 수많은 논의를 촉발시켰다. 선언의 제1조에 나오듯이 "인간은 자유롭고 평등하게 태어나 존재할 권리를 갖는다. 사회적 차별은 공공 이익을 근거로 할 때만 허용된다." 이로써 인간은 사농공상士農工商의 신분적 차별로부터 벗어나게 되었다.

「인간과 시민의 권리 선언」이 채택된 비슷한 시기, 즉 1870년부터 20세기 초에 제국주의가 등장하여 자국의 정치적 · 경제적 지배권을 다른 민족 · 국가의 영토로 확대시키려는 국가의 충동이나 정책을 펼쳤다. 이로 인해 제국과 식민지 사이에는 지배와 종속의 불평등한 관계가 군사력의 위위를 바탕으로 제도화되었다. 동아시아의 경우에도 중국은 유럽 열강에 의해 해안 지역이 식민지로 떨어지는 등 반식민지화가 진행되었고, 한국은 아시아에서 유일하게 제국주의로 탈바꿈한 일본의 식민지가 되면서 국정 운영의 자율권을 상실하게 되었다.

18세기 후반의 두 가지 양상을 겹쳐보면 몇 가지 흥미로운 사실을 알 수 있다. 유럽을 위시하여 인간은 차별을 받지 않을 권리를 가지게 되었지만 아프리카와 아시아 그리고 라틴 아메리카의 경우 제국주의 열강의 식민지로 전락하여 차별을 받지 않을 권리를 가진 인간에 의해 차별을 받는 역설적 상황이 생겨났다. 물론 전근대의 오랜 꿈을 깨는 계몽의 관점에서 제국주의의 확산을 역사의 발전으로 보는 주장이 제기되기도 했다. 이러한 관점은 이미 서구중심주의 역사관으로 평가되어 역사의 뒤안길로 사라진 지 오래이다.

다음으로 반식민지 또는 식민지는 인권을 누리는 사람을 상대로 인권을 요구하여 인간 해방을 쟁취해야 하지만 동시에 국가의 운영을 자율적으로 결정할 수 있는 권리를 되찾아야 했다. 그 결과 동아시아에서는 '인권人權'과 함께 '국권國權'이라는 새로운 개념이 탄생하게 되었다. 물론 국권은 「인간과 시민의 권리 선언」의 형태로 정리되고 완정된 버전으로 선언된 적은 없다. 하지만 1919년 한국의 3·1 독립운동 선언서 등은 인권 선언에 비견될 정도로 인권과 국권을 동시에 선언하는 인류사적 의미를 갖는다고 할 수 있다.[1] 이렇게 보면 한국은 인권만이 아니라 국권을 그냥 선언하는 것이 아니라 동시에 쟁취해야 하는 인류사적 운동을 진행해야 했다. 반식민지와 식민지가 짊어질 수밖에 없는 이중 과제라고 할 수 있다.

여기서 중요한 질문이 제기된다. "인권만을 선언하는 공동체와 인권과 국권을 동시에 쟁취해야 했던 공동체는 역사 경험이 다르므로 인권의 정의가 같을까 다를까?" 이러한 질문은 자칫 미국과 중국 사이에 벌어지는 '인권 외교'를 연상시킨다. 미국은 보편적 인권을 내세우며 1977년 이후로 국가별 인권보고서를 내면서 중국의 인권 탄압을 비판한다. 반면 중국은 1999년부터 미국의 인권에 대한 자체 보고서를 내면서 미국 사회의 어두운 면을 들추고 있다. 이러한 상황에서 중국은 늘 미국이 말하는 인권과 자신들이 강조하는 인권이 다르다는 주장을 내놓는다.

미국과 중국의 대립은 국권과 인권을 동시에 쟁취해야 했던 이중 과제의 경험을 반영하고 있고 인권을 선언했던 공동체와 다른 특수성을 보이는 인권의 현주소이다.[2] 「인간과 시민의 권리 선언」 제1조는

---

1 3·1 독립선언서가 인권과 국권을 동시에 주장하는 점은 첫 문장부터 분명하게 나타난다. "吾等은 玆에 我 朝鮮의 獨立國임과 朝鮮人의 自主民임을 宣言하노라. 此로써 世界萬邦에 告하야 人類平等의 大義를 克明하며, 此로써 子孫萬代에 誥하야 民族自存의 正權을 永有케 하노라."

2 동아시아 인권의 특수성과 관련하여 조효제·박은홍 엮음, 『동아시아의 인권－시민 사회의 시각』, 아르케, 2008 참조.

"인간은 자유롭고 평등하게 태어나 존재할 권리를 갖는다. 사회적 차별은 공공 이익을 근거로 할 때만 허용된다."라는 두 문장으로 되어 있다. 유럽은 두 문장 중 앞 문장에 방점을 찍지만 식민지는 뒤 문장에 방점을 찍는다. 이렇게 보면 앞 문장은 이상을 나타낸다면 뒤 문장은 현실을 나타낸다. 이상과 현실은 화해를 보일 수도 있지만 모순을 나타낼 수도 있다.

유학은 인권과 국권을 동시에 쟁취해야 했던 지역 공동체에서 탄생한 사상 체계이다. 유학도 인권 이전의 상황을 전제한다면 전통 문화의 위상에 만족해야 한다. 그렇지 않고 유학이 21세기의 시대와 호흡하려면 인권과 국권을 동시에 쟁취해야 했던 동아시아의 이중 과제의 측면에서 재해석되어야 한다.

2. 유학의 과제와 그 역사

유학이 인권과 결합할 수 있는 가능성을 살펴보기 전에 주로 무엇을 탐구해왔느냐는 물음을 던질 필요가 있다. 유학이 풀고자 했던 과제를 점검한다면 그를 바탕으로 유학이 인권을 과제로 설정할 수 있는지 판정할 수 있기 때문이다.

앞 장에서 밝힌 유학의 정의를 다시 살펴보면서 논의를 계속 진행해보도록 하자.

"유학은 사람이 전승 문화를 평생 학습하여 삶의 제도로 습관화시키고 내재적 역량을 바탕으로 자신의 기질을 통제하고 부족하고 과도한 부분을 변화시켜 일상과 정치 영역 그리고 국제 관계에서 상생과 평화의 가치를 극대화시키는 거룩한 사람이 되고자 하는 가치 체계이다."

유학은 사람에서 출발한다. 유학은 절대자를 끌어들여 그를 경배하여 인간의 불안을 잠재우고 내세의 평안을 찾고자 하지 않는다. 유학은 어리석고 멍청하여 실수를 하고 의지가 약해서 이랬다저랬다 생각을 뒤집고 기억력이 약해서 앞서 했던 일조차 잊어버리는 그런 인간에서 출발한다. 물론 그렇다고 유학에서 사람은 외부 환경, 하늘과 대지로부터 완전히 단절하여 자신만이 모든 것을 결정할 수 있는 자아 도취를 주장하지 않는다. 하늘로부터 천명天命을 받아 마음에 성性의 씨앗을 간주하고 있으며 주위 사람과 함께 어울리며 상호 작용을 한다. 그럼에도 불구하고 성은 그 자체만으로 사람을 움직이지 못하고 상호 작용은 사람을 지속적으로 나아가게 하지 못한다. 인간은 철저히 자신의 힘으로 성性을 키워 나가야 하고 상호 합의한 규범을 진실히 실천해야 한다.

2.1 공자의 기획, 군자 유학

유학의 이러한 특성은 "사람이 도를 넓혀가지 도가 사람을 넓히지 않는다"는 공자의 말에 고스란히 담겨 있다.[3] 공자가 부정했지만 "도가 사람을 넓힐 수 있다." 이것은 공자의 문맥이 아니라 유일신의 문맥에서 가능하다. 유일신의 문맥에서 사람은 가진 것이 왜소하고 나아갈 길이 두렵다. 하지만 유일신이 지시하고 안내하는 길이라면 사람은 왜소함과 두려움을 넘어서 머나먼 길을 용기 있게 나아갈 수 있다. 신이 명령한 길인데 무엇이 두렵고 무엇이 불안하겠는가? 신을 믿지 못해 계시를 완전히 수용하지 못할 때 여전히 왜소하고 두려운 존재로 돌아올 뿐이다. 따라서 신이 계시한 말씀은 나아갈 길이자 무슨 상황

---

3 『논어』「위령공」 29(424) "子曰: 人能弘道, 非道弘人."

을 만나더라도 판단해야 하는 기준으로서 도道이다. 바로 이 도가 왜소하고 두려운 인간을 넓힐 수 있다. 공자의 말을 빌린다면 유일신의 문맥에서 "도능홍인道能弘人"이 가능하다.

유학은 유일신을 전제하지도 않고 믿지도 않는다. 인간은 철저하게 자신의 힘으로 살면서 만나는 문제 상황을 헤쳐 나가야 한다. 그 과정을 통해 사람은 끊임없이 자신을 넘어서야 한다. 이때 넘어선다는 말은 자신을 부정한다는 맥락이 아니라 자신을 확장하여 발전시켜 진화한다는 뜻이다. 그래서 나는 유학에서 인간의 특성을 추월推越(追越)에서 찾는다.[4] 사람은 자신이 해낼 수 있는 역량의 경계를 끊임없이 밀어내서 이전에 넘지 못했던 곤경을 타고 넘어가며 이 과정에서 사람끼리 앞서거니 뒤서거니 쫓고 쫓기는 선의의 경쟁을 하게 된다.

바로 추월에서 유학의 목표와 방향이 나타나게 된다. 사람은 누구나 가지고 있는 공통의 지반으로서 성性을 가지고 있다. 그 성을 가지고만 있을 것이 아니라 현실의 삶에서 실천해야 한다. 이 실천을 통해 인간은 차이를 보일 수밖에 없다. 성을 가지고 있으면서도 한 걸음도 앞으로 나아가지 않아서 여전히 왜소하고 두려운 사람이 있을 수 있고, 성을 가지고 성큼성큼 앞으로 나아가 출발선이 보이지 않는 지점에 서 있는 사람이 있을 수 있다. 그래서 공자는 이 차이를 설명하기 위해 전통적으로 존재하던 개념을 수용한다. 그것이 바로 소인小人과 군자君子이다.

소인은 비루하고 천박한 사람이 아니다. 소인은 우리가 일상에서 만나는 사람이다. 소인은 거리에 담배를 피우다 꽁초를 아무 곳에 버리고 대중 교통에서 자리를 잡으려고 빈 좌석으로 돌진하고 벌어들인

---

4 이 주제와 관련해서 신정근, 「도덕적 완성에 이르는 네 가지의 길 : 추월追越(推越)론 정립을 위한 시론」, 『동양철학』 37, 2012 참조.

수익을 나누기 위해 위장 폐업을 하고 가맹점에 돌아갈 몫을 줄이기 위해 온갖 방식으로 비용을 부담시킬 궁리를 짜내는 기업가이다. 소인은 우리 주위에 늘 흔히 볼 수 있는 사람이다. 소인은 법이 있어도 법을 피할 궁리를 하지 법 안에서 함께 살아갈 생각을 잘 하지 않으려고 한다.

소인이 어느 날 법의 심판을 받았든 양심의 가책을 느꼈든 지금까지 하던 형태에서 한 걸음만 벗어나면 군자가 되는 것이다. 군자는 소인과 다른 별종의 인간이 아니다. 소인이 늘 하던 익숙한 삶의 관행에서 조금이라도 달라지면 바로 군자가 되는 것이다. 공자는 『논어』에서 자신의 이상과 방향이 무엇이라고 뚜렷하게 말하거나 기치를 내건 적이 없다. 다만 제자 자하子夏에게 애정 어린 당부를 한 적이 있다.

"자네는 군자 유가 되어야지 소인 유가 되지 마라!"[5]

공자의 말은 너무나도 짧아 들여다보지 않으면 무슨 말을 하려고 하는지 의아하게 느껴질 수가 있다. 공자는 자하에게 소인에서 군자로 나아가는 유자가 되라고 요구하고 있는 것이다. 이것이 공자가 『논어』에서 제자들에게 어디로 나아가라고 제시하는 방향이었다. "소인 유가 되지 말라"는 말은 소인의 상태에만 머물러 있지 말라는 주문이다. 소인에서 한 걸음 나아가서 군자로 방향을 정하라는 것이다. 공자의 당부에 주목하면 유학은 "소인에서 군자가 되는 학"이라고 할 수 있다. 이를 줄여서 말한다면 '군자 유학'이라고 할 수 있다.

오늘날 공자더러 '군자 타령'을 한다고 말하지만 공자의 기획을 안

---

5 『논어』 「옹야」 13(134) "子謂子夏曰：女爲君子儒，無爲小人儒!"

다면 수긍할 만하다. 이웃이 자기 집 쓰레기를 남의 집 앞에 내놓고 업주가 가게 앞에서 고성방가 하는 손님을 만류하지 않고 도로 위에서 조금 앞서가겠다고 무리하게 끼어들기를 하고 건물을 짓는 이웃을 상대로 끊임없이 민원을 넣어 공사를 방해하는 경우가 있다. 우리는 이러한 이웃, 업주, 운전자, 민원인을 못마땅해하고 이해할 수 없는 사람이라고 생각할 수 있다. 이러한 이웃, 업주, 운전자, 민원인이 조금이라도 달라지기를 바라고 이웃과 함께 어울리는 시민 의식을 가진 사람이 되기를 바랄 수 있다. 이러한 바람이 터무니없고 황당하지 않고 기본적인 사항이라고 하자. 그렇다면 사람이 소인에서 군자로 나아가기를 바라는 공자의 기획과 다를 바가 없다. 공자의 군자가 오늘날 시민 의식으로 이어질 수 있는 것이다.

2.2 주렴계의 업그레이드, 성인 유학

공자의 기획은 송나라에도 여전히 유효했다. 송나라의 유학자들은 공자의 기획을 계승하면서도 인간을 더 넓고 높은 관점에 조망하고자 했다. 이러한 조망은 주렴계의 언설에서 아주 분명하게 나타난다.

"성인聖人은 하늘과 같기를 바라고 현인賢人은 성인되기를 바라고 사인士人은 현인이 되기를 바란다."[6]

주렴계가 『통서通書』에서 한 말의 순서를 재조합하면 사람은 사에서 현자로 현자에서 다시 성인으로 마지막으로 성인에서 천으로 추월의 진화를 과제로 설정하고 있다. 주렴계의 선언은 공자의 기획을 초

---

6 『通書』「志學」"聖希天, 賢希聖, 士希賢." 이후 주희에 의해 이 구절은 『近思錄』「爲學」과 『小學』「嘉言」에도 수록되었다.

범입성超凡入聖으로 업그레이드를 했다고 할 수 있다. 이때 초범은 사람이 가진 한계와 약점에서 벗어난다는 뜻으로 소인을 탈피한다는 맥락이다. 입성은 사람이 궁극적으로 성인이 되겠다는 입지立志를 표방하는 것이다. 이로써 인간은 추월의 속도와 진도에서 개별적인 차이를 드러낼 수 있지만 궁극적으로 성인의 지평에 다시 만날 수 있는 가능성을 열게 되었다.

그런데 주렴계는 "현희성賢希聖"에 그쳐도 괜찮은데 왜 "성희천聖希天"의 경계를 말했을까? 이것은 인간이 자신이 해낼 수 있는 최대치, 즉 성인의 과제를 이루고서 관심의 지평을 인간 세상에서 천지의 세계로 확장시켜 나가는 지평을 나타낸다. 오늘날 우리는 지구의 자원을 사용하며 생활하면서 미래 세대의 몫을 걱정하고 있고, 도시의 안락한 삶을 영위하면서 환경과 생태계의 보존을 걱정하고 있다. 우리는 사람의 문제에만 고민하지 않고 사람을 둘러싸고 일어나는 제반 문제까지 고민의 범위를 확장시키고 있다. 주렴계의 "성희천"도 인간이 사에서 현자로 다시 현자로 성인으로 이르는 지난한 과정을 거치고서 세계의 유일한 지배자로 등극하지 않고 천의 관점에서 세상을 바라보는 지평을 가지려고 하는 기획을 나타낸다.

이로써 인간은 한갓 유일신에 의해 창조된 피조물의 지위에 머무르지 않고 인간 사회의 질서를 부여하는 능동적 리더를 할 뿐만 아니라 우주의 생명을 조율하는 지위를 획득하게 되는 것이다. 땅을 일구며 생계를 꾸리는 단계에서 자연 재해로 고통을 겪는 이웃 나라의 일로 시야를 넓힐 뿐만 아니라 인간의 남획으로 생존이 어려운 고래의 생태계를 보장하기 위해 노력하고 아울러 북극의 얼음이 녹아 지구의 생태계가 처할 수 있는 곤경을 풀어가고자 지혜를 모으게 된다.

이러한 과제는 맹자가 아주 적절하게 표현한 적이 있다.

  "1차적으로 가까운 사람을 가까이 대하고 다음으로 주위에 있는 이웃을 살갑게 대하고 마지막으로 말 못하는 물에게도 애정을 가진다."[7]

맹자의 말에서 '인민仁民'이 주렴계의 '성聖'에 해당된다면 '애물愛物'은 '천天'에 해당된다고 할 수 있다. 관심關心의 지평은 이중적 특성을 갖는다. 집중에 초점을 두면 다른 것에 기웃거리지 않고 오로지 그것에 신경을 쓰지만 연대에 초점을 두면 각종 관계에서 쳐둔 빗장을 열어 타자를 환대할 수 있다. 유학은 처음에 빗장을 치다가 점점 빗장을 열어 모두가 한 곳에 만나는 대동의 세계로 초대를 받는다. 그것은 성을 넘어 천과 함께 하는 지평에서 가능한 일이라고 할 수 있다. 이런 점에서 주렴계는 공자가 일구고자 했던 기획을 업그레이드시켰다고 할 수 있다. 그래서 유학의 다른 이름이 성인이 되는 성학聖學이고 천인합일을 이루는 천학天學이라고 할 수 있다.[8]

3. 유학과 인권의 결합 지점

나는 이 책에서 '인권 유학'의 신조어를 통해 오늘날 유학이 나아갈 미래의 방향을 제시하고자 한다. '인권 유학'의 조어는 처음이지만 유학을 인권의 맥락에서 연구한 성과가 처음이지 않다. 연구가 처음이지 않다고 하지만 그 성과가 그렇게 많이 축적되지는 않았다. 간략하게 그 성과를 살펴보기로 하자.

---

7 『맹자』「진심」상 45 "孟子曰 : 君子之於物也, 愛之而弗仁. 於民也, 仁之而弗親. 親親而仁民, 仁民而愛物."

8 군자 유학과 성인 유학이 정치와 결합되면 王道 유학이 된다. 일본은 대동아공영의 기치를 내걸고 왕도 유학을 皇道 유학으로 업그레이드시키고자 했다. 하지만 황도 유학은 억압과 차별을 담고 있다는 점에서 소인 유학의 다른 이름이라고 할 수 있다.

3.1 인권으로 유학을 들여다본 연구사

함재봉은 아시아의 가치가 담론의 주제가 될 즈음에 유교와 인권의 관계를 조망했다.[9] 그는 "물론 엄밀히 말해서 유교 사상에는 서구 근대 사상에서 말하는 '인권'이란 개념은 없다."고 본다.(위의 글, 109쪽) 그는 인본주의로 연결될 만한 유교의 인치仁治와 덕치德治에 주목해서 서구의 인권 사상과 유교의 인치 사이의 유사성을 찾으려고 시도했다.(위의 글, 109쪽) 그 결과 "'개인'이 아닌 '인간'을 전제하는 유교사상에서는 결코 절대적인 인권, 인간관계에 우선하는 권리, 사회 전체의 이익을 위해서라도 침해할 수 없는 신성불가침의 개인 영역이란 있을 수가 없는 것이다."라고 결론 내렸다. 이어서 그는 "따라서 전통 유교 정치사상은 인권사상과는 달리 이성을 통하여 공공선을 알 수 있다고 생각하였다."(위의 글, 117쪽) 함재봉은 유교사상이 개인 영역의 부재에도 불구하고 공공선을 추구한 특성을 가진다고 보는 셈이다.

이승환은 유네스코 한국위원회가 기획한 '현대사회와 인권' 의제에 유교 부분을 집필하며 유교와 인권의 관련성을 검토하고 있다.[10] 그는 함재봉과 마찬가지로 인권이 '근대' 시기의 산물로 보므로 전근대의 산물인 유학과 인권의 접목을 부담스러워한다. 하지만 글의 제목에서 보이듯이 이승환은 유교가 인권을 만날 때 위축되지 않고 상호

---

9 함재봉, 「유교 전통과 인권사상」, 『계간 사상』 1996년 겨울호.
10 한상진이 편집한 『현대사회와 인권』, 나남출판, 1998은 동아시아와 인권에 관한 풍부한 논의를 정리하고 있다. 20년이 지났지만 아직도 동아시아와 인권의 연구를 진행할 때 꼭 읽어야 하는 출발 지점이다. 이승환, 「유교와 인권 : 상호보완의 필요성에 대하여」, 한상진 편, 『현대사회와 인권』, 나남출판, 1998 ; 2003 4쇄, 99~119쪽 ; 이승환, 「인권」, 이동철 외 편, 『21세기의 동양철학』, 을유문화사, 2005, 425~432쪽.

대화가 필요하다고 주장한다. 왜냐하면 인권은 유교에서 유교는 인권에서 서로 주고받을 게 있는 상호 보완의 작업이 필요하기 때문이다.(위의 책, 99쪽) 그는 평등, 천부인권, 권리, 자유를 키워드로 삼아 유교 안에 인권과 닮은 점을 찾아내고 있다. 이를 바탕으로 그는 "유교와 인권의 조화는 가능한가?"라는 질문을 던진다. 이에 대해 그는 "한편으로 부당한 권력의 횡포나 부조리한 착취에서 벗어나려는 '정치적·경제적 해방'도 당연히 필요하지만, 나아가서는 자기 자신의 무절제한 욕망에서 벗어나 '도덕적 해방'에까지 이를 수 있는 그런 인간이 되어야 더 바람직하지 않겠느냐, 그래야 좀 더 바람직한 사회가 되지 않겠느냐 하는 것이 저의 생각입니다."라고 정리하고 있다.(위의 책, 117~118쪽) 즉 서구 인권의 정치적·경제적 해방과 유교의 도덕적 해방이 종합되어야 바람직한 사회가 이루어진다고 주장하는 셈이다. 조화가 가능하다는 말이다.

함재봉과 이승환은 인권과 유교가 다르지만 종합될 수 있는 가능성을 긍정하고 있다. 그 뒤로 조효제는 인권 사상과 인권 사상의 교과서를 국내로 소개했고,[11] 그를 필두로 사회과학계에서 시민사회의 역할에 주목하여 동아시아의 인권을 탐구하는 연구가 지속적으로 진행되었다.[12] 하지만 함재봉과 이승환의 주장을 검토하지는 않았다.

박홍규는 유교와 인권이 전혀 다른 사상적 배경을 지니고 있다는 점에서 이승환의 주장을 부정했다.[13] 이때 그는 "유교의 현대화 작업

11 미셸린 이샤이, 조효제 옮김, 『세계인권사상사』, 길(박이정), 2005 ; 조효제, 『인권의 문법』, 후마니타스, 2007. 조효제의 작업 이후에 인권 관련의 책이 다수 출간되었다. 최현, 『인권』, 책세상, 2008 ; 새뮤얼 모인, 공민희 옮김, 『인권이란 무엇인가』, 21세기북스, 2011 ; 크리스토프 멩케·아른트 폴만, 정미라·주정립 옮김, 『인권철학입문』, 21세기북스, 2012.
12 조효제, 「권리, 민주주의, 시민권 : 동아시아 인권의 시민사회적 모색」, 조효제·박은홍 엮음, 『동아시아의 인권 — 시민사회의 시각』, 아르케, 2008.
13 박홍규, 「유교와 인권」, 『인문연구』 제53호, 2007.

또는 현대적 재조명이라는 차원에서 유교에도 인권이 있었다는 주장
이 제기되고 있다."(위의 글, 225쪽)며 우려를 표명하고 있다. 이 주장
이 이승환을 겨냥한 것으로 밝히지는 않았지만 문맥상 그를 비판한다
고 봐도 무방하다. 하지만 이승환은 유교에 인권적 요소가 있고 인권
과 유교가 상호보완의 관계에 있다는 점을 주장하지 "유교에도 인권
이 있다"는 주장을 하려고 하지 않았다. 아마 이승환의 주장을 반박
하기 위해 그의 주장을 극단화시키는 맥락에서 다소 과도한 비판이라
고 할 수 있다. 박홍규는 종래 유교와 인권의 연결을 담당하던 주요
개념과 사상, 즉 인정仁政, 덕치德治, 공익 등에 주목하면서 그것이 인
권과 같지 않다는 점을 역설하고 있다.

그 뒤로 나종석은 칸트의 자율성과 유교의 인仁의 유사성에 착안
해서 유교가 인권을 정당화시킬 수 있는 길을 모색했고, 조경란은 인
권의 보편성과 특수성의 맥락에서 동아시아 인권 담론의 한계를 밝히
고자 했다.[14]

3.2 유학과 인권의 결합 지점

앞 절에서 유학과 인권의 결합을 긍정으로 보거나 부정적으로 보
는 논의를 살펴보았다. 모든 사람들이 유학과 인권이 다른 시대와 다
른 사상적 맥락에서 탄생했다는 점을 인정하면서 주장의 차이를 보
인다.

나는 유학과 인권의 결합 가능성을 살피려면 먼저 유학이 인권과

---

14 나종석, 「인권에 대한 유교적 정당화의 가능성에 대한 연구」, 『다산과 현대』 제6호,
2013. 조경란, 「동아시아 인권 담론의 의미와 한계 그리고 전망 – 한국의 인권 담
론과 동아시아 인권사상의 비판적 재구성」, 나종석 외, 『유학 오늘의 문제에 답을
줄 수 있는가』, 혜안, 2014.

다른 사상적 배경을 가지고 있음에도 불구하고 인권으로 확장 가능성 지점에서 논의를 시작해야 한다고 생각한다. 역성혁명易姓革命을 시민 불복종과 견주어 논의할 수 있다. 역성혁명은 타락한 지도자를 권좌에서 내쫓을 수 있다고 주장하는 점에서 불복종을 말한다. 하지만 역성혁명은 혁명의 주체, 혁명 이후의 권력, 혁명의 정당성 등이 추가로 논의되어 정교하게 가다듬어진 이론으로 수립되지 않았다. 고통이 장기적으로 지속되는 상황에서 단말마적으로 혁명을 외치는 구호이다. 이 때문에 역성혁명과 권력찬탈은 엄밀하게 구분되기가 쉽지 않다. 그 결과 "이기는 혁명이고 지면 반란"이라는 현실론이 득세하면서 역성혁명이 가진 인문학과 정치학의 의미가 드러나지 않았다. 따라서 형식상 유사한 주장과 개념 그리고 사상을 비교한다고 해서 유교와 인권의 결합이 성공적으로 이루어지지 않는다. 요소론적 비교에 지나지 않는다.

따라서 유학이 인권 사상과 결합되려면 유학 중의 어떤 내용이 더 확장되고 발전해야 하는지 논의하고자 한다. 유학은 공자의 기획에서 잘 드러나듯이 사람이 좌충우돌하는 자신을 잘 조율하고 주위 사람과 어울려서 세상을 편안하게 하는 인격의 변화를 시도한다. 이러한 시도의 성과에 따라 인격의 높낮이가 정해진다. 그것이 바로 소인과 군자의 차이라고 할 수 있다. 공자의 경우 인격의 높낮이에 따라 사람을 단순히 분류하는 수준에 머문다면 그 차이가 긍정될 수 있지만 인격의 높낮이가 바로 사회적 지위와 긴밀하게 이어지게 된다면 그 차이가 권력의 발생을 낳게 된다. 공자는 평등권보다 업적주의를 지향한다고 할 수 있다. 이를 바탕으로 소인에 대한 군자의 지배를 정당화시킬 수 있다. 공자가 차이를 지위와 연결시키지 않았다는 증거가 없는 한 차별적 대우를 완전히 부정했다고 볼 수 없다. 이것은 공자가 신분 사회를 살면서 그 신분을 당연한 것으로 받아들인 시대적 한계라고 할 수 있다.

공자는 신분 질서에 갇히기도 하지만 신분을 뛰어넘어 사람이 자유롭게 만날 수 있는 지평을 기획하고 있다. 우리는 서恕를 말하는 곳에서 공자의 위대성을 확인할 수 있다.

> "자공이 물었다. 평생 동안 간직하며 실천해야 할 한 마디가 있을까요? 공자가 대답했다. 그건 바로 서이지! 네가 바라지 않는 것을 다른 사람에게 시키지 마라." 15

공자가 신분 질서에 포획되었다면 서를 말할 수 없다. 왜냐하면 신분 사회의 매뉴얼에 따라 사람을 대우하면 그것으로 충분하기 때문이다. "기소불욕己所不欲, 물시어인勿施於人."이라는 서의 정식화에서 드러나듯이 나와 타자는 누구로부터 각자 바라지 않는 것을 당할 이유가 없다. 내가 타자에게 바라지 않는 것을 강요하지 않아야 하듯이 타자도 나에게 그러한 것을 강요해서는 안 된다. 서로 강요하지 않는 것의 범위가 정확하게 기술되어 있지 않다. 여기서 강요하지 않는 범위를 「인간과 시민의 권리 선언」의 제1조 "인간은 자유롭고 평등하게 태어나 존재할 권리를 갖는다. 사회적 차별은 공공 이익을 근거로 할 때만 허용된다."라는 내용과 접목될 수 있다. 원치 않는 것으로부터 강요되지 않는다는 것은 인간이 원초적으로 자유롭고 평등하게 존재할 수 있는 상황으로 이어질 수 있기 때문이다. 이렇게 보면 공자는 신분 사회를 살면서 개인의 차이를 권력의 발생으로 받아들이는 측면도 있고 전통과 권위를 강요하지 않고 개인의 취향과 관심을 존중하는 공유지대를 주장하는 측면도 있다. 16

---

15 「위령공」 24(419) "子貢問曰 : 有一言而可以終身行之者乎? 子曰 : 其恕乎! 己所不欲, 勿施於人."

16 恕가 공유지대를 창출할 수 있는 측면과 관련해서 신정근, 『공자의 인생 강의 —

공자가 공유지대로서 서를 제안했기 때문에 『서경』에서 말하는 '천명天命'도 「중용」에서 의미를 달리하게 되었다. 『서경』에서 천명은 하늘이 덕을 가진 특정인에게 세계의 통치 권한을 위임하는 맥락이다. 반면 「중용」의 경우 "천명지위성天命之謂性"은 하늘이 모든 사람과 동등하게 관계를 맺는 맥락이다. 이로써 천과 사람은 천자의 매개를 거치지 않고 직접적으로 만날 수 있는 소통을 할 수 있게 되었다. 이를 "천명인성天命人性"이라고 할 수 있다. 즉 하늘이 모든 사람에게 성을 평등하게 부여했다고 할 수 있다.

보통 「중용」의 "천명인성"은 『맹자』의 인의예지仁義禮智와 연결된다. 다시 인의예지라는 사덕四德의 실현에 초점을 두게 되면 결국 인격의 차이를 긍정하게 된다. 만약 "천명인성天命人性"과 '서恕'를 결합시키게 되면 "천명인권天命人權"으로 발전하고 다시 "천부인권天賦人權"으로 비약할 수 있는 길이 생길 수도 있다. 성이 인의예지의 사덕으로만 연결되지 않고 바라는 것을 강요받지 않을 수 있는 서와 연결된다면, 성性과 욕欲의 경계가 서로 넘나들 수 있다. 모든 욕이 성으로 긍정되지 않는다고 하더라도 욕과 성 사이의 위계질서가 꽤나 무너질 수 있다. 오늘날도 인간의 욕망은 사회 합의나 공익에 의해 제한될 수 있다. 바란다고 해서 모든 것이 긍정되지 않는다. 이렇게 보면 유학에서 인간의 권리를 말할 수 있다. 예컨대 "기소불욕己所不欲, 물시어인勿施於人."은 「인간과 시민의 권리 선언」의 제10조 "어느 누구도 자신의 의견을 표명할 때 그것이 종교와 관련된 것일지라도 법으로 설정된 공공질서를 문란하게 하지 않는 한 방해를 받지 않는다."와 제11조의 "사상과 의견의 자유로운 소통은 인간의 가장 귀중한 권리의 하나이다. 따라서 모든 시민은 자유롭게 말하고 쓰고 출판

논어, 인간의 길을 묻다』, 휴머니스트, 2016 참조.

할 수 있다. 다만 법에 규정된 경우대로 이 자유의 남용에 대해서는 책임을 지지 않는다.”로 확장될 수 있다.

앞서 말했듯이 “천명인성”과 ‘서’가 다시 주렴계가 공자의 기획을 업그레이드시켰던 “성희천”의 천학天學과 결합하게 되면 사람은 차이에도 불구하고 평등한 지평에서 만날 수 있는 가능성을 창출할 수 있다. 이러한 천학은 군주제를 넘어서 의회제를 설파하는 황종희의『명이대방록明夷待訪錄』, 모든 사람이 상제上帝의 사랑을 동등하게 받는다는 마테오 리치의『천주실의天主實義』등으로 확장될 수 있는 가능성을 지니고 있다. 이렇게 보면 유학 안에서도 인권과 결합될 수 있는 접점을 찾을 수 있다.

4. 맺음말

유학과 인권은 다른 시대와 다른 사상 맥락에서 배태되었다. 현대에 이르러 다른 기원과 맥락을 가졌다고 해서 둘 사이의 대화를 부정할 필요는 없다. 유학과 인권은 단일한 특성이 아니라 다양한 특성을 가진 복합적 사상 체계이다. 다양한 특성은 각각 유학과 인권으로 수렴되기도 하고 다른 사상 체계로 뻗어나갈 수 있는 가능성을 가지고 있다.

이런 측면에서 보면 종래 인권의 맥락에서 유학을 연구할 때 인권과 유학의 특정한 요소를 비교하면서 같은가 다른가를 밝히는 데 주력해왔다고 할 수 있다. 따라서 다르다고 보면 양자는 통약 불가능한 특성을 가졌다는 결론에 이르게 될 뿐이고 같다고 보면 양자는 통약 가능성을 가졌다는 결론에 이르게 된다. 즉 관점과 입장의 차이에 따라 결론이 미리 정해져 있다고 할 수 있다.

나는 이 글에서 유학의 다양한 사상적 맥락에 주목해서 인권으로 다가가서 접점을 마련할 수 있는지 살펴보았다. 이를 위해 서恕와 성性 그리고 천명天命과 천학天學을 사덕四德으로 이어지는 맥락을 벗어나서 천부인권天賦人權으로 나아갈 수 있는 방식으로 재조합을 시도했다. 그 결과 유학에 인권이 있다고 말할 수는 없지만 유학이 인권과 결합할 수 있는 가능성을 찾아냈다. 이로써 성과 욕의 넘나들수 없는 경계를 허물고 공론의 장에 설 수 있게 되었다. 아마 이러한 결실이 의식했건 하지 못했건 '성욕性欲' 신조어의 탄생에서 찾을 수 있다. 사덕의 맥락이라면 성과 욕은 성욕으로 맺어질 수 없지만 천부인권의 맥락이라면 성과 욕은 얼마든지 성욕으로 결합할 수 있다. 하지만 성욕도 공익에 따라 제한될 수 있고 자유의 남용에 따른 책임을 질 수밖에 없다. 이것은 또다시 인권과 유학의 접점을 확대시키는 계기가 될 수 있다. 왜냐하면 무조건 법적 책임의 틀에서 부당한 성욕을 규제할 수도 있지만 법 이전의 양식과 인격의 힘으로 성욕을 조율할 수 있기 때문이다.

중국의 인터넷에서 최근 화제를 불러일으킨 사진 한 장이 게재되었다. 『서울신문』에서 뽑은 제목 「中, 지하철 안에서 책상 펴고 공부하는 소년 논란」(2017.11.07)처럼 모녀는 대중 교통을 이용하는 다른 승객에게 불편을 주게 된다. 이와 유사한 사건은 나라를 구분하지 않고 얼마든지 일어날 수 있다. 사람이 개인의 사정에 따라 의외의 행동을 할 수 있기 때문이다. 이 사건의 소개는 단순히 조정을 통해 공유시대가 등장할 수 있다는 예시이지 민족 감정을 자극하려는 어떠한 의도도 없다. 이러한 행위는 법으로 책임을 묻기보다 양식에 따라 저절로 조율되는 방향으로 진행될 수 있다. 인터넷과 언론의 보도를 통해 찬반의 의견이 자유롭게 분출되고 그 과정의 학습을 통해 앞으로 유사한 행위가 저절로 일어나지 않을 것이다. 즉 이 사진을 통해 사적 공간과 공적 공간을 다시금 돌아보게 된다. 우리나라도 마이카 시대를 거치면서 교통 질서 의식이 성숙해지듯이 모든 법에 의존해서

〈사진〉 지하철에서 공부하는 아이[17]

사태를 해결할 수 없다. 이렇게 사람이 양식을 발휘하여 공유지대의 질을 향상시키고자 하면 유교와 인권의 결합은 좋은 방향이라고 할 수 있다. 일시의 조정 국면이 있겠지만 전체적으로 교양과 소양으로 공유지대의 안정망을 증대시킬 수 있다.

---

17 출처는 http://nownews.seoul.co.kr/news/newsView.php?id=20171107601010&
wlog_tag3=naver

제3장 인권 유학으로서
21세기 동아시아학의 성립 가능성 모색

— 유학사儒學史의 궤적과 함께 —

요약문

이 글은 21세기의 유학을 동아시아학의 성립 가능성과 연결시켜서 논의를 진행하고자 한다. 인권은 양자를 연결시키는 공통 분모이다. 인권을 매개로 유학과 동아시아학이 결합될 때 유학은 일국一國을 벗어나서 동아시아를 공동의 공간으로 창출하게 된다. 이로써 21세기에서 유학은 인권 유학이 되고 동아시아학은 지역학이 아니라 인문학이 될 수 있다.

이러한 작업을 수행하기 위해서 유학儒學이 전근대에서 유술儒術, 성악聖學・도학道學, 중화학中華學으로 쓰이는 궤적을 훑어보고 근현대에서 국학國學으로 쓰이는 현상을 비판적으로 살펴보고자 한다. 여기서 통상 유학儒學을 왕조 명칭과 연관시켜서 한의 훈고학, 당의 사장학, 송명의 성리학, 청의 고증학으로 명명하는 관행을 받아들이지 않는다. 왜냐하면 이러한 분류는 유학儒學을 중국과 폐쇄적으로 연결시켜서 동아시아 맥락에서 살펴볼 수 없기 때문이다. 따라서 이 글에서 특정한 유학이 태동한 시점을 기준으로 BC 6세기 체제, 960년 체제, 1644년 체제, 1894~1895년 체제, 21세기 신체제로 구분하고자 한다. 하나의 체제는 모두 지역(중심), 목표 과제, 학문 명칭, 비고 사항에 의해서 특징지워진다.

우리가 21세기의 신체제에서 국학國學 유학이 아니라 인문(인권) 유학을 주장해야 하는 것일까? 국학 유학의 단계에서 한·중·일의 개별 국가는 자기 완결적인 특성을 지니고 있다. 개별 국가는 상호 경쟁적 대립적 상황에 놓여 있으므로 서로 상대국의 서사에 개입할 수도 없다. 즉 연구자-학자가 모두 이해 상관자의 관계에 놓여 있기 때문이다. 개별 국가의 국학의 완성은 경쟁 국가의 국학의 미완성을 전제로 삼는다. 이러한 상황에서 한중일이 동아시아에 편재된다고 하더라도 그 공간은 인문학적 의미를 창출할 수 없는 불임의 동토이지만 정쟁의 활화산이 될 뿐이다.

그럼에도 불구하고 국권國權 담론에 기초를 둔 국학을 21세기의 신체제가 나아갈 길이라고 한다면 연구자-학자가 이데올로그이기를 자임하는 형국이 될 뿐이다.

키워드 : 유학, 유술, 성학, 중화학, 국학

1. 문제 제기

동아시아[1] 지성사에서 지식의 박학博學과 사상의 다변多變을 보인 인물이 적지 않다. 타자와 끊임없이 만났던 만큼 알아야 할 대상도 많고 그에 따라 대응을 위해 변화가 생겨날 수밖에 없다. 량치차오(梁啓超, 1873~1929)도 박학과 다변의 리스트 중에 빼놓을 수 없는 인물 중의 한 명이다. 그러한 그도 1901년에 쓴 「중국사서론中國史敘論」에서 자신이 참으로 부끄러워할 수밖에 없었던 일을 밝히고 있다. 자신의 나라가 있지만 그 나라를 부르는 어엿한 이름, 즉 국명國名이 없었기 때문이다. 당시 청 제국이 있었지만 외세에 제대로 대응도 하지 못했을 뿐만 아니라 한족의 눈에 정통성을 가진 정체政體로 인정할 수 없었다. 이에 그는 세 가지 가능성을 생각해보았다. 첫째, 제하諸夏 · 한인漢人 · 당인唐人처럼 왕조의 이름을 쓰는 경우가 있다. 둘째, 진단震旦 · 지나支那[2]처럼 외국인들이 부르는 경우가 있다. 셋째, 중국中國 · 중화中華처럼 자기 존재를 크고 높게 여겨서 비난을 받을 만한 경우가 있다.

량치차오는 셋 중 하나를 고르고 나머지 둘을 배제했다. 그 이유는 다음과 같다. 첫째는 국민을 존중하는 원칙과 어긋난다. 둘째는 자국민이 스스로 지은 이름이 아닐 뿐만 아니라 "사물은 주인이 짓는 이

---

1 이 글에서 동아시아는 구체적으로 한국 · 중국 · 일본을 하나로 포괄하는 말이다. 여기서 '동양 철학'이라고 말하면서 실제로 '중국 철학'으로, '동아시아'라고 말하면서 실제로 '한중일'로 받아들이는 관행에 따른다. 물론 '동아시아' 용어는 기원과 지시 범위와 관련해서 상당한 복합적 특징을 가지고 있다. 이와 관련해서 고야스 노부쿠니, 이승연 옮김, 『동아 · 대동아 · 동아시아 : 근대 일본의 오리엔탈리즘』, 역사비평사, 2005 ; 2쇄 2006 참조.

2 震旦과 支那는 모두 秦 나라의 이름에 연유하여 오늘날 중국을 가리키는 영문 명칭 China를 소리 나는 대로 표기한 것이다. 전자는 인도 사람이 중국을 부를 때, 후자는 일본 사람이 중국을 부를 때 사용한 명칭이다.

름대로 불린다"〔名從主人〕[3]는 원칙에 어긋난다. 따라서 그는 셋 중에
서 관행적으로 쓰이는 세 번째에 따라 자국의 역사를 '중국사中國史'
로 명명하고자 했다. 그는 처음에 '중국中國'이 갖는 자존자대自尊自大
의 어감 때문에 주저했지만 말미에 "모든 민족은 제각각 스스로 자신
의 나라를 존중하는 게 지금 세계의 보편적인 기준이다"라며 옹호하
고 있다.[4] 이로써 '중국'은 처음으로 공식적으로 국명으로 쓰일 수 있
는 가능성을 열게 되었다.

한국 · 중국 · 일본은 유럽의 지리적 기준, 미국의 전략적 선택 등
에 따라 '동아시아' 또는 '동아東亞'로 명명되고 있다.[5] 하지만 오늘날
우리는 '동아시아인'의 호명에 익숙하지 않을 뿐만 아니라 '동아시아
인'으로서의 정체성을 충분히 공유하지 못하고 있다. 특히 한국의 우
파, 북한의 좌파(매파), 일본의 우파, 중국의 좌파는 대외적으로 공공
연하게 민족주의 감정을 내세우면서 상대 국가에 대한 도발적 행위를
자기 집단의 존립 근거로 삼고 있다. 한국의 특정 정파는 선거 때마
다 '북풍'에 기대는 선거 전략을 구사한다. 2017년 10월 일본의 아베
정부는 자신의 미래 비전이 아니라 북한의 군사적 위협을 선거 전략
으로 삼아 대승을 거두었다. 중국은 2017년 10월 19대 당대회가 열
려 시진핑 주석의 2기가 출범하기 전에 한국의 미국과 일본의 군사
동맹화를 견제하기 위해 외교 갈등을 키웠고 민간인의 자유로운 교역
도 통제하기도 했다.

---

3 이 주장은 원래 『춘추곡량전』 桓公 2년에 공자의 말로 나온다. "孔子曰 : 名從主人,
   物從中國, 故曰郜大鼎也."
4 梁啓超, 張品興 主編, 「中國史叙論」(1901), 『梁啓超全集』第1冊, 北京出版社, 1999,
   448~454쪽. "民族之各自尊其國, 今世界之通義耳."
5 미국의 전략과 동아시아의 명명과 관련해서 아리프 딜릭, 「아시아─태평양이라는
   개념 : 지역 구조 창설에 있어서 현실과 표상의 문제」, 정문길 외, 『동아시아, 문제와
   시각』, 문학과지성사, 1995 ; 6쇄 2004, 41~72쪽 참조.

　동아시아 역내의 사정이 이러하다 보니 '유럽 연합'과 같은 공동체 구상이나 현실화는 동아시아인에게 아직 현실의 문제를 해결할 수 있는 방법으로 논의될 뿐 유력한 대안으로 간주되지 못하고 있다. 한·중·일은 근대의 민족 국가가 아직 덜 완성되었다고 보고 제각각 자국의 영토를 강화시키는 데에 골몰하고 있다.[6] 이러한 상황에서 동아시아에 살아가는 '우리'는 아직 '같은 동아시아인'이라는 동질성을 공감하지 못하기 때문에 – 량치차오의 '자존자대自尊自大'와 달리 익숙하지 않더라도 – 다른 대안이 없는 한 개별 국가의 구성원과 동아시아인의 이중 소속을 받아들일 수밖에 없다.

　이렇게 보면 한·중·일의 사람은 관행적으로 동아시아인으로 불리지만 아직 이름과 실상이 서로 꼭 들어맞지 않는다. 즉 명실상부하지도 못하고 명종주인名從主人하지도 못한 셈이다. 나는 이 글에서 유학儒學이 전근대 동아시아인의 정체성에 어떤 영향을 미쳤고 근현대 동아시아인의 정체성 형성에 어떤 기여를 할 수 있는지 살펴보려고 한다. 또 이를 바탕으로 해서 지역학이 아니라 인문학으로서 '동아시아학'의 성립 가능성과 유학儒學(21세기 신체제의 유학)의 결합 양상을 규명하고자 한다. 지역학은 정보 부족과 결핍을 보충하기 위해 주체가 공리적 목적을 가지고 특정 지역에 접근하는 탐구 활동과 관련된다. 지역학 속의 인간은 탐구 주체의 필요성에 따라 재구성되게 된다. 필요성이 없으면 의미가 없기 때문이다. 그 결과 지역학의 인간은 탐구 주체와 같은 사유 체계와 생명 가치를 가진 살아 있는 인간이 아니라 탐구 주체의 이해(관심)에 따라 자신의 효용성을 드러내는

6　영토와 과거사 문제는 동아시아에서 민족 국가가 미완성된 지표로 볼 수 있다. 현재 동아시아는 탈영토화의 현대와 영토화의 근대가 착종되어 있는 만큼 복잡한 문제 상황에 놓여 있다고 할 수 있다. 둘은 분리되다가도 결합하여 크고 작은 국가 간의 갈등과 분쟁을 일으키고 있다.

발명품이 될 뿐이다.[7] 우리가 발명품이 아니라 살아있는 인간과 대화하고 또 이해하려면 동아시아학은 그 속성상 인문학일 수밖에 없는 것이다.

이러한 작업을 수행하기 위해서 유학이 전근대에서 유술儒術, 성학聖學·도학道學, 중화학中華學으로 쓰이는 궤적을 훑어보고 근현대에서 국학國學으로 쓰이는 현상을 비판적으로 살펴보고자 한다. 여기서 통상 유학을 왕조 명칭과 연관시켜서 한漢의 훈고학, 당唐의 사장학, 송명宋明의 성리학, 청淸의 고증학으로 명명하는 관행을 더 이상 받아들이지 않으려고 한다. 왜냐하면 이러한 분류는 유학을 중국과 폐쇄적으로 연결시키게 되어 동아시아 맥락에서 살펴볼 수 없기 때문이다. 그 결과 동아시아인들이 다른 곳에서 열정적으로 수행해온 유학의 연구와 발전이 제대로 평가받을 수 없게 된다. 예컨대 이황과 정약용은 중국 위주의 지성사에 편입될 가능성이 없어진다. 따라서 이글에서 특정한 시대 유학이 태동하여 역내 질서를 규율한 시점을 기준으로 BC 6세기 체제, 960년 체제, 1644년 체제, 1894~1895년 체제, 21세기 신체제로 구분하고자 한다. 각각의 체제는 유학이 영향력을 발휘한 지역(중심), 목표로 지향하는 과제, 당시 사람들에게 불리는 학문 이름 등으로 구성된다.[8] 예컨대 BC 6세기 체제는 공자가 춘추시대에 창시하여 존왕양이尊王攘夷를 목표로 하면서 넓게는 한당漢唐 제국까지 지속된 치국방략治國方略의 유술儒術을 가리킨다. 나는 '선진 유학'보다는 '황하에 뿌리를 둔 존왕양이尊王攘夷의 유술로서 BC 6

---

7 여기서 지역학의 가치를 부정하는 것이 아니라 지역학과 인문학의 충돌 가능성을 말하고 있다. 이런 맥락에서 나는 동아시아학을 지역학으로 보려는 시각을 거부하고 인문학으로 자리매김하려고 한다. 따라서 이 글은 동아시아학을 지역학으로 규정하려는 관점과 시각을 달리한다.

8 네 가지 특성은 특정 시대의 체제가 가진 동태적 성질을 종합적으로 보여준다.(자세한 내용은 결론의 〈표1〉 참조)

세기 체제'가 유학의 동아시학 맥락을 살리는 정의라고 본다.

이를 통해서 오늘날 유학이 동아시아학으로서 학문의 시민권을 획득하려면 국권國權 담론에 기반을 둔 '국학國學 유학'에서 '인권 유학'으로 전환 또는 진화되어야 한다는 점을 밝히고자 한다. 이 연구는 유학을 21세기의 동아시아학으로 정립하기 위한 완결적인 작업이 아니라 중간 보고서에 가깝다. 하지만 국권 담론에 바탕을 둔 국학 유학에서는 동아시아학의 관점을 가질 수 없고 일국 유학에 한정되는 반면 인문 담론에 바탕을 둔 인권 유학에서는 일국을 벗어나 동아시아의 지평을 갖는 동아시아학의 성립 가능성을 보증해줄 수 있다.

2. BC 6세기 체제 : 황하黃河 + 존왕양이尊王攘夷 + 유술儒術 + 지역학

역사적 인물로서 공자는 천자의 나라 주周 나라가 제 역할을 못하면서 중원지역에 위기가 도래하자 존왕양이尊王攘夷를 우선적인 과제로 설정했다. 즉 얼핏 보면 우아한 의미를 담은 사자성어로 보이지만 실제로 주 나라 왕실의 권위를 지키고 그 권위에 도전하는 주변의 이민족을 물리치자는 극히 도발적이며 자극적인 구호이다. 요즘 말로 하면 배제적 민족주의의 표현에 해당된다. 훗날 보통 공자가 이전의 문화 전통을 계승하여 이룩한 학문적 성취를 '유학儒學' 또는 '유교儒教'라고 부른다. 일반인은 하나의 대상에 대한 두 이름, 즉 일실다명一實多名에 익숙하지 않은지 둘이 무엇이 다르냐고 묻곤 한다. 보통 유학은 학문과 사상의 측면을 가리키고 유교는 종교의 측면을 가리킨다고 한다. 이에 따르면 도가와 도교의 구분도 비슷하다.

또 우리는 유학 또는 유교의 가치에 동조하는 사람을 '유가儒家', '유림儒林', '유자儒者', '유학자儒學者'라고 부른다. 우리는 공자의 사상을 가장 진실하게 담고 있는 『논어』에서 이와 같은 호명과 지칭을 찾아볼 수 없다. 이러한 호명은 공자 시대가 아니라 유학이 주류 학문이 되면서 후대에 생겨난 말이기 때문이다. 따라서 공자는 후대의 용어가 아니라 자신의 시대에서 전통적으로 계승된 용어를 수용했는데, 『논어』를 읽어보면 제자들의 역할 모델로 사士와 군자君子를 즐겨 이야기하고 있다. 공자는 예외적으로 단 한 차례 제자 자하子夏에게 "자네는 군자 유가 되어야지 소인 유가 되지 마라!"는 당부를 하고 있다.[9] 여기서 공자는 자신의 정체성을 처음으로 '군자君子＋유儒'로 표방하고 있지만 다른 곳에 이를 반복하지 않았다.

그렇다면 언제부터 '공자'와 '유儒'의 결합이 널리 쓰이게 되었을까? 역설적으로 그 공로는 유가가 아니라 묵가의 창시자로 알려진 묵적墨翟, 즉 묵자墨子에게 돌아간다. 묵자는 공자보다 약간 뒤에 활동하면서 세계의 갈등원인을 별애別愛와 겸애兼愛의 틀로 설명했다. 그는 공자가 사랑과 정의를 강조하지만 그 안에 혈연과 소속에 따른 차별을 담고 있다고 보았다. 따라서 공자의 사상은 사람들의 고통을 구원하지 못하고 오히려 배가(악화)시키게 되는 것이다. 이러한 맥락에서 묵자는 「비유非儒」에서 공자의 사상을 신랄하게 비판하면서 유자儒者, 유술儒術, 도교道敎와 공모孔某, 공자孔子, 유사儒士 등을 사용하고 있다.[10] 묵자는 '공모'처럼 공자의 학문적 권위를 인정하지 않으려는 호칭을 쓰기도 한다. 「공맹公孟」에서 공자의 의복, 상례, 예악을 비판하면서 '유자儒者', '유지도儒之道'를 사용하고 있다. 묵자가 「공맹

---

9 『논어』 「옹야」 13(134) "子謂子夏曰 : 女爲君子儒, 無爲小人儒!"

10 『묵자』 「非儒」는 묵자가 공자의 핵심 주장을 비판하는 부분과 실패로 끝난 공자의 유세 활동을 기록하는 두 부분으로 되어 있다. 공자는 전반부에서 '유자儒者'로 호명되고 후반부에 '공자孔子'와 '공모孔某'로 호명되고 있다. 전반부의 실례로 "儒者曰 : 親親有術, 尊賢有等, 言親疏尊卑之異也."가 있고 후반부의 실례로 "今孔某之行如此, 儒士則可以疑矣."가 있다.

公孟」에서 유자의 입장을 비판하자 정자程子, 즉 정번程繁은 유자의 입장을 대변하면서 묵자의 '비유非儒', '훼유毁儒' 비판이 부당하다는 반론을 펼치고 있다.[11]

이 중에서 우리는 유지도儒之道, 도교道敎, 유술儒術의 용례를 주목해볼 만하다. 당시 유자儒者는 신의 전능성을 부인하고 장례를 호화롭게 지내고 악무樂舞를 지나치게 숭배하고 운명을 인정했다. 묵자는 이를 천하(세상)를 망치는 사정四政으로 비판하면서 그것을 다시 유지도儒之道로 부르고 있다.[12] 이 유지도儒之道는 유도儒道 용어의 기원이 되는 것이다. 그는 또 운명론이 관리와 서민으로 하여금 자신의 일을 등한히 하게 만들어 정치의 근본을 흔드는 데도 유자가 유명론有命論을 도교道敎로 삼는다고 비판하고 있다.[13] 이 도교道敎는 '도교'라는 개념의 최초 용례이지만 훗날의 용례와 아주 다른 방식으로 쓰이고 있다. 이 도교는 훗날 유·불·도 중의 도교가 아니라 유교를 가리키고 있다.

마지막으로 유술儒術은 공자가 입으로 정의를 부르짖지만 실제로 최악의 불의로 귀결된다는 맥락으로 쓰이고 있다. "성인이 세상을 위해 사회의 해악을 없애고자 군사를 일으켜 폭군을 처단하려고 한다. 이겼을 경우 진실로 유술에 따라 병졸에게 다음처럼 명령한다. '달아

---

11 『묵자』 「公孟」 "程子曰: 甚矣, 先生之毁儒也. 子墨子曰: 儒固無此若四政者, 而我言之, 則是毁也. 今儒固有此四政者, 而我言之, 則非毁也. …… 程子曰: 非儒, 何故稱于孔子也?"

12 『묵자』 「公孟」 "子墨子謂程子曰: 儒之道, 足以喪天下者, 四政焉, 儒以天爲不明, 以鬼爲不神, 天鬼不說, 此足以喪天下. 又厚葬久喪, …… 又以命爲有, 貧富壽夭, 治亂安危, 有極矣, 不可損益也. 爲上者行之, 必不聽治矣. 爲下者行之, 必不從事矣. 此足以喪天下."

13 『묵자』 「非儒」 "有强執有命以說議曰: 壽夭貧富, 安危治亂, 固有天命, 不可損益, 窮達賞罰幸否有極, 人之知力, 不能爲焉. 群吏信之, 則怠於分職, 庶人信之, 則怠於從事, 吏不治則亂, 農事緩則貧, 貧且亂政之本, 而儒者以爲道敎, 是賊天下之人者也."

나는 적을 뒤쫓지 않고 갑옷을 벗은 적에게 활을 쏘지 않고, 적의 짐 수레를 도와주도록 하라.' 이로써 잔인하고 혼란스러운 사람이 살아난다면 세상의 해악이 제거될 리가 없다. 이것은 부모에게 커다란 해를 끼치고 세상을 아주 하찮게 만드는 것으로 이보다 더한 불의가 없다."[14] 이에 따르면 공자는 말과 행동이 다른 위선자가 된다.[15]

묵자의 유술 비판에서 우리는 공자의 사상이 춘추전국 시대 이후에 되살아날 수 있는 이유를 찾아낼 수 있다. 공자는 불의의 처벌을 통해 정의의 실현을 주장하지만 그 과정이 무자비한 살상과 가혹한 응징으로 이어지는 것을 막고자 했다.[16] 이 때문에 공자는 정치 지도자에게 자신을 잘 통제하여 주위 사람을 편안하게 해주라는 수기안인修己安人, 전통으로 내려오는 공통 규범을 실천하여 삶의 제도로 습관화하라는 극기복례克己復禮, 형식과 내용을 잘 조율하라는 문질빈빈文質彬彬의 품위와 기품을 요구했던 것이다. 즉 그는 폭력이 야만을 진행되지 않고 목적이 수단이 정당화시키지 않고 야성(본능)이 여과 없이 표출되지 않도록 절제, 공정, 교양 등의 인문 정신을 사람들에게 요구했던 것이다.

묵자가 공자의 사상을 '유지도儒之道', '유술儒術' 등으로 명명한 뒤에 이 명명이 전국 시대의 다른 사상가들에게 점차로 받아들여지게

---

14 『묵자』「非儒」 "聖將爲世害, 興師誅罰, 勝將因儒術令士卒曰 : 毋逐奔, 揜函勿射, 施則助之胥車. 暴亂之人也得活, 天下害不除, 是爲群殘父母, 而深賤世也, 不義莫大焉." 원문의 교열은 王煥鑣, 『墨子校釋』, 浙江文藝出版社, 1984 참조.

15 현대의 기준으로 보면 道敎와 儒之道에 대한 유명론 비판에서 묵자는 공자보다 진보적인 가치를 주장하지만 儒術의 정의에 대한 비판에서 묵자는 공자보다 퇴보적인 가치를 주장하고 있다. 특히 儒術에서 묵자는 정의 실현을 위해 무자비한 살상과 가혹한 응징을 긍정하고 있다. 이는 정의를 빙자한 학살과 만행 그리고 절대 권력의 출현을 용인할 수 있다. 이렇게 된다면 묵자가 먼저 공자를 최악의 불의라고 비판했지만 역설적으로 그 비판이 자신에게로 되돌아갈 수 있다.

16 『논어』「헌문」 36(384) "或曰 : 以德報怨, 何如? 子曰 : 何以報德? 以直報怨, 以德報德."

되었다. 그들 중 맹자와 순자는 모두 경쟁적으로 공자 사상의 후계자로 자처했다. 두 사람은 활동 기간의 차이로 공자를 직접 만나 가르침을 받지 못했지만 공자 제자의 제자를 통해 사숙했다고 주장했다. 흥미롭게도 맹자보다 순자가 묵자의 명명을 적극적으로 수용하고 있다. 먼저 맹자의 용례를 살펴보자. 그는 '유儒'를 2차례 쓰고 '공자孔子'를 81차례 쓰고 있다. 『맹자』의 유儒 용례는 2차례에 불과하지만 흥미로운 점을 보여주고 있다.

첫째, 유자지도儒者之道는 묵가의 이지夷之, 즉 이자夷子가 유자의 별애(차별적 사랑)를 비판하는 맥락에서 쓰이고 있다. 둘째, 유儒는 맹자가 공자 이후에 활약한 양주와 묵적 또는 그들의 일파와 구별되는 일파를 가리키고 있다.[17] 맹자는 81번의 '공자孔子' 용례에서 공자를 대부분 발언자로서 그의 말을 인용하고 있지만 단 한 차례 '공자지도孔子之道'를 쓰고 있다.[18] 이 공자지도는 「진심」하 26에서 다루었던 공자孔子의 사상을 비판했던 양주와 묵적의 사상, 즉 양묵지도楊墨之道와 대비되고 있다.

맹자의 명명 행위를 통해서 우리는 다음의 세 가지 사실을 확인할 수 있다. 첫째, 이지의 간접 논변을 통해서 우리는 묵자가 공자 사상을 호명하는 방식을 알 수 있다. 둘째, 맹자는 유의 집단 정체성보다는 공자 개인에 초점을 맞추고 있다. 셋째, 맹자는 개인으로서 공자에 주목할 때 「등문공」하 9에서 보이듯 공자를 성왕聖王, 선성先聖의 맥락으로 대우하고 있다.

---

17 『맹자』「滕文公」상 5 "夷子曰 : 儒者之道, 古之人若保赤子, 此言何謂也? 之則以爲愛無差等, 施由親始."『맹자』「盡心」하 26 "孟子曰 : 逃墨必歸於楊, 逃楊必歸於儒, 歸, 斯受之而已矣. 今之與楊墨辯者, 如追放豚, 旣入其苙, 又從而招之."

18 『맹자』「滕文公」하 9 "聖王不作, 諸侯放恣, 處士橫議, 楊朱墨翟之言盈天下. …… 楊墨之道不息, 孔子之道不著, 是邪說誣民, 充塞仁義也. 仁義充塞, 則率獸食人, 人將相食. 吾爲此懼, 閑先聖之道, 距楊墨, 放淫辭, 邪說者不得作."

맹자는 공자를 성인으로 간주하기 때문에 집단 정체성을 나타내는 유儒보다 공자 개인을 즐겨 소환했던 것이다. 맹자가 공자와 제자 또는 공자 학파의 존재를 알고 있었지만 그들의 관계를 공자의 사상을 공유하는 대등한 개인들의 집합으로 보지 않았던 것이다. 바로 이러한 점은 당나라의 한유韓愈와 송나라의 도학자道學者들 사이에서 도통론道統論의 시작으로 간주되는 『맹자』의 제일 마지막 장 마지막 편 마지막 구절인 「진심」 하 38의 내용에서도 여실히 확인할 수 있다. 맹자는 그곳에서 요 · 순 · 탕 · 문왕 · 공자 사이의 활동 주기를 언급하면서도 집단 정체성과 학문 전통을 고려하지 않고 철저하게 성인 공자에 주목할 뿐이다.[19]

순자는 공자를 호명하는 방식에서 맹자와 커다란 차이를 보인다. 그는 발언자로서 공자孔子, 중니仲尼를 자주 사용할 뿐만 아니라 유儒 또는 유자儒者를 다양하게 분류한다. 그는 유儒 또는 유자儒者를, 천하고 너절한 누유陋儒, 조심성이 없고 가벼운 투유偸儒, 아무런 쓸모가 없는 산유散儒, 고상하지 못하고 상스러운 천유賤儒, 썩어빠진 부유腐儒, 세상에 아부하는 속유俗儒, 소견이 좁은 소유小儒 등의 부정적 유형과 기준을 제시하고 영향력이 큰 대유大儒, 품위가 느껴지고 고상한 아유雅儒 등 긍정적인 유형으로 나누어 설명하고 있다. 여기서 순자는 맹자에 비해 공자 개인의 탁월성만이 아니라 유儒의 집단 정체성에 주목하고 있다.

순자는 집단 정체성을 지닌 유儒가 사회의 요구와 시대의 사명을 수행할 수 있다고 보았다. 이러한 자각은 「유효儒效」와 「왕제王制」에

---

19 『맹자』 「盡心」 하 38 “孟子曰 : 由堯舜至於湯, 五百有餘歲. …… 由湯至於文王, 五百有餘歲. …… 由文王至於孔子, 五百有餘歲. …… 由孔子而來, 至於今, 百有餘歲. 去聖人之世, 若此其未遠也. 近聖人之居, 若此其甚也. 然而無有乎爾, 則亦無有乎爾.”

서 여실히 나타난다. 전자에 순자와 진秦나라 소왕昭王 사이의 질문
이 있다. 소공이 "유儒가 나라에 무슨 이익이 있는가?"라는 질문을 던
졌지만 순자는 "유자儒者가 선왕을 본받고 예의를 존중해서 사람으로
하여금 사회적 역할을 신중하게 하고 리더를 빛나게 할 수 있다"고
대답했다.[20] 다소 노골적인 질문이지만 순자는 유儒의 사회적 효용성
을 확신하고 있었다. 물론 그는 집단 정체성을 가진 유儒가 동질성만
이 아니라 내부의 자기 부정적인 적을 가지고 있다고 보았다. 그는
이러한 내부의 분화가 유儒의 존립에 위험하지 않도록 하기 위해서
자정 기능을 발휘해야 한다고 주장했다.

　순자는 유儒의 집단 정체성을 긍정하는 만큼 묵자의 명명을 그대
로 수용하는 경향을 보인다. 예컨대 「부국富國」에서 그는 유술儒術과
묵술墨術을 대비시키고 있다. 그는 둘 중 전자가 실행되면 부유하고
평화로운 세상이 출현하지만 후자가 실행되면 가난하고 전쟁하는 세
상이 될 것이라고 주장하고 있다. 「자도子道」에서 사람의 뜻이 예에
따라 편안하고 언어가 범주에 따라 사용된다면 유도儒道가 완전히 갖
추어질 것이라고 보고 있다.[21]

　이렇게 보면 순자는 묵자의 용어를 그대로 수용할 뿐만 아니라 그
명명법을 반대로 묵자와 그 집단에게 돌려주고 있다. 또 그는 묵자가
비판했던 유술儒術과 유도儒道를 폐기하지 않고 그대로 수용해서 오

20　『순자』「儒效」"秦昭王問孫卿子曰: 儒無益於人之國? 孫卿子曰 : 儒者法先王, 隆禮
　　義, 謹乎臣子, 而致貴其上者也." 孫卿子는 순자를 말한다. 이와 관련해서 漢나라
　　宣帝의 이름 劉詢의 순과 발음이 같아서 避諱했다고 하고 荀과 孫의 음이 비슷해서
　　일어난 일이라고 한다.
21　『순자』「富國」"儒術誠行, 則天下大而富, 使而功, 撞鐘擊鼓而和. …… 故墨術誠行,
　　則天下尙儉而彌貧, 非鬪而日爭, 勞苦頓萃而愈無功, 愀然憂戚非樂, 而日不和."『순
　　자』「子道」"入孝出弟, 人之小行也. 上順下篤, 人之中行也. 從道不從君, 從義不從父,
　　人之大行也. 若夫志以禮安, 言以類使, 則儒道畢矣, 雖舜, 不能加毫末於是矣."「子道
　　」의 儒道는 묵자의 儒之道가 축약된 꼴이다.

히려 공자의 사상 또는 공자 학파의 집단 정체성, 핵심 사상, 근본 취지 등을 가리키는 말로 자유롭게 구사하고 있다. 이렇게 보면 같은 용어라도 누가 어떤 맥락으로 사용하느냐에 따라 의미가 달라지고 어감도 바뀐다고 할 수 있다.

BC 5~6세기에 활약했던 공자가 죽은 뒤에 그의 사상은 처음에 성인聖人으로서 개인이 부각되었지 오늘날처럼 유학儒學, 유가儒家, 유교儒敎 등으로 불리지 않았다. 묵자가 공자의 사상을 비판하면서 그것을 유술儒術, 유지도儒之道 등으로 명명하면서 비로소 집단 정체성을 가지게 되었다. 묵자의 명명 작업 이후에도 맹자는 그 언어의 사용에 주저한 반면 순자는 그 언어를 자유자재로 구사하면서 유儒 집단의 사회적 효용성을 입증하고자 했다.

BC 5~6세기만 하더라도 묵자의 비판에 보이듯이 공자 사상은 좁게는 산둥성 넓게는 황허黃河 유역을 벗어나지 못할 정도로 영향력이 미미한 상태에 머물고 있었다. 공자의 사상은 그의 직전 제자와 이후 맹자나 순자 등에 의해서 계승되었지만 지역학의 범위를 결코 벗어나지 못했던 것이다. 하지만 공자 사상은 묵자의 비판에도 불구하고 정의, 교양, 질서 등 새로운 시대에 재해석될 수 있는 자원을 가지고 있었다. 이 때문에 공자의 사상은 춘추전국 시대에 사회적 수요에 호응하지 못했지만 한漢 제국의 등장 이후에 주도적인 사상의 지위를 누릴 수 있었던 것이다.

3. 960년 체제 : 해내海內 / 천하天下 + 천하일통天下一統 + 성학聖學·도학道學 + 절대적 보편학

유술儒術은 묵자가 처음으로 명명하고 순자가 이어서 사용하다가 한漢 제국에 이르러서 상용화되기에 이르렀다. 우리는 이러한 현상을 『사기』와 『한서』의 열전列傳에서 '호유술好儒術'의 꼴로 많이 쓰이는 것에서 확인할 수 있다.[22] 이 과정을 간단하게 살펴보자. 전국시대에 이르러 국가 간의 전쟁이 격화되면서 유술儒術은 사회적 요구에 호응하지 못하게 되자 그 세력이 자연히 약해졌다. 하지만 제齊나라와 노魯나라 지역의 학자들만 유술儒術을 잊지 않고 계속 지켰다. 맹자와 순자가 공자의 학문을 재해석하여 당시에 이름을 알리게 되었다.[23]

진秦 제국이 무너지고 한漢 제국이 등장한 뒤 유술儒術은 이전보다 우호적인 환경을 맞이하게 되었다. 무제武帝는 유술儒術을 중시하려고 했기 때문이다. 당시 두태후竇太后가 사실상 막후에서 최고 권력을 행사하면서 황로黃老 도가道家에 편향되어 있었기 때문에 유술의 세력이 넓어지기 어려웠다.[24] 그런데 이러한 현상은 무제가 실권을 장악하고 흉노족에 대해 공세적 전략을 취하면서 바뀌게 되었다. 이에 따라 학자-관료는 유술을 발판으로 현실 정치에서 두각을 나타내기 시작했다. 이러한 변화는 동중서의 노력에 의해서 절정에 이르게 되었다. 그는 일통一統을 명분으로 내세워서 "육예지과六藝之科

---

22 秦 제국의 멸망 과정에서 陳餘는 好儒術로 보통 사람이 아니라는 명망을 얻었고 부잣집 딸을 아내로 맞게 되었다. "陳餘者, 亦大梁人也, 好儒術, 數游趙苦陘. 富人公乘氏以其女妻之, 亦知陳餘非庸人也. 餘年少, 父事張耳, 兩人相與爲刎頸交."(『史記』「張耳陳餘列傳」) 유방은 건국 과정에서 儒術에 부정적이었지만 황제가 된 뒤에 公孫弘을 통해 유술에 호의적인 반응을 보이기 시작하면서 宣帝 이후에 유술로 학자-관료로 발탁되는 사람이 늘어나게 되었다. "弘爲人恢奇多聞, …… 於是天子察其行敦厚, 辯論有餘, 習文法吏事, 而又緣飾以儒術, 上大說之. …… 孝宣承統, 纂脩洪業, 亦講論六蓺, 招選茂異, 而蕭望之, 梁丘賀, 夏侯勝, 韋玄成, 嚴彭祖, 尹更始, 以儒術進."(『史記』「平津侯主父列傳」)

23 『史記』「儒林列傳」"後陵遲以至于始皇, 天下並爭於戰國, 儒術旣絀焉, 然齊魯之間, 學者獨不廢也. 於威宣之際, 孟子荀卿之列, 咸遵夫子之業而潤色之, 以學顯於當世."

24 『사기』「儒林列傳」"太皇竇太后好老子言, 不說儒術. 「魏其武安侯列傳」魏其武安俱好儒術. …… 太后好黃老之言, 而魏其武安趙綰王臧等務隆推儒術, 貶道家言, 是以竇太后滋不說魏其等."

와 공자지술孔子之術"이 아닌 백가百家의 도道를 사벽지설邪辟之說로
몰아붙이고서 그들의 자유로운 활동을 제약하고자 했다.[25] 이것이 바
로 『한서』 「동중서전董仲舒傳」에서 말하는 "추명공씨推明孔氏, 억출백
가抑黜百家"이다.[26]

유술儒術의 일반화와 제도화와 더불어 또 하나 주목할 만한 개념과
사고방식이 있다. 진秦 제국과 한漢 제국은 오랜 분립의 시대를 끝장
내고 통합의 시대를 열었다. 아울러 혈연과 지연을 바탕으로 특정 지
역을 분점 하던 씨족 공동체의 성읍국가가 혈연과 지연을 초월하여
황제의 의지가 관철되는 중앙집권적 관료국가이면서 제국帝國으로 변
모하게 되었다. 진한의 초기 제국이 출현한 이후에 사람들은 상상에
의해 완성되는 가상의 세계가 아니라 통일에 의해서 실현된 현실의
세계를 무엇으로 불렀을까? 이와 관련해서 천하天下, 해내海內, 우내
宇內 등의 개념을 살펴볼 만하다.

『서경』을 비롯해서 제자백가諸子百家의 서적에는 왕천하王天下, 치
천하治天下, 일광천하一匡天下, 득천하得天下, 실천하失天下처럼 천하
天下가 자주 쓰이고 있다.[27] 하지만 『서경』과 제자백가의 천하天下와

---

25 『漢書』 「董仲舒傳」 "『春秋』大一統者, 天地之常經, 古今之通誼也. 今師異道, 人異
論, 百家殊方, 指意不同, 是以上亡以持一統; 法制數變, 下不知所守. 臣愚以爲諸不
在六藝之科孔子之術者, 皆絶其道, 勿使並進. 邪辟之說滅息, 然後統紀可一而法度可
明, 民知所從矣."

26 동중서의 성과를 철학사나 연구 논저에서 상투적으로 "罷黜百家, 獨尊儒術"이라고
표현한다. 하지만 이 말은 명백한 역사적 전거를 갖는 말로 간주되지만 『漢書』
「董仲舒傳」을 비롯해서 당시와 후대의 문헌에 보이지 않는다. 훗날 연구자가 사용
하면서 오늘날의 철학사에 약방의 감초처럼 등장하게 되었겠지만 1988년 학부 졸
업 논문을 「동중서의 천관」으로 쓴 이래로 30여 년 탐문했지만 과문한 탓에 여전
히 최초의 발언자를 찾지 못했다. 서울대 종교학과 이연승 교수와도 이와 관련해
서 대화를 나누었지만 아직도 출처의 정보를 확인할 수 없다. 따라서 논문과 저작
에서 8자를 동중서의 말로 당연시하는 주장은 자제해야 한다. 누구라도 출처를
알고 있거나 알게 된다면 공유하면 좋겠다.

27 전해종 외, 『중국의 천하사상』, 민음사, 1988 ; 김한규, 『천하국가』, 소나무, 2005

진한秦漢 제국의 천하天下는 문자가 같지만 의미 맥락마저 같다고 할
수는 없다. 전자는 상상에 의해서 구축된 세계의 최대 외연이지만 그
경계가 분명하지 않다. 후자는 정복과 전쟁을 통해 현실의 지배력이
미치는 최대 영역이다. 이런 점에서 진한 제국이 등장한 뒤에 이 세
계를 천하天下라고 부르면서도 동시에 해내海內와 우내宇內로 부르기
시작했다.[28] 해내海內와 우내宇內는 천하天下와 달리 세계를 내외內外
로 구분하면서 그 사이에 경계를 설정하고 있다. 이때 내內는－천상
天上에 대비해서 막연하게 전체를 함축하는 천하天下와 달리－그 확
장에 저항하는 외外를 전제하고 있으면서 양자의 역학에 따라 수축과
팽창이 상시적으로 일어날 수 있는 특성을 갖는다. 나아가 『사기』에
서는 해내위일海內爲一의 관념과 동중서의 삼통三統 사고를 결합해서
한漢의 등장을 해내일통海內一統으로 파악하기도 했다.[29]

천하 단계에서는 화이華夷 관념에 따라 세계를 크게 화하華夏와 사
이四夷로 양분하기도 하고 또 오복五服으로 세분하기도 했다. 여기에
그치지 않고 화하와 사이를 다시 구주九州와 동이東夷 · 서융西戎 · 남
만南蠻 · 북적北狄으로 구분했다. 하지만 이때 화하華夏 세계는 "왕자
가 이민족을 직접 통치하지 않는다."는 원칙에 따라 사이四夷 세계의
점령을 위한 적극적인 팽창을 추진하지 않았다.[30] 이와 관련해서 사

참조.

28 『史記』「平津侯主父列傳」 "『司馬法』曰: 國雖大, 好戰必亡. 天下雖平, 忘戰必危. 天
下旣平, 天子大凱, 春蒐秋獮, 諸侯春振旅, 秋治兵, 所以不忘戰也. 且夫怒者逆德也,
兵者凶器也, 爭者末節也. 古之人君一怒必伏尸流血, 故聖王重行之. 夫務戰勝窮武事
者, 未有不悔者也. 昔秦皇帝任戰勝之威, 蠶食天下, 幷吞戰國, 海內爲一, 功齊三代.
務勝不休, 欲攻匈奴." 『史記』「貨殖列傳」 "漢興, 海內爲一, 開關梁, 弛山澤之禁, 是
以富商大賈周流天下, 交易之物莫不通, 得其所欲, 而徙豪傑諸侯彊族於京師."

29 『史記』「太史公自序」 "今漢興, 海內一統, 明主賢君忠臣死義之士, 余爲太史而不論
載, 廢天下之史文, 余甚懼焉, 汝其念哉!"

30 『春秋公羊傳』 隱公 2년 "公會戎於潛." 이에 대해 何休는 다음처럼 풀이했다. "王者
不治夷狄, 錄戎來者不拒, 去者不追也." 이러한 "王者不治夷狄"은 蘇軾의 「王者不治

이四夷를 금수와 같은 존재로 인식하는 편견을 드러내기도 하지만[31] 실제로 점령할 수 있지만 통치할 수 없다는 현실적 상황을 고려한 것이라 할 수 있다.

천하天下 단계의 천하는 말(기호)과 달리 실제로 황허 유역의 중원을 가리켰지만 해내海內 단계에서는 실제로 접촉하던 해외海外와 어떤 식의 관계 설정을 필요로 했다. 해내 단계에서는 때로는 정복 전쟁을 벌이기도 했지만 기본적으로 해내외의 경계에 변군邊郡 또는 외군外郡으로 부르며 고삐를 죄었다가 풀었다 관리하는[羈縻不絶而已] 정책을 벗어나지 않았다. 그리고 해내는 변군 밖의 지역과도 책봉-조공 체제를 통해서 질서를 유지하고자 했다.[32] 이로써 해내 단계에서는 당시의 한·중·일이 한편으로 독립을 유지하면서도 다른 한편으로 상호 의존과 대결을 벌이는 공동의 세계에 들어서게 되었던 것이다. 즉 해내 단계에 이르러서야 비로소 오늘날 동아시아처럼 지역을 넘어선 새로운 세계를 형성하게 되었다고 할 수 있다.

지배력의 완성태는 시대마다 다르게 표현되었다. 진한의 초기 제국에서는 이를 해내위일海內爲一의 관념으로 표현했다. 그 뒤 명明 제국에서는 자신의 시대를 역사의 최고 단계로 규정했는데, 영종英宗은 1461년에 편찬한 『대명일통지大明一統志』의 서문序文에서 일통지성一統之盛을 사용해서 그 최고 단계의 영광을 다음처럼 선언했다.

夷狄論」, 王夫之의 『宋論』 神宗篇에서도 반복되고 있다.

31 소식의 「王者不治夷狄論」에 四夷=禽獸의 사고가 여실히 드러난다. "夷狄不可以中國之治治也, 譬若禽獸然, 求其大治, 必至於大亂, 先王知其然, 是故以不治治之, 治之以不治者, 乃所以深治之也."

32 김한규, 「전통시대 중국 중심의 동아시아 세계질서」, 『역사비평』 50, 2000 ; 김한규, 『천하국가』, 소나무, 2005 ; 이성규, 「중화제국의 팽창과 축소 : 그 이념과 실제」, 『역사학보』 186, 2005 참조.

"천하를 한데 섞어서 하나로 만들고 해내와 해외까지 모두 우리 영토에 들어왔으므로 요순堯舜에서 시작하여 하은주 삼대三代로부터 한당漢唐 이래로 일통의 성대한 위업이 이보다 더 할 수 없다. …… 대대로 이어질 우리 자손의 계승자들로 하여금 조종祖宗이 창업한 공업이 이처럼 광대함을 알게 하여 공손함으로 그것을 지키는 데에 집중하도록 할 뿐만 아니라 온 천하의 선비가 이 책을 얻어서 고금의 고실故實을 살펴서 문견을 보태고 지식을 넓히게 한다. …… 서로 더불어 우리 국가 일통一統의 성대한 공업이 무궁토록 유지하게 하여 천지와 그 장구함을 같이할 수 있도록 하면 좋겠다."[33]

영종의 선언은 다른 사람들에게 그대로 받아들여지지 않았다. 예컨대 조선의 김성일金誠一(1538~1592)은 서문에 나오는 천하지사天下之士 중의 한 명이겠지만 그 내용을 "없는 것만도 못한 책"이라고 반박하며 일본 측에도 오류의 확인을 촉구하고 있다.[34] 즉 역사와 영토 그리고 지배력과 관련해서 당시의 한·중·일은 세계를 서로 달리 인식했던 것이다.

학술과 관련해서 동아시아의 사인士人은 공통한 관점을 보였다. 한漢 제국의 등장과 함께 유술의 명칭이 일반화되고 주도적 지위를

---

33 『大明一統志』「御製大明一統志序」"太祖皇帝受天明命, 混一天下, 薄海內外, 悉入版圖, 皆自唐虞三代, 下及漢唐以來, 一統之盛, 蔑以加矣. 顧惟覆載之內, 古今已然之跡, 精粗巨細, 皆所當知. 雖歷代地志, 具存可考, 然其間簡或脫略, 詳或冗複, 甚至得此失彼, 舛訛殽雜, 往往不能無遺憾也. 肆我太宗文皇帝慨然有志於是, 遂遣使徧采天下郡邑圖籍, 特命儒臣大加修纂, 必欲成書, 貽謀子孫, 以嘉惠天下後世. 惜乎書未就緒, 而龍馭上賓. …… 不獨使我子孫世世相承者, 知祖宗開創之功, 廣大如是, 思所以保守之惟謹, 而凡天下之士, 亦因得以考求古今故實, 增其聞見, 廣其知識, 有所感發興起, 出爲世用, 以輔成雍熙泰和之治, 相與維持我國家一統之盛於無窮, 雖與天地同其久長, 可也, 於是乎序."
34 이우성, 「동아시아와 한국」, 김시업 외 편, 『동아시아학의 모색과 지향』, 성균관대학교출판부, 2005, 13~19쪽 참조.

차지하게 되었다. 이때 유술儒術의 언어 사용자들, 즉 동중서董仲舒와 사마천司馬遷 등은 기氣와 오행五行을 제자백가의 천인론天人論과 결합시켜서 천인지제天人之際, 즉 하늘과 사람의 사이를 밝히고자 했다. 하지만 이러한 천인지제의 유술儒術은 치국방략治國方略의 틀을 벗어나지 못했다. 사마담司馬談은 「논육가요지論六家要旨」에서 제자백가諸子百家는 방법론에서 차이를 보이지만 결론은 동일하다고 보면서 그 결론이 결국 "세상의 질서를 위한 힘쓰는 것"에 있다고 단정했다.[35] 이것은 유술儒術을 치자 중심의 정치적 질서의 창출로 귀결시키는 특성을 가졌다고 할 수 있다. 이런 점에서 좁게는 한漢 제국 넓게는 당唐 제국까지 영역은 공자 시대의 황하와 비교되지 않을 정도로 광대하지만 유학儒學은 유술儒術의 단계에 머물러 있었다고 할 수 있다.

송나라에 이르러 학술 분야에서 가장 주목할 만한 현상은 맹자의 재발견이다.[36] 북송北宋의 유학자들은 맹자의 사상 중에서 특히 성선性善과 성인聖人 그리고 정전井田 등의 논의에 주목했다. 성선은 현실에 악이 있더라도 도덕을 가능하게 하는 최종 근원이 되었다. 성인은 기존의 초월성을 벗어나 목표 실현을 위한 역할 모델이 되었다. 정전은 성인聖人과 성선이 불리한 환경에서도 실현될 수 있는 물질의 안정적 기반이다. 송유宋儒들은 맹자의 성선으로 인해서 외적 강제, 인격적 존재, 사회 계약에 의존하지 않고서도 훼손되지 않는 도덕의 절대적 근거를 찾을 수 있었다. 일찍이 안연顏淵이 자신과 성왕聖王으로 알려진 요堯 사이에 절대로 극복할 수 없는 차이가 있다는 것을 부정한 적이 있다. 맹자는 이를 받아서 성인을 인륜人倫의 실현자로

---

35 『史記』「太史公自序」"易大傳曰：天下一致而百慮, 同歸而殊塗. 夫陰陽, 儒, 墨, 名, 法, 道德, 此務爲治者也. 直所從言之異路, 有省不省耳."

36 周淑萍, 「宋代孟子昇格運動與宋代儒學轉型」, 『史學月刊』, 2007 第08期 참조.

보면서 '나'와 동류자同類者라는 의식을 피력했다.[37]

　도덕 근원으로서 성선과 역할 모델로서 성인이 결합하게 되면 왕수인王守仁과 왕간王艮의 이야기에 보이듯이 길거리의 모든 사람이 성인이 될 수 있다(滿街聖人).[38] 이러한 사고 방식은 일찍이 주렴계周濂溪와 정이천程伊川에 의해서 싹텄다고 할 수 있다. 주렴계는『통서通書』에서 "성인聖人은 하늘과 같기를 바라고 현인賢人은 성인되기를 바라고 사인士人은 현인이 되기를 바란다."는 말을 통해서 사람이 사인에서 출발하여 현인, 성인 그리고 궁극적으로 하늘이 되기를 바라는 송유宋儒의 이상을 표현했다.[39] 정이천도「안자소호하학론顔子所好何學論」에서 정면으로 사람이 배움을 통해서 성인에 이를 수 있는지 묻고서 흔쾌히 성인은 배워서 이를 수 있다는 주장〔聖人可學而至〕을 내놓았다.[40] 주희도 성인 지향의 관점을 공유하면서 이 과정을 현실적 인간을 초월하여 성스러운 사람이 되는 초범입성超凡入聖으로 불렀다.[41]

　이로 인해서 송宋나라의 유학은 범인이 성인을 모방만 하는 것이 아니라 바로 성인이 되는 학문으로서 성학聖學이 되었다. 이는 치국 방략으로 여겨지던 BC 6세기 체제의 유술과 다른 특징을 가진다고 할 수 있다. 유술儒術에서 성인은 기준을 제시하고 일반 사람이 모방해야 하는 창조적이며 절대적인 존재였다. 성학聖學에서 성인은 유학

---

37 『맹자』「滕文公」상 1 "顔淵曰 : 堯何人也, 予何人也."『맹자』「離婁」상 2 "聖人, 人倫之至也."『맹자』「告子」상 7 "聖人, 與我同類者."

38 『傳習錄』하 313조목 "王汝止出遊歸, 先生問曰 : 遊何見? 對曰 : 見滿街人都是聖人. 先生曰 : 你看滿街人是聖人, 滿街人倒看你是聖人在."

39 『通書』「志學」"聖希天, 賢希聖, 士希賢." 이후 주희에 의해 이 구절은『近思錄』「爲學」과『小學』「嘉言」에도 수록되었다.

40 『二程集』,『河南程氏文集』권8 ;『宋元學案』권16. "聖人可學而至歟? 然: …… 凡學之道, 正其心, 養其性而已, 中正而誠, 則聖矣."

41 『朱子語類』권8 "學者大要立志, 才學, 便要做聖人是也. 爲學須思所以超凡入聖."

의 가치를 공유한 사람이라면 추구해서 도달해야 할 지평이었다. 이
황도 『성학십도聖學十圖』에서 성학에 체계와 구조가 있는데, 그것은
그림과 해설을 통해서 드러날 수 있다고 보았다.[42] 왕수인은 후학들
에 의해서 성학이 제대로 밝혀지지 못했다고 하면서 그 정체를 지知
와 행行을 둘로 나누지 않고 연속된 과정으로 설명하고 있다.[43]

　송나라의 신유학자들은 자신의 학문 정체성을 성학聖學으로 규정하
면서도 또 도학道學으로 불렀다. 이러한 도학道學 용어는 원元 제국의
탁극탁托克托이 편찬한 『송사宋史』「도학전道學傳」으로 인해 널리 통
용되게 되었다. 《이십오사二十五史》를 보면 17곳에서 「유림전儒林傳」
또는 「유학전儒學傳」을 두었지만, 『삼국지三國志』, 『송서宋書』, 『제서
齊書』, 『위서魏書』, 『구오대사舊五代史』, 『신오대사新五代史』, 『요사遼
史』, 『금사金史』에는 「유림전儒林傳」도 없다.[44] 『송사宋史』에만 「도학
전道學傳」과 「유림전儒林傳」을 두고서 주렴계, 이정, 장재張載, 소옹邵
雍, 이정二程 문인, 주희, 주희 문인의 학문을 '도학道學'으로 규정하면
서 같은 시대의 다른 유학자와 구분하고 있다.

　「도학전道學傳」에 따르면 '도학道學' 명칭은 이전에 없다가 이정二
程과 주희朱熹의 학문 정체성을 지칭하기 위해서 만든 말이라고 한
다.[45] 물론 성학이 달리 도학道學으로 일컬어진다고 하더라도 그 도
학道學에서 표방하는 학은 맹자가 자신의 책 마지막에서 말한 성왕聖
王과 공자孔子의 도통道統 계보와 겹치는 부분이 있다. 이런 점에서

---

42 『성학십도』「進聖學十圖箚」"聖學有大端, 心法有至要, 揭之以爲圖, 指之以爲說, 以
　示人入道之門, 積德之基, 斯亦後賢之所不得已而作也."
43 『傳習錄』상 26조목 "知者行之始, 行者知之成, 聖學只一箇功夫, 知行不可分作兩事."
44 권중달, 「元朝의 유학정책과 원말의 유학」, 『인문학연구』18, 1991, 156쪽.
45 『宋史』「道學傳」"道學之名, 古無是也. 三代盛時, 天子以是道爲政敎, 大臣百官有司
　以是道爲職業, 黨庠序師弟子以是道爲講習, 四方百姓日用是道而不知. 是故盈覆
　載之間, 無一民一物不被是道之澤, 以遂其性. 于斯時也, 道學之名, 何自而立哉?"

도학道學과 도통道統은 같은 내용을 다른 방식으로 말한다고 할 수 있다. 도학道學은 학문에 초점이 있다면 도통道統은 학문의 계보에 초점이 있다는 것이다. 이렇게 성학과 도학이 성립된 뒤에 푸젠성福建省 일원의 지역학을 벗어나 원元 제국에 이르러 동아시아로 전파되면서 공통의 학문이 되었다.[46] 이 학문은 성학과 도학의 중국적 기원을 넘어서서 한국과 일본에서도 통약성을 발휘했다. 이런 점에서 성학과 도학이 BC 6세기 체제의 지역학을 넘어서 절대적 보편학으로 정립되었다고 할 수 있다.

4. 1644년 체제 : 청 · 조선 · 에도 + 보편의 경쟁 + 중화학中華學 + 상대적 보편학

성학聖學과 도학道學은 960년 체제에서 주도적인 사상의 자리를 차지한 것으로 평가받는다. 주희의 만년에만 주목하면 절대적 보편학으로서 성학과 도학은 가짜 학문이라는 위학僞學으로 몰리면서 탄압을 받았다. 주자의 학문이 훗날 보편 학문으로 승인되었기 때문에 '위학'의 꼬리표는 역사의 추억으로 남았지만 당시의 주희는 앞날이 어떻게 전개될지 몰라 주역점을 칠 정도로 긴장된 나날을 보냈다.[47] 주희가 종합화했던 도학은 만주와 중앙아시아의 이민족과 실제로 대치

---

46 宋의 신유학이 지역학에서 전국적 학문으로 이어서 세계의 보편학으로 변모하는 과정과 관련해서 권중달, 「元朝의 유학정책과 원말의 유학」, 『인문학연구』 18, 1991 ; 권중달, 「원대의 유학과 그 전파」, 『인문학연구』 24, 1996 ; 권중달, 「주원장 정권 참여 유학자의 사상적 배경」, 『인문학연구』 14, 1987 ; 이기동, 『東洋三國의 주자학』, 성균관대학교출판부, 2003 참조.

47 미우라 쿠니오, 이승연 · 김영식 옮김, 『인간주자』, 창작과비평사, 1996 ; 수징난束景南, 김태완 옮김, 『주자평전』 상하, 역사비평사, 2015 참조.

하고 있던 종족 대립의 상황을 반영한 탓에 화이華夷의 차별 관념에서 자유롭지 못했다. 역설적으로 도학은 몽골족 원元 제국에 의해서 푸젠성 일원의 지역학에서 전국학 또는 보편학으로 발돋움하였고 이어서 한국과 일본 등으로 전파되면서 동아시아의 보편학으로 자리 잡게 되었다. 원 제국은 남송을 멸망시킨 뒤에 강남의 도학자들을 대거 베이징으로 이주시키면서 도학이 전국과 동아시아로 퍼지는 결과를 낳았기 때문이다. 그 상황은 만주족 청淸 제국의 등장과 함께 커다란 변화를 맞이하게 된다.

1644년 체제는 청淸 제국의 수립으로 발단이 되었다. 청淸의 존재는 동아시아에서 정치 권력의 지각 변동을 가리키는 것만이 아니라 세계 인식의 대전환을 가져온 일대 사건이었다. '중국中國'은 한족漢族이 유술儒術, 도학道學과 성학聖學을 일으켜서 지켜온 성지였다. 이 때문에 한족漢族은 세계를 화華와 이夷, 즉 한족의 중심과 비한족의 주변으로 구분하여 이화변이以華變夷 논리에 의해 세계 질서를 지탱해왔다고 자부했다. 청淸 제국의 등장은, 세계관을 지탱하는 화이華夷 관념의 전복이자 선민 의식(한족)과 지역(중국)의 신성성을 상징하는 공간 인식의 전위이었다. 이 때문에 1644년 체제는 960년 체제로 설명할 수 있는 사고방식의 전환을 촉진할 수밖에 없었다. 즉 화이 관념과 선민選民 - 지역(中土)의 신성성이 더 이상 부동不動의 권좌를 차지하고 못하고 부동浮動의 양상을 보이게 되었다. 즉 같은 시대의 청 · 조선 · 에도 정부가 각각 중화학中華學 또는 예의학禮義學의 보편성을 수호할 만한 적임자로 자처한다고 하더라도 그 주장은 상대적일 수밖에 없다. 당시 '중화학'과 '예의학'이란 명칭은 없었고 이 글에서 사용하는 새로운 조어이다. 하지만 '중화'와 '예의'의 유무가 문명의 수호자로 자처할 수 있는 가치 체계의 상징이었기 때문에 신조어가 당시의 지적 풍토를 잘 압축할 수 있다. 세 주체가 보편성의 담지자로 자처하기 때문에 그 누구도 절대적 보편학의 수호자가 될

수 없는 것이다.[48]

1) 청淸 제국의 중화학中華學

동아시아는 1644년을 기점으로 더 이상 부동不動의 보편 문명 아래에 동거하지 못하고 부동浮動하는 보편을 두고 경쟁하는 상황에 놓이게 되었다. 절대 중심으로 여겨온 한족과 중국의 등식이 깨졌기 때문이다. 물론 청 제국은 현실의 권력을 바탕으로 부동不動의 보편을 수호하는 주체로 자리매김하고자 했다.[49] 이처럼 '중국中國'은 주도권을 상실한 한족漢族과 제국을 이룩한 만주족滿洲族이 외견상 통합의 국면에 놓이면서도 내연內燃하는 분화의 운동을 드러내고 있었다. 이러한 양면성은 1644년 청淸 제국의 등장 이후에 84년이 되는 1728년에 일어난 증정曾靜의 모반 사건과 그 전말을 담은 1729년『대의각미록大義覺迷錄』의 출판과 홍보를 통해서도 여실히 알 수 있다.[50]

---

48 거자오광도 17세기 중엽부터 중국, 일본, 한국이 점차로 멀어진다고 보았다. 문화가 원래 '같았지만' 시간이 갈수록 점차 '달라졌던' 양상을 보인다고 보았다. 이원석 옮김,『이 중국에 거하라』, 글항아리, 2012, 169~170쪽.

49 淸 제국의 문제 상황은 먼저 원 제국이 겪었던 상황이다. 장기적 지배에 따라 제국의 질서가 안정화되면 漢族도 이민족 정부에 출사하게 되었다. 또 "驅逐胡虜, 回復中華"의 기치를 내세우며 元제국을 타도했던 明제국의 태조 주원장은 元의 지배가 人力이 아니라 受天命으로 풀이했다.(이성규,「중화사상과 민족주의」,『철학』37, 1992, 54~55쪽) 이념적 우위의 華가 현실에서 규제력을 행사하지 못하는 상황이 생기게 되자 華夷는 종족, 영토, 전통, 가치 등과 결합하면서 복잡한 양상을 드러내게 되었다. 즉 이념적 華夷의 차별 의식과 현실적 華夷의 세력 관계의 조합에 따라 '中國', '華夷' 등의 의미가 가변적일 수 있다.

50 曾靜 모반 사건의 시말과 雍正帝의 대응에 대해서 민두기,「『대의각미록』에 대하여」,『진단학보』25~27합본, 1964 ; 조너선 스펜스, 이준갑 옮김,『반역의 책』, 이산, 2004 ; 2006 2쇄 ; 이시바시 다카오 저, 홍성구 옮김,『대청제국 1616~1799 : 100만의 만주족은 어떻게 1억의 한족을 지배하였을까?』, 휴머니스트, 2009 ; 2011 3쇄 참조.『大義覺迷錄』은 조선에도 전해져서 문화적 화이론의 형성에 영향을 끼쳤다. 조성산,「18세기 후반~19세기 전반 '조선학' 형성의 전제와 가능성」,『동방학지』148, 2009, 208~210쪽 참조.

황종희黃宗義(1610~1695), 고염무顧炎武(1613~1682), 왕부지王夫之(1619
~1692)는 명말청초明末淸初의 대표적인 학자이지만 '이민족'의 청 제국
의 수립 이후에 국정에 일절 참여하지 않았다. 그들 중 왕부지는 복식,
제도 등 문명의 유무와 연결시켜서 화이를 각각 문명인과 야만인 또는
인간과 동물로 구분했다.[51] 이러한 구분 자체가 새로울 것은 없다. 그
는 여기서 더 나아가 화華와 이夷 사이의 관계 단절을 요구했다.

> "사막의 북쪽(몽골), 간쑤성 황하와 조수洮水의 서쪽, 윈난雲南성과
> 광시廣西성의 남쪽, 발해의 동쪽 등은 일기가 다르고 지리가 다르며 사
> 람의 기질이 다르고 물산이 다르다. 사람은 제각각 자신이 살던 곳에서
> 살고 자라온 방식대로 자라야 한다. …… 저들이 우리를 침범해서 안
> 되고 우리가 저들을 걱정하게 해서 안 된다. 제각각 자신들의 규범에
> 편안해하며 서로 업신여겨서는 안 된다."[52]

왕부지는 중국의 내부와 외부 경계를 설정하고서 중국과 몽골, 중
앙아시아, 베트남, 요동의 자연적 문화적 차이를 강조하고 있다. 그
는 차이를 단절과 불간섭의 이유로 제시할 뿐이지 그것을 다양성으
로 인정하고서 상호 교류에 의한 공동의 발전 가능성을 긍정할 수
없었다.

> "지역이 나뉘고 일기가 다르면 섞여서 어지럽혀서 안 된다. 어지럽히
> 게 되면 사람의 기준이 허물어지고 중국의 인민들도 침범을 당해서 쇠

---

51 안재호, 「왕부지의 夷夏觀 試探」, 『동양철학연구』 31, 2002, 311~312쪽 참조.
52 『宋論』 "沙漠而北, 河洮而西, 日南而南, 遼海而東, 天有殊氣, 地有殊理, 人有殊質,
   物有殊産. 各生其所生, 養其所養. …… 彼我不侵, 我無彼虞. 各安其紀, 而不相瀆
   耳." 비슷한 관점은 그의 『讀通鑑論』에도 보인다. "夷狄之與華夏, 所生異地. 其地
   異, 其氣異矣. 氣異而習異, 習異而所知所行迥不異焉."

약해질 것이다. 따라서 일찍부터 막는 게 사람의 기준을 안정시키고 사람의 생명을 지키는 바탕이 된다."[53]

이렇게 보면 왕부지는 화華의 이夷에 대한 우월적 가치와 지위를 내세우지만 두 영역이 엄격하게 단절되어서 상호 배타적 관계에 머물러 있어야 한다고 생각했다. 즉 그는 화華의 우월적 가치를 바탕으로 하여 적극적이고 공세적인 이화화이以華化夷, 즉 계몽의 확산을 자신의 역할로 바라보지 않았다. 이는 부동不動의 보편성을 지닌 화華가 더 이상 현실의 질서를 규제하지 못하는 일종의 한계 상황에 직면한 것을 보여주고 있다. 이로써 왕부지는 전도된 현실의 출현에도 불구하고 화華가 결코 소멸하지도 않고 그 생명력을 지닐 수 있는 새로운 세계, 즉 순백한 역사를 찾아야 했던 것이다.[54]

1728년은 청 제국이 수립된 지 84년이 지나고 옹정제雍正帝가 제위에 오른 지도 5년이 되는 해였다. 그 해에 증정曾靜(1679~1736)은 평소 반청反淸 의식을 가지고 있던 여유량呂留良(1629~1683)의 저작을 통해 영향을 받아 제자 장희張熙를 천섬川陝 총독總督 악종기岳鍾琪에게 보내서 혁명을 선동하는 글을 전달했다. 그는 악종기가 악비岳飛의 후손이었기에 청에 반기를 들기에 적합한 인물로 보았던 것이다. 악종기가 역모의 기도를 옹정제에게 보고함으로써 사건은 증정의 의도와 반대로 진행되었다. 옹정제는 증정의 역모 사건을 보통의 경우처럼 처리하려고 하지 않았다. 그는 증정의 모반 기도와 그 행위에 주목하지 않았다. 그는 청 제국이 수립되고서 80년의 시간이 지났는

---

53 『船山全書』『讀通鑑論』"特地界分, 天氣殊, 而不可亂. 亂則人極毀, 中國之生民亦受其吞噬而憔悴. 防之於早, 所以定人極而保人之生."
54 왕부지는 『讀通鑑論』,『宋論』등 방대한 역사 비평의 글을 지었다. 이는 단순히 역사적 사실을 기록하기 위한 것이 아니다. 그는 절대로 혼동할 수 없는 華夷가 뒤섞인 상황에서 다시 둘을 분리하기 위해서 역사 비평에 열을 올렸던 것이다.

데도 사람들이 역모를 꿈꾼다는 사실에 주목했다. 즉 그는 발각된 증정과 그 일파의 처벌보다도 발각되지 않았지만 증정에 동조하는 다수의 사람의 회유에 관심을 가졌다. 이에 그는 증정을 처벌하기보다 회심回心시키기로 하고서 사건의 발단과 전개 그리고 회심의 과정을 모두 묶어서 1729년에 『대의각미록大義覺迷錄』을 발간하였다. 이어서 책을 전국에 배포하고 또 관리가 쓰촨과 산시〔川陝〕 지역을 돌아다니면서 대중 강연을 펼쳤다.[55]

증정曾靜이 여유량의 주장에 기울어져 있을 때 그의 사고는 왕부지의 화이관華夷觀과 다를 바가 없었다. 그의 사고에 의하면 하늘은 이 일분수리一分殊, 즉 보편적 이치가 단일하지만 개별적 가치가 다양한 원리에 따라 사람과 사물을 낳는다. 이 생성의 과정에서 중토中土 또는 중국中國에서 자라 올바름을 얻어서 음양이 덕에 어울리면 사람이 된다. 네 변방에서 자라 삐딱하여 간사하면 이적이 된다. 화華와 이夷, 사람과 짐승의 경계는 세계에서 가장 중요한 것으로 사람과 이적 사이에는 군신의 본분이 없다. 중화中華의 바깥 사방은 모두 이적이다. 중토와 조금 가까운 경우 조금 사람다운 기색이 있지만 짐승과 다를 바가 없다.[56]

이에 맞서서 옹정제는 덕이 있으면 천하의 임금 노릇할 수 있으므로 하늘이 그것을 도와준다는 주장을 펼친다. 이를 바탕으로 그는 사는 지역으로 인해 어떠한 구별이 있을 수 없다고 보았다. 나아가 내

---

55 당시 『대의각미록』의 텍스트만이 아니라 회화에도 옹정제의 화이관을 구현하고자 했다. 이와 관련해서 최혜연, 「淸 雍正帝 정치사상의 시각적 구현에 관한 연구」, 성균관대학교 동양철학과 석사학위논문, 2017 참조.

56 『大義覺迷錄』 "華之與夷, 及人與物之分界, 爲城中第一義. 人與夷狄, 無君臣之分. …… 中華之外四面, 皆是夷狄, 與中土稍近者, 尚有分毫人氣, 轉遠與禽獸無異.(知新錄) 天者人物理一分殊, 中土得正, 而陰陽合德者爲人. 四塞傾險, 而邪僻者爲夷狄, 夷狄之下爲禽獸.(上岳督書)"

근내近과 외원外遠, 즉 중국과 이적 중 어디에서 활동하더라도 유덕자有德者가 천명을 받을 수 있다. 왜냐하면 「중용中庸」에 나오는 공자의 말처럼 덕德의 소유와 수명受命의 관계에 지역의 조건이 없기 때문이다.[57]

옹정제를 이은 건륭제乾隆帝는 증정曾靜을 처벌하고 『대의각미록』을 금서 조치하는 등 자신의 아버지와 완전히 다른 조치를 취했다. 옹정제와 건륭제는 화원화가를 적극적으로 활용하여 자신을 대승불교의 본지수적설本地垂迹說에 따라 유교적 군주상, 라마불교의 활불活佛로 그리면서 화이일가華夷一家의 이상을 구현하고자 했다.[58] 건륭제는 명체달용明體達用의 취지를 표방하고서 약 79,000여 권으로 된 《사고전서四庫全書》를 편찬하여 중화 문화의 진정한 수호자로 자처하고자 했다.[59]

1728년 증정曾靜의 역모 사건을 보면 1644년 청淸 제국의 등장으로 인해 화이華夷 차별에 의한 동아시아 질서가 안정화의 길을 가는 것이 아니라 재편의 방향으로 흘러갈 수 있다는 것을 보여주고 있다. 중국의 내부에도 한족(종족) 중심의 화이론華夷論과 대덕大德 중심의 화이론의 분화가 생겨나고 있었다.

2) 조선의 중화학中華學, 즉 화이일華夷一

조선은 명청明淸 교체라는 국제 질서의 변화에서 무관하게 있을 수

---

57 『大義覺迷錄』 "蓋德足以君天下, 則天錫佑之, 以爲天下君. …… 惟有德者乃能順天, 天之所與, 又豈因何地之人而有所區別乎? …… 夫天地以仁愛爲心, 以覆載無私爲量. 是爲德在內近者, 則大統于內近, 德在外遠者, 則大統集于外遠, 孔子曰: 大德者必受命.(上諭)"

58 정석범, 「康雍乾시대 '大一統' 정책과 시각 이미지」, 『미술사학』 23, 2009 ; 이시바시 다카오, 홍성구 옮김, 위의 책 참조.

59 켄트 가이, 양휘웅 역, 『사고전서』, 생각의나무, 2009 ; 신정근, 「경학사와 학술사의 쟁점으로 본 『사고전서총목제요』의 특징」, 『대동문화연구』 75, 2011 참조.

없었다. 전국시대를 통일한 도요토미 히데요시가 명나라를 치기 위해 길을 빌려달라는 정명가도征明假道를 명분으로 조선을 침략하여 전선이 점차 북쪽으로 확대되었다. 조선은 멸국滅國의 위기에 놓이게 되었고 명明은 자국의 전장화 가능성을 염려하지 않을 수 없었다. 명明은 자국의 전장화를 막기 위해서 조선에 원군을 보내서 전선의 북상을 저지하여 마침내 동아시아의 국제 전쟁을 수습하게 되었다. 이러한 연유로 조선은 상국上國 명明에게 제조지은再造之恩을 입은 것으로 여겼다. 사실 모모야마桃山 시대는 임진전쟁(임진왜란)에서 조선과 명明을 공동의 적으로 설정했던 만큼 그간 지속되어온 중국 중심의 화이 질서, 즉 960년 체제에 반기를 들었다고 할 수 있다. 16세기의 끝자락에 망국亡國의 위기를 넘긴 조선은 17세기 중엽에 만주족의 성장과 더불어 명청明淸 교체라는 격랑으로 쓸려 들어갔다. 명明은 조선과 연합해서 청淸을 협공하려고 했지만 청淸은 배후의 조선을 압박하여 명明과 관계를 단절시키려고 했다. 조선은 현실적 고통에 불구하고 친명배금(청)親明排金(淸)의 정책을 추진했지만 망해가는 명을 구원할 수는 없었다.

조선은 명청 교체 이후에도 여전히 현실과 이상 사이의 괴리에서 오는 고통을 톡톡히 겪었다. 먼저 조선은 대내적으로 인조仁祖 반정을 겪으면서 대외 정책을 둘러싼 갈등을 겪었고, 대외적으로 1627년과 1636~1637년 두 차례에 걸쳐서 떠오르는 청淸과 대결하여 패배의 치욕을 겪었다. 조선은 대내외적인 갈등과 위기에도 불구하고 1704년에 창덕궁의 금원禁苑에 대보단大報壇을 설치하여 대명의리를 지속하고자 했다.[60] 이렇게 보면 청淸 제국의 내부 상황과 마찬가지로 조선도 북벌론北伐論을 내세우지만 현실적으로 화華의 자리를 차지한

---

60 대보단의 설치와 『尊周彙編』(1800)의 편찬을 둘러싼 대명의리와 관련해서는 정옥자, 『조선후기 조선중화사상연구』, 일지사, 1998 ; 2010 3쇄 참조.

이夷, 즉 청淸의 존재를 긍정도 부정도 못하면서 이념적으로 이미 망한 명明을 완전히 사라진 존재로 취급할 수도 없었던 것이다.

조선의 사대부는 청淸 제국 등장 이후 베이징 사행使行을 조천朝天이 아니라 연행燕行으로 표현을 바꾸었지만 그 과정에서 강성하고 발달한 현실을 목격하게 되었다. 이를 바탕으로 북학론北學論이 대두되면서 배만排滿 의식이 줄어들기는 했지만 청淸 제국을 중화中華의 주체로 선뜻 인정하지 않았다. 이러한 곤경을 돌파하기 위해서 조선의 사대부들은 무엇이 중화中華 또는 중국中國과 중원中原인지 정식으로 질문을 던지게 되었다.

예컨대 황경원黃景源(1709~1787)은 에두르지 않고 곧바로 중국이 무엇인지 물음을 던지고서 예의禮義의 중화中華를 그 답으로 제시했다. 답을 찾게 되자 예의禮義는 지역과 종족의 배타성을 벗어나 보편적 가치로 전화되게 된다. 이를 바탕으로 그는 예의가 밝게 드러나면 이적도 중국이 될 수 있지만 예의가 밝게 드러나지 않으면 중국이 이적으로 바뀌게 된다는 논리를 펼쳤다. 이렇게 되면 이적夷狄과 중국中國은 고정된 지시체가 아니라 가변적 행위자가 된다.[61]

이종휘李鍾徽(1731~1797)는 한 걸음 더 나아가 황경원이 말하는 중국中國이 조선에 있지 청淸에 있지 않다는 주장을 펼치고 있다. 왜냐하면 중국이 중국다운 까닭은 사람에 달려 있지 땅에 달려 있지 않기 때문이다.[62] 황경원과 이종휘의 주장은 비슷한 시대에 활약했던 홍대용洪大容(1731~1783)의 역외춘추론域外春秋論으로 귀결되었다. 원래 『춘추春秋』는 공자가 유명무실한 주周나라를 대신하여 노魯나라

---

61 『江漢集』 권5 「與金元博茂澤書」 "夫所謂中國者, 何也? 禮義而已矣. 禮義明則戎狄可以爲中國, 禮義不明則中國可以爲戎狄. 一人之身, 有時乎中國, 有時乎戎狄, 固在於禮義之明與不明也."

62 『修山集』 「題東國輿地勝覽後」 "今之求中國者, 宜在此而不在彼. …… 中國所以爲中國, 蓋亦在人而不在地也."

를 천자天子의 지위에 놓고서 정명正名 사상에 입각해서 춘추 시대의
현실을 기록한 것이다. 현실의 거악巨惡, 성공한 쿠데타도 『춘추』라
는 역사 법정에서 난신적자亂臣賊子로 엄정하게 재평가되었다.[63] 이
때문에 『춘추』는 국내적으로 신분 질서와 국내적으로 화이華夷 질서
를 뒷받침하는 경전으로 여겨져 왔다.

홍대용은 대담하게 가설적인 상황에서 새로운 시공간을 창조하여
역외춘추域外春秋의 가능성을 주장한다.[64] 상상의 공간이 현실의 재
편을 촉진시킬 수 있다. 즉 공자가 주周나라 사람이어서 『춘추』를
지었지만 구이九夷에 살았더라면 '역외춘추'를 지었을 것이라는 것이
다. '역외춘추'의 저술이야말로 공자가 성인으로 불릴 수 있는 존재
이유라고 보았다. 이러한 논리는 화이華夷 도식의 파탄으로 이어지
게 된다. 실제로 홍대용은 지구설과 함께 고정된 중심을 부정하는
화이일야華夷一也의 주장을 펼쳤다. 흥미롭게도 아사미 게이사이淺見
絅齋(1652~1711)에서도 동일한 논리가 보인다는 점이다.[65]

조선의 사대부들이 문화적文化的 또는 예의적禮義的 화이론華夷論
을 통해서 청淸 제국의 질서로부터 이념적으로 탈출하려는 시도를 펼
쳤다. 역설적으로 이 논리가 옹정제가 『대의각미록』에서 증정을 설득
하면서 전개했던 내용과 일치한다.

---

63 『춘추』 문헌의 특성과 관련해서 신정근, 『신정근교수의 동양고전이 뭐길래?』, 동아
시아, 2012 참조.

64 『湛軒書』 「豎山問答」 "孔子周人也, 王室日卑, 諸侯衰弱, 吳楚滑夏, 寇賊無厭. 春秋
者周書也, 內外之嚴, 不亦宜乎? 雖然使孔子浮于海居九夷, 用夏變夷, 興周道於域外,
則內外之分, 尊攘之義, 自當有域外春秋, 此孔子之所以爲聖人也."

65 아사미 게이사이는 홍대용에 앞서서 『春秋』를 종족적 중화 질서의 수호를 넘어서
려는 방식으로 해석했다. 이와 관련해서 박희병, 「淺見絅齋와 홍대용—중화적 화
이론의 해체 양상과 그 의미」, 『대동문화연구』 40, 2002 참조.

3) 에도 막부의 고학古學

에도 막부는 1592년 임진전쟁의 연속선상에서 1644년 체제의 심대한 영향을 받았다. 일본이 중국의 왕조에 견당사遺唐使와 견명사遺明使를 보내서 책봉-조공에 기반을 둔 동아시아 국제 질서에 참여했다. 하지만 도요토미 히데요시는 1592년 임진전쟁을 통해 기존의 국제 질서, 즉 960년 체제에 도전하여 화이華夷 질서의 재편을 기도했다. 전후 도쿠가와 이에야스는 정권을 장악한 뒤 대명對明 외교를 부활시켜서 도쿠가와 막부의 안정을 도모하고자 했다. 도쿠가와 막부의 대명 외교는 명明의 거부로 실패하게 되면서 고립의 길로 빠져들게 되었다.

이에 도쿠가와 막부는 1630년대에 조선의 통신사, 류쿠琉球 국왕의 사은사, 네덜란드 상관장商館長 등이 차등적인 서열로 쇼군을 알현하는 의식을 공개적으로 거행했다. 이로써 그는 국제적 고립을 벗어나서 도쿠가와 막부 중심의 새로운 화이 질서를 세우고자 했다.[66] 이러한 새로운 질서를 반영하듯 야마가 소코山鹿素行(1622~1685)는 자국(일본)을 중국中國 또는 중조中朝로 부르고 중국을 외조外朝로 부르면서 명명의 전환과 더불어 자국 중심주의를 드러냈다.[67] 나아가 그는 당시의 지식인들이 자국의 문물을 가볍게 여기고 오로지 중국의 경전만을 좋아하는[專嗜外朝之經典] 현상을 심하게 비판했다.[68] 도요토미 히데요시는 1592년 임진전쟁으로 명明 제국 중심의 동아시아 국제 질서, 즉 960년 체제에 도전장을 던졌고 대명 외교의 좌절로 인해 1630년대에 자국 중심의 신질서를 모색했던 것이다.

---

66 고희탁 외, 『국학과 일본주의 : 일본 보수주의의 원류』, 동북아역사재단, 2011, 22~23쪽 참조.
67 조성산, 「18세기 후반~19세기 전반 '조선학' 형성의 전제와 가능성」, 『동방학지』 148, 186쪽 참조.
68 황쥔제黃俊傑, 정선모 역, 『동아시아학 연구방법론』, 심산, 2012, 58쪽 참조.

1644년 체제의 등장으로 인해 그간 진행되어오던 960년 체제로부터 일본의 이탈이 가속화되었다. 청淸 제국의 중심 질서는 일본이 재진입을 시도해야 하는 것이 아니라 이전에 시작된 이탈을 독립으로 마무리해서 경쟁해야 할 국제 질서였다. 고학파古學派, 예컨대 야마가 소코, 이토 진사이伊藤仁齋(1627~1705), 오규 소라이荻生徂徠(1666~1728) 등은 천리天理와 인욕人欲, 군자君子와 소인小人 등의 이원론적 대립 구도에서 관념적이고 초월적 리理의 절대성을 주장하는 주자학에서 벗어나서 출발점으로서 공자나 맹자의 고대 유학으로 돌아갈 것을 주장했다. 특히 오규 소라이는 연구자의 주관을 배제하고 옛 문헌이 쓰인 시대의 문화와 풍속을 통해 고전의 정확한 의미를 밝힐 것을 주장했다.[69]

고학파의 방향 선회와 더불어 가다노 아즈마마로荷田春滿(1669~1736)는 유교의 인의仁義와 일본의 도道를 대립시키게 되었다. 그는 집집마다 유교의 인의를 입에 올리고 하인조차 시를 읊으며 집집마다 불경을 외우고 하녀조차 불법을 담론하느라 전답을 버리고 불탑을 세우느라 가산을 탕진하는 사회 현상을 비판했다. 이런 현상으로 인해 일본의 도가 쇠퇴하기에 이르렀다고 보았다. 이에 그는 일본 고도古道의 부흥을 위해서 고어古語를 연구하고 그것을 바탕으로 고의古義를 이해하고자 했다. 이처럼 그는 고어 → 고의 → 고도의 단계적 이해와 상호 연결을 통해서 일본의 독자적 문명을 내세우기에 이르렀다. 마침내 아즈마마로는 자기 학문의 정체를 왜학倭學, 황왜지학皇倭之學, 국가지학國家之學, 복고지학復古之學, 황국지학皇國之學으로 명명함으로써 고학파와 달리 일본의 고도古道에 두고자 했다.[70]

---

69 나가오 다케시, 박규태 옮김, 『일본사상 이야기 40』, 예문서원, 2002, 158~165쪽; 임옥균, 『주자학과 일본 고학파』, 성균관대학교출판부, 2012 참조.

70 고희탁 외, 『국학과 일본주의 : 일본 보수주의의 원류』, 동북아역사재단, 2011, 183~186쪽 참조.

모토오리 노리나가本居宣長(1730~1801)는 고학파古學派에게 아즈마 마로에게로 이어지는 흐름에서 한 걸음 더 나아가 오늘날 일본 내셔널리즘의 예언자로 평가될 정도로 '국학國學'의 신기원을 열었다. 그는 청淸 제국 1644년 체제의 등장이 바로 중국 문명의 한계이자 일본 문명의 우월성을 입증하는 것으로 보았다. 고염무顧炎武가 『일지록日知錄』에서 "천하흥망天下興亡, 필부유책匹夫有責"이라고 통분할 정도로 1644년 체제의 등장을 분개했다. 반면 일본에는 고염무가 통분할 만한 일이 일어나지 않았다. 즉 도쿠가와 막부가 정권을 장악한 이래 200여 년이 지났지만 '태평'의 시간이 지속되었다. 태평의 지속은 1644년 체제와 경쟁을 시도하던 흐름과 맞물리면서 엄청난 의미를 부여받았다. 첫째, 현실적으로 일본이 중국보다 나은 것이 있는 것이 있어서 가능한 일이다. 이를 국민성으로 보았다. 둘째, 국민성이 장기 지속되면 그것을 주도하는 기주체가 있어야 한다. 천황天皇과 신도神道의 존재와 그 가치가 재발견되었다.[71]

노리나가는 『고사기古事記』, 『겐지모노가타리源氏物語』 등의 고전 문학에 대한 문헌학적 연구를 『논어論語』 등 성인의 도道와 경쟁 또는 대체하는 신도神道를 발굴했다. 일본의 고대에는 모두 자연히 존재하는 신도에 의해 자연히 몸도 건강하고 천하도 다스려졌던 것이다. 이에 따라 성인의 도가 필요하지 않았다고 보았다. "우리는 다행히도 신의 나라에 태어나 아마테라스의 은총을 받고 자연의 신도를 신봉하고 있다. …… 육경六經, 『논어』는 말장난과 같다. 하지만 성인의 말이므로 자연의 신도를 보충할 만한 것이 있다면 그것을 취하면 그만이다."[72] 노리나가에 이르러 일본은 동아시아 국제 질서에서 독

---

71 고희탁 외, 『국학과 일본주의: 일본 보수주의의 원류』, 동북아역사재단, 2011, 51~56쪽 참조.

72 가쓰라지마 노부히로 저, 김정근 외 옮김, 『동아시아 자타인식의 사상사』, 논형,

자 문명의 독립을 주장하는 단계를 넘어서 배타적인 민족주의와 선민의식을 재생산하는 국학國學의 탄생을 낳았던 것이다.

1644년 체제에서 에도 막부가 얼마나 깊이 중국 중심의 960년 체제로부터 이탈했는지 보여주는 흥미로운 이야기가 있다. 야마자키 안사이山崎闇齋(1619~1682)의 제자가 스승에게 물었다. "중국이 공자를 대장군으로 하고 맹자를 부장으로 삼아서 수만의 기병을 거느리고 우리 일본을 공격한다면, 우리와 같이 공맹孔孟의 도道를 배운 사람들은 어떻게 대처해야 하는가요?" 안사이는 대뜸 대답했다. "우리들은 갑옷을 입고 날카로운 무기를 들고 그들과 싸워서 공자와 맹자를 사로잡아 나라의 은혜에 보답해야 한다. 이것이 곧 공맹의 도道이다."[73] 이 일화는 동아시아, 즉 청·조선·에도 정부 사이에 공통의 보편성이 없다는 것을 상징적으로 보여주고 있다.

4. 1894~1895년 체제 : 국민국가 + 억압적 대동아공영 + 국학 + 국권國權 담론

1644년 체제는 이전 체제에 비해서 단일한 중심을 가지지 못했지만 충돌 없는 경쟁을 통해 장기간 지속되었다. 16세기에 마테오 리치(1552~1610) 등 천주교 선교사들이 동아시아로 진출해서 서학西學을

2009, 30~35쪽 참조. 인용문은 노리나가 교토 유학 중에 시미즈 기치타로淸水吉太郞에게 보낸 편지에 나오는 구절이다. 노리나가의 주장을 확인하려면 고희탁 외 옮김, 『일본 '국체' 내셔널리즘의 원형 : 모토오리 노리나가의 국학』, 동북아역사재단, 2011 참조.

73 황쥔졔黃俊傑, 정선모 옮김, 『동아시아학 연구방법론』, 심산, 2012, 57~58쪽 재인용. 황쥔졔는 이 가설적 사항이 단순한 사유실험이 아니라 실질적 위기를 상상한 것이라고 보고 있다.

전파할 때 보유론補儒論의 전략을 취했던 터라 커다란 문제가 생기지 않았다. 19세기에 이르러 이양선異樣船이 견선리포堅船利砲로 바뀌면서 이익을 추구하게 되자 서세동점西勢東漸의 상황이 생겨났다. 이처럼 1644년 체제는 서학과 서세가 동아시아의 주변이 아니라 중심부로 침투하게 되면서 종말을 고하게 되었다.

그 결과 동아시아는 내부內部가 아니라 외부外部의 적으로부터 자기 보존의 과제를 실현하기 위해서 경쟁하는 국민 국가로 변모하게 되었다. 동아시아의 개별 국가는 식민지와의 위기에서 국권國權 담론을 통한 국학國學의 정립을 목표로 삼게 되었다.[74] 이어서 일본은 근대의 국민 국가로 빠르게 변신한 뒤에 전근대 중국을 대신해서 공동의 적인 서양에 대응하는 주도권을 추구했다. 이를 위해서 일본은 대동아大東亞의 통합을 추진하느라 1592년 이후 다시금 동아시아를 국제 전쟁의 소용돌이로 몰아넣었다.

이렇게 보면 1894~1895년 체제는 중국이 1840년에 아편 전쟁을 통해 서양과 충돌하고 1853년에 일본이 미국에게 굴복하고서 양국이 근대 국가로의 변신을 꾀한 뒤 대결하면서 개막했다. 즉 1894~1985년 체제는 동아시아가 내부와 외부의 적을 동시에 가지면서 시작된 신체제였다.

1) 일본의 제국학帝國學 또는 황도皇道

미국이 1853~1854년간에 해군 함대를 동원한 무력 시위로 인해 일본이 그간 쇄국 정책을 풀고 개항을 하게 되었다. 개항 뒤 도쿠가와 막부가 점차로 몰락하면서 대정봉환大政奉還(1867)과 폐번치현廢藩置縣(1871)을 통해 천황제가 수립되었다. 이후 천황은 메이지 유신을 단

---

74 한·중·일의 국학 개념에 대한 개설적인 이해와 관련해서 한국국학진흥원 교육연구부 편, 『국학이란 무엇인가』, 한국국학진흥원, 2004 참조.

행하여 부국강병을 달성하고 근대의 국민 국가를 완성시키고자 했다.

메이지 정부는 학술 제도를 정비하여 국민 국가의 토대를 구축하고자 했다. 이를 위해서 1886년 제국대학령에 따라 제국대학 문과 대학을 설립하고 또 1889년에 국사과國史科와 국문학과를 설치하고, 1893년에 국어학, 국문학, 국사학 강좌를 개설하여 자국의 언어, 역사, 문학 중심으로 근대 국가의 국민을 만들고자 했다.[75]

하가 야이치芳賀矢一(1867~1927)는 독일 유학에서 돌아와서 서양 문헌학을 모방해서 국학을 문헌학으로 정립하고자 했다.

"뵈크의 말에 따르면 문헌학이 목적으로 하는 것은 옛 사람이 안 것을 다시 알려고 하는 것입니다. …… 고어를 아는 것을 첫 번째 단계로 하여 이미 배워 얻은 고문학의 지식으로, 그 사회 전체의 정치, 문학, 어학, 법제, 역사, 미술 등의 모든 사안을, 한 마디로 말하면, 하나의 국민 전체의 사회상의 생활상태, 활동 상태를 과학적으로, 학술적으로 연구해 안다고 하는 것, 이것이 문헌학의 목적이라 할 수 있습니다. …… 그 국민을 외부의 국민과 구별하는 것이 국학의 목적이라고 훔볼트는 보다 명료하게 말하고 있습니다. …… 지금의 학문은 세계적이고 국민적은 아니다, 세계적이기 때문에 만국공통이다, 라는 것에는 문헌학의 연구가 필요하지 않습니다. 그러므로 국학은 그 연구의 범위를 고대에 두지 않으면 안 됩니다."[76]

하가 야이치는 국학國學을 문헌학 또는 고전 문헌학과 등치시키고

---

75 가쓰라지마 노부히로, 김정근 외 옮김, 『동아시아 자타인식의 사상사』, 논형, 2009, 76쪽 참조.

76 「국학이란 무엇인가」, 『芳賀矢一選集』제1권, 國學院大學, 1982. 가쓰라지마 노부히로, 김정근 외 옮김, 『동아시아 자타인식의 사상사』, 논형, 2009, 77~78쪽 재인용.

있다. 이러한 국학國學의 틀 안에 유학儒學이 들어설 자리가 전혀 없어진다. 아울러 그는 국학國學을 외부의 국민과 구별되는 국민 만들기에 철저하게 한정시키고 있다. 이 때문에 국학國學은 배타적 동일성의 원리가 되면서 타자와 소통 불가능한 특성을 가지게 되었다.

1894~1895년 체제에서 메이지 정부는 일본의 고유한 문명의 길을 찾으면서도 서양 제국주의 세력에 의한 식민지화의 위기를 벗어나는 이중의 과제를 풀어야 했다. 이때 일본에는 두 가지 노선, 즉 흥아興亞와 탈아脫亞가 있다. 흥아興亞는 아시아의 모든 나라가 일국의 힘으로 식민지화의 위기를 벗어날 수 없으므로 아시아가 연대하는 것이다. 탈아脫亞는 아시아의 개명開明을 기다려서 아시아를 일으켜 세울 여유가 없으므로 동방東方의 악우惡友를 떠나서 서양의 신문명으로 나아가야 한다는 것이다.

이후 역사의 전개로 보면 흥아론興亞論은 순진하고 낭만적이어서 어리석게 보인다. 하지만 당시 흥아론은 메이지 시대 관官과 민民의 문헌에 자주 드러나고 있었다. 타루이 토오키치樽井藤吉은 『대동합방론大東合邦論』(1893)에서 먼저 일본과 조선이 대등하게 합방하여 대동大東을 이루고 이를 바탕으로 중국, 기타 나라와 연합하여 서양의 침략을 막아내자는 것이다. 탈아론脫亞論은 후쿠자와 유키치福澤諭吉(1835~1901)가 동양 침략을 정당화시키는 서양의 도식, 즉 문명과 야만(미개)의 틀을 동아시아에 재적용한 것이다.[77] 이로써 1894~1895년 체제의 국학國學은 서세의 위협 아래에서 국민 국가의 완성을 통해서 제국을 이루려고 하는 억압적 제국학帝國學으로 확대되었던 것이다.

탈아론이 득세하면서 일본은 이제 지나支那로 개명된 중국을 현실

---

77 다케우치 요시미竹內好, 서광덕·백지운 옮김, 『일본과 아시아』, 소명출판, 2004; 2쇄 2006, 206~214쪽 참조.

적으로나 사상적으로 압도하게 되었다는 자부심을 가졌다. 이런 측면에서 1894~1895년의 청일 전쟁은 중국에 대한 일본의 우월성을 인증하는 역사적 사건이자 새로운 체제의 출범을 알리는 신호였다. 후쿠자와 유키치는 청일전쟁의 결론을 예감하듯이 1875년에 지은 『문명론지개략文明論之槪略』에서 "지나인은 사상이 빈곤하지만 일본인은 사상이 풍부하다. 지나인은 하는 일이 별로 없지만 일본인은 일을 많이 한다."라는 말처럼 인상 비평을 통해 일본과 지나(중국)가 문명과 비문명(미개)의 도식을 확정하고 있다.[78] 이로써 고대 중국에 기원을 두고 있는 성인의 도道는 적어도 1644년 체제에서 유일한 가치 체제로 여기지 않았지만 그렇다고 결코 전면 부정되지 않았는데, 1894~1895년 체제에 이르러 문명에 반하는 유물로서 버려야 할 대상으로 여겨지게 된 것이다. 1894~1895년 체제는 일본이 동아시아의 공통 가치 체계로서 유학의 몰락이라고 할 수 있다.

서세동점西勢東漸의 상황에서 일본은 청(중국), 조선(한국)과 달리 어떻게 근대 국가로 재빨리 변신할 수 있었을까? 지금까지 논의한 맥락으로 볼 때 일본이 구체제의 저항이 약한 데에 그 해답을 찾을 수 있다. 1644년 체제에서 주자학과 고대 성인의 도道로부터 '이탈'하면서 고도古道, 신도神道를 발견했기 때문에 1894~1895년 신체제의 출범을 막을 이념의 저항이 없었다. 오히려 막부체제의 붕괴와 문헌학으로서 국학國學의 정립이라는 지원을 받아서 신체제, 즉 제국학帝國學으로 황도皇道를 정립시킬 수 있었다. 이와 달리 청과 조선은 서세동점의 위기 상황에서 960년 체제와 1644년 체제의 이중 저항에 가로막혀서 1894~1895년 신체제의 전환을 신속하게 추진할 수 없었다.

---

78 가쓰라지마 노부히로, 김정근 외 옮김, 『동아시아 자타인식의 사상사』, 논형, 2009, 133~138쪽 참조.

2) 중국의 국학國學

중국은 19세기에 서양, 일본과의 연이은 전쟁에서 패배하면서 과거 찬란한 문명의 제국에서 반식민 상황으로 전락했다. 근대의 지식인들은 망국멸종亡國滅種의 위기 극복을 모색하면서 전통을 총체적으로 성찰하게 되었다. 20세기 초반 신문화운동의 바람이 거세게 불면서 유학儒學은 봉건 문화의 상징이 되면서 파괴와 부정의 대상이 되었다. "타도공가점打倒孔家店!"의 구호와 '전반서화全盤西化'의 방향 설정은 이러한 도도한 물결을 대변했다.

이처럼 유학儒學을 부정하는 흐름이 주류를 이루었지만 그 이면에는 유학儒學의 재해석을 통해 근대 적응과 극복을 달성하자는 흐름도 있었다. 후자는 신학新學으로 표상되는 서학西學에 맞서기 위해서 구학舊學에 지나지 않는 유학儒學의 새로운 이름을 찾기 시작했다. 이 과정에서 국학國學은 구학舊學을 대체하면서 신학新學에 대응하는 과제를 위해서 등장했던 것이다.

역사적으로 보면 '국학國學' 용어는 『주례周禮』「춘관春官」에 가장 먼저 보인다. "악사가 국학國學의 업무를 맡아서 어린이(청소년)에게 춤을 가르쳤다." 『예기禮記』에 보면 거주 형태에 따라 다양한 교육 기관을 두었는데 "국國에는 학學을 두었다"고 한다.[79] 이 국학國學은 근대의 국학國學과 달리 천자나 제후가 있는 수도에 귀족자제를 위해 설치한 교육 기관을 가리킨다고 할 수 있다.

근대 '국학國學' 개념의 기원과 관련해서 다양한 설명이 있다.[80] 그중 국학國學 개념의 활성화에 기여한 인물을 꼽으라면 단연 량치차오

---

[79] 『주례』「宗伯 樂師」"樂師掌國學之政, 以教國子小舞." 『禮記』「學記」"古之教者, 家有塾, 黨有庠, 術有序, 國有學."

[80] 이와 관련해서 田正平・李成軍,「近代'國學'概念出處考」,『華南師範大學學報(社會科學版)』, 2009년 제2기 ; 惠賜,「淸末'國學'概念的提出及特點研究」,『儒家中國』, 2012.9.25 참조.

(1873~1929), 『국수학보國粹學報』의 진영, 장타이옌章太炎(1868~1936) 등을 빼놓을 수 없다. 량치차오는 1901년에 「중국사서론中國史叙論」에서 '국수國粹'를 사용하다가 1902년 일본에서 황준헌黃遵憲(1848~1905)에게 『국학보國學報』의 창간을 제안하면서 '국학'을 처음으로 썼다. 얼마 뒤 량치차오는 「논중국학술사상변천지대세論中國學術思想變遷之大勢」를 쓰면서 '국학國學'을 여러 차례 사용하여서 그 개념의 확산에 기여를 했다.

중국 국내에서는 1905년 국학보존회國學保存會가 기관지 『국수학보國粹學報』를 창간했는데, 편집 책임을 맡은 덩시(鄧實, 1877~1951)가 국학國學의 정의를 내린 적이 있다. "국학國學이란 무엇인가? 한 나라가 가진 학문이다. 땅(영토)이 있으면 사람이 그 위에 살고 이로 인해 나라를 이루게 된다. 나라가 있으면 나름의 학문이 있다. 학學이란 한 나라의 학문을 배워서 나라의 쓰임에 이바지하고 한 나라를 스스로 다스리는 것이다."[81] 그 대상과 범위가 적시되지 않아 국학의 정의가 엄밀하지 않다. 문맥으로 보면 국학國學은 한 나라 학문의 총체를 가리키기도 하고 학문의 총체 중 국용國用과 자치自治에 기여할 수 있는 학문을 가리키기도 한다.

량치차오와 덩시가 국학國學 개념을 고안해서 썼지만 그것을 대중화시킨 인물은 장타이옌이다. 그는 일찍이 1906년 일본 동경에서 국학진기사國學振起社의 설립을 주도하면서 국학國學을 신학新學인 서학西學과 상호 보완을 강조하면서 국광國光과 결부시켜 설명하면서 그 내용을 제자학諸子學, 문사학文史學, 제도학制度學, 내전학內典學, 송명리학宋明理學, 중국 역사 등 6분야로 구분했다. 이때 그는 국학國

---

81 「國學講習記」, 『國粹學報』 제19기, 1906. "國學者何? 一國所有之學也. 有地而人生其上, 因以成國焉, 有其國者有其學. 學也者, 學其一國之學以爲國用, 而自治其一國也."

學을 캉유웨이의 공교孔敎와 엄격하게 구별했다. 또 1908년에 일본의 유학생을 상대로 『설문해자說文解字』, 『장자莊子』 등 고대 문헌을 강의했다. 귀국한 이후에 그는 베이징, 상하이(1922)의 강학講學, 쑤저우蘇州(1934)의 장씨국학강습회章氏國學講習會 등을 통해 국학을 대중에게 널리 보급하고자 했다.[82]

이처럼 19세기 국학國學은 나름의 특징을 갖는다고 할 수 있다.[83] 먼저 일본의 국학國學이 탈중국脫中國과 일본의 고유 문명의 모색과 긴밀하게 연관되어 있다면 중국의 국학國學은 민족의 위기 진단을 위해 부정의 대상이 되지만 위기 극복을 위해 새로운 동력을 제공하는 긍정의 대상이 되는 이중적 특성을 지니고 있었다. 첫째, 국가(왕조)가 설립한 학교에서 민간에서 자율적인 학술 활동으로 변했다. 둘째, 국가(왕조)가 질서의 유지와 재생산을 위해 지정하는 교과목에서 개별 왕조의 이해와 상관없이 중국의 정체성을 총체적으로 파악하려는 노력으로 바뀌었다. 셋째, 전통은 일방적 숭배의 대상이 아니라 객관적 거리를 허용하는 비판과 탐구의 대상이 되었다. 넷째, 유학儒學 중심을 벗어나서 제자백가諸子百家, 제도制度, 언어言語, 문학 등 다양한 분야가 고루 관심의 대상이 되었다. 다섯째, 서학西學의 도전에 대응하기 위해서 과학적 방법론을 수용하게 되었다. 여섯째, 국가, 민족의

---

82 이러한 대중화 작업의 일환이 『國學槪論』의 출간이다. 이 책은 장타이옌이 1922년 4~6월 상하이에서 강연한 것을 차오쥐런曹聚仁이 채록하여 泰東圖書局에서 출간했다. 한국어 번역으로 조영래 옮김, 『중국학개론』, 지식을만드는지식, 2011 참조.

83 이와 관련해서 장타이옌의 국학에 대한 설명을 참조할 만하다. 그는 국학의 본체에 대해 1) 經史는 신화가 아니다, 2) 諸子의 저술은 종교가 아니다, 3) 역사는 소설 傳奇가 아니다 등 세 가지를 제시하고, 학문 방법에 대해 1) 서적 진위의 판별, 2) 小學의 정통, 3) 지리의 파악, 4) 고금 人情의 변천 파악, 5) 문학의 응용과 분별 등 5가지를 제시했다. 조영래 옮김, 『중국학개론』, 지식을만드는지식, 2011, 9쪽.

위기 극복과 결부되어 학문과 정치 영역이 결합되었다.

첸무錢穆(1895~1990)도 장타이옌과 같은 제목의 『국학개론國學槪論』을 출간했다.[84] 흥미로운 점은 첸무가 당시 학문의 나아갈 지표로 등장한 '국학國學'에 대해 독특한 주장을 펼친다는 데에 있다. 그는 머리말에 해당하는 「변언弁言」에서 "학술에는 본래 국계國界, 즉 국가의 경계가 없다"는 말로 시작했다. 이어서 그는 "'국학國學'이란 개념이 19세기 이전에 이어받은 바가 없고 그 이후에도 성립되지 않을 것이다. 다만 한 시대의 명사일 뿐이다."라고 예측했다. 또 '국학國學' 관련 저술을 하려니 "그 범위가 미치는 바와 관련해서 어떤 것이 국학에 들어가는지 어떤 것이 들어가지 않는지 실로 판별하기 어렵다."며 고충을 토로하고 있다.[85]

1930년대를 거치면서 국학國學은 점차 사회의 공론장에서 활력 있는 논의를 불러일으키지 못했다.[86] 1978년에 개혁개방을 실시하여 급격한 경제 성장을 거둔 뒤에 2000년 무렵 국학열國學熱이 점화되고 있다.[87] 이 열기는 1894~1895년 체제 초기의 국학과 양상이 다르다. 2000년의 국학열은 공자열孔子熱로도 표현될 정도로 전통 문화 중 '공자'에 초점이 맞추어져 있다. 아울러 국학은 신체제로의 전환을 방해하므로 부정해야 할 대상이었던 과거와 달리 경제 성장을 설명하고 중화 민족을 통합시킬 수 있는 가치로 간주되고 있다.

---

84 첸무는 1920년대 중반에 無錫의 江蘇省立第三師範과 蘇州의 江蘇省立蘇州中學에서 강의하면서 수시로 기록한 내용을 1927년 商務印書館에서 이 책을 출간했다.

85 錢穆, 『國學槪論』, 商務印書館, 1997, 1쪽. "學術本無國界. '國學'一名, 前旣無承, 將來亦恐不立. 特爲一時代的名詞. 其範圍所及, 何者應列國學, 何者則否, 實難判別."

86 근현대의 '國學' 개념의 파악을 위해서 王富仁, 「新國學論綱」, 『新國學硏究』第1輯, 人民文學出版社, 2005, 1~162쪽 참조.

87 이상욱, 「현대 중국 "국학열" 소고」, 『인문과학연구』 12, 2007 ; 형려국, 「오늘날 중국의 '國學熱'의 몇 가지 사고에 대해」, 『공자학』 16, 2009 참조.

3) 한국(조선)의 국학(조선학)

조선은 1644년 체제에서 현실적으로 청淸 제국을 부정할 수는 없었지만 960년의 구체제에 있었던 중화中華를 수호할 수 있는 적임자로 자처했다. 그 일단이 대보단大報壇의 설치, 『존주휘편尊周彙編』의 편찬으로 나타났다. 이처럼 중국적인 것의 고수에 열을 올렸을 뿐만 아니라 조선적인 것에 관심을 두었다.[88] 예컨대 정약용이 유배지에서 자식에게 쓴 편지를 보자. "우리나라 사람들은 걸핏하면 중국의 사건을 끌어들이는데, 이 또한 못난 짓거리이다. 반드시 『삼국사기』 『고려사』 『국조보감』 『여지승람』 『징비록』 『연려실기술』과 우리나라 문헌을 뒤져서 적절한 사실을 찾고 어울리는 지방을 살펴서 시에 넣어 쓴 뒤에라야 세상에 이름을 알릴 수 있고 후세에 전할 만하다."[89]

1644년 체제에서 조선의 학자-관료는 중화의 수호자로 자처하면서 청淸 제국에 대한 복수설치復讐雪恥를 준비했다. 수호하는 것은 기존에 없던 새로운 것이 아니라 이미 있던 것이다. 이런 측면에서 조선의 학자-관료는 1644년 체제에서 960년 체제를 수호하는 역설적인 상황에 놓인 것이다. 이로써 조선의 시공간은 960년 체제를 적용하는 수동성을 가질 뿐이지 신체제를 고안하는 능동성을 지닐 수 없었다. 따라서 조선적인 것의 관심을 환기시킨다고 하더라도 그것은 찻잔 속의 폭풍일 뿐 시대를 전환하는 거대한 바람이 될 수 없었다. 이 점은 도쿠가와 막부 시절의 고학古學과 뚜렷하게 구별되는 것이다.

조선은 1894~1895년 체제에서 중첩된 위기를 해결해야 했다. 먼저

---

88 조성산, 「18세기 후반~19세기 전반 '朝鮮學' 형성의 전제와 가능성」, 『동방학지』 148, 2009 참조.
89 『與猶堂全書』 제1집 「寄淵兒 戊辰冬」 "雖然我邦之人, 動用中國之事, 亦是陋品. 須取三國史, 高麗史, 國朝寶鑑, 輿地勝覽, 懲毖錄, 燃藜述李道甫所輯, 及他東方文字, 採其事實, 考其地方, 入於詩用, 然後方可以名世而傳後."

1644년 체제에서 현실적으로 청淸 제국에게 굴종하면서도 이념적으로 우월성을 주장하는 혼돈의 관계를 청산해야 했다. 둘째, 서구 제국주의 침탈로부터 자위권을 행사해야 한다. 셋째, 탈아론脫亞論에 따라 일찍 문명으로 개명한 일본의 침략 야욕을 분쇄해야 했다. 넷째, 무능한 왕조를 바꾸어서 내외의 위기에 능동적으로 대처하려고 하는 시대의 요구에 대응해야 했다. 이처럼 조선은 사중四重의 위기 상황에서 1894~1895년 체제 속으로 급속하게 편입되었다.

조선의 학자-관료는 동도서기東道西器의 논리를 강구했지만 현실에서 긍정적인 효과를 거두지 못했다. 조선은 대한제국(1897~1910)으로 탈바꿈하면서 자주와 독립의 목표를 추진하고자 했다. 하지만 1910년에 일본의 식민지로 전락하면서 사람들은 과거와 다른 새로운 방향을 설정하여 그것을 위한 과제를 수행해야 했다. 이제 임진 전쟁으로 인해 망국亡國의 위기에 처한 조선을 구원해준 명明 제국과 같은 경찰 국가上國도 없고, 상호 이해를 위해서 동맹을 맺을 만한 우방도 없고, 식민지가 된 약소국의 권익에 귀기울여줄 국제 기구도 없었다.

따라서 망국의 직전 또는 식민지의 전락 이후에 대한제국은 독립할 역량을 갖추지 못하면 멸망할 수밖에 없다는 차가운 국제 질서의 피해자가 되었다. 1910년 전후로 망국을 피할 수 없었지만 국권 회복 또는 독립을 쟁취하려는 움직임이 생겨나기 시작했다. 이러한 상황에서 신채호는 1894~1895년 체제에서 한국이 나아갈 방향을 뚜렷하게 제시하고자 했다.[90] 그는 망국을 앞둔 상황에서 형식적 국가와 정신적 국가를 구별했다. 그는 이 구분을 통해 형식적 국가가 망할 수 있지만 정신적 국가는 형식적 국가의 멸망에도 불구하고 살아남을 수 있다고 주장했다.[91] 반대로 정신적 국가가 계승되지 않고 멸망한다면

---

90 신정근, 「신채호의 투쟁적 자아관」, 『철학』 109, 2011 참조.
91 신채호, 『丹齋申采浩全集』 별집, 「精神上의 國家」(1909), 160쪽.

진정한 멸망에 이르게 되는 것이다.

신채호는 정신적 국가의 보존을 최우선 과제로 설정했지만 시대 상황은 그와 달랐다. "무슨 주의主義가 들어와도 주의를 위하는 조선은 있고 조선을 위한 도덕道德과 주의主義는 없다." 즉 공자의 유교儒敎가 들어오면 공자(孔子)를 위한 조선朝鮮은 있지만 조선朝鮮을 위한 공자孔子는 없다는 것이다.[92] 신채호는 '조선학'을 주창한 것이 없지만 그의 주장 속에 조선학의 태동을 제안하고 있다. 신채호가 아니더라도 누구라도 '조선학'을 주창할 수밖에 없었다. 1930년대부터 '조선학'의 요구가 하나의 흐름을 형성하게 되었다. 지금 망한 형식적 국가를 회복하려면 아직 망하지 않은 정신적 국가를 지켜야 하는데, 그 정신적 국가는 반드시 조선적인 것과 일체가 되어야 한다. 만약 정신적 국가가 조선적이지 않는 것과 결합된다면 정신적 국가가 부활한다고 해도 그것이 '조선'이 될 수 없는 것이다.

따라서 조선은 식민화된 1894~1895년 체제에서 독립의 응집력이 될 수 있는 조선학을 주창하게 되면서 자연히 공자이든 주자이든 유학으로부터 일정 정도로 거리를 둘 수밖에 없었다. 이것은 도쿠가와 막부의 1644년 체제에서 고립화를 벗어나려는 시도와 함께 고도古道, 신도神道를 발견하는 것과 비슷하다고 할 수 있다.[93] 예컨대 신채호의 선교仙敎, 수두교, 낭가, 최남선의 부루교, 신도神道, 박은식의 국혼國魂, 정인보의 조선얼, 안재홍의 한, 붉, 태백진교太伯眞敎, 안확의 종사상倧思想, 이능화의 신교神敎[94] 등을 보면 공통적으로 조선적인

92 「浪客의 新年漫筆」(1925), 『단재신채호전집』 하, 25~26쪽. 신채호의 이 주장에는 孔孟을 공격해야 한다고 했던 야마자이 안사이의 목소리가 약간 감지된다.

93 미야지로 히로시는 일본의 국학과 한국의 조선학이 역사적 경위나 배경이 다르지만 종교성에서 합치한다는 점을 일찍이 지적한 적이 있다. 「일본의 국학과 한국의 조선학 : 비교를 위한 서론적 고찰」, 『동방학지』 143, 2008 참조.

94 김동환, 『국학이란 무엇인가』, 흔뿌리, 2011, 74, 82쪽 참조.

것을 강조한다. 반면 유물사관을 수용한 백남운白南雲, 이청원李淸源, 김태준金台俊 등의 사회경제사 학파는 민족주의 사학의 민족 정신과 영웅론을 신비주의와 허장성세로 비판했다.[95]

주창자는 다르지만 조선학은 분명 공통점을 갖는다. 첫째, 조선적인 것과 비조선적인 것의 구별을 위해 조선적인 것의 기원에 관심을 갖는다. 시대로는 고대가 대상으로는 단군이 초점이 되었다. 고대의 단군은 중국의 삼황오제, 일본의 태양신 아마테라스에 대응된다. 둘째, 오염되지 않는 자연, 타락되지 않는 집단을 찾아서 독립의 동력으로 삼고자 했다. 셋째, 사람의 결속과 응집을 위해서 종교성을 부각시킨다. 이것은 장타이옌이 캉유웨이와 달리 국학에서 종교성을 배제하고 과학성을 부각시키려는 점과 차이 난다. 이렇게 보면 역설적으로 조선은 1894~1895년 체제에서 중국과 다르고 일본과 닮은 길을 걸어가려고 하고 있다.

6. 21세기 신체제 : 동아시아 + 인권의 심화 + 인권유학 + 공동체성

21세기의 사회 정치 지형은 전근대의 그것과 크게 다르다. 근대(현대) 이후는 1644년 체제와 그 이전의 모든 체제가 기반하고 있는 삶의 조건을 송두리째 부정하고서 출발한다. 자연 질서에 바탕을 둔 신

---

95 최기영, 『식민지시기 민족지성과 문화운동』, 도서출판 한울, 2003, 55~60쪽. 이청원은 『朝鮮社會史讀本』에서 정인보의 '얼'을 강력하게 비판했다. "儒教訓話的이고 정책적이고 반봉건적인 '조선학'은 조선의 역사적 과정을 세계사와 전혀 별개의 독립적인 고유한 신성불가침의 '5천 년간의 얼을 탐구하는 데 열심이고, 그 공식의 천재는 '단군'에 분식하고, 그 전체적인 영웅은 '이순신'의 옷을 빌려 입고, 그 재간 있는 사람은 '정약용'의 가면을 쓰고 역사를 왜곡하고 있다. 이리하여 '얼'에 의하여 이루어진 신비적인 역사가 이루어진 것이다."(최기영, 58쪽 재인용)

분 질서는 동아시아의 근대화에서 비인간적이며 반인권적인 제도로서 법적으로 철폐되었다. 군주, 사대부, 남성의 특권은 보편 인권에 반하는 것으로 간주되기 때문이다. 아울러 유학이 사상 문화에서 갖는 특권적 지위도 부정되었다. 오히려 근대에 반하는 봉건적 가치로 간주되어 금기시되기도 했다. 물론 1980년대 동아시아의 경제 성장과 민주주의의 진전으로 인해 유학의 가치가 다시금 주목을 받게 되었다고 하지만 유학儒學이 전근대 통합 학문, 특히 960년 체제의 지배적인 지위를 회복했다고 할 수는 없다.

1) 국학國學의 폐기와 재연

문인文人이든 무사武士이든 유학儒學의 가치를 주도하던 계층은 사회 역할과 지위에서 커다란 변화를 겪었다. 이전 체제에서 문인과 무사는 유학儒學의 가치와 사회 체제의 가치를 동일시하며 그 가치를 현실화하면서 수호하고 재생산하는 주도 계층이었다. 주도 계층이라도 지배적 유학의 가치를 달리 해석한다면 그것으로도 '이단異端'과 '사문난적斯文亂賊'의 낙인을 받아서 배제되었다. 반면 21세기 체제에서 유학 연구자는 비판보다 숭배의 대상으로서 절대적 가치를 지닌 유학儒學의 권력장이 아니라 비판이 허용되는 가치의 시장과 사상의 자유를 보장하는 헌법적 질서에서 활동하고 있다. 이로써 유학은 학자−관료가 아니라 학자 또는 지식인에 의해서 연구되게 되었다.

이처럼 21세기 신체제에서 유학儒學은 이전의 구체제와 전혀 다른 삶의 제도 위에서 새로운 도전을 맞이하고 있다. 한국은 사회적 강자와 약자 중에 약자의 권리 보호에 둔감한 약탈적 자본주의, 한국 전쟁의 경험을 지배 질서의 동력으로 삼는 반공적 자유주의의 자장에 갇혀 있다. 중국은 검은 고양이와 하얀 고양이를 구별하지 않고 효용을 강조하는 공리주의적 사회주의, 비약적 경제 성장을 발판으로 갈등을 낳는 패권주의를 추구하고 있다. 일본은 1894~1895년 체제에서

자행했던 제국주의의 가해 책임을 회피하고 과거의 영광을 재현하려
는 군국적軍國的 복고주의, 사회주의 세력의 쇠퇴 이후에 전후 장기
적으로 득세하고 있는 정치적 보수주의를 벗어나지 못하고 있다.

이 상황에서 21세기 신체제에서 유학이 나아갈 길은 세 갈래이다.
하나는 1894~1895년 체제에서 무용론과 파탄론에 의해서 폐기 처분
된 유학이다.[96] 이 유학은 문헌학적 연구가 가능하지만 재해석은 불
가능하다.(여기서 논외로 친다) 둘째, 1894~1895년 체제에서 부상된 국
학國學의 연장선상에서 유학의 활로를 찾는 길이다. 셋째, 1894~1895
년 체제에서 완성시키지 못한 근대의 가치에 주목하는 길이다. 즉 유
학을 자유, 평등, 박애의 인권, 민주주의의 제도, 과학의 지식과 연계
해서 그 가치를 심화시키는 방향으로 나아가는 것이다.

현재 유학 연구는 세 번째보다 두 번째 방향이 득세를 하고 있다.
1894~1895년 체제에서 동아시아는 망국멸종亡國滅種의 위기 상황에
내몰렸기 때문에 인권人權보다 국권國權을 우선시하는 국학을 지향했
다. 나아가 중국에서는 2000년대의 국학열(공자열)과 이전 체제의 도
통道統을 확충한 '국학대사國學大師'의 계보를 작성하고 있다.[97] 21세
기의 신체제에서 유학은 왜 두 번째에 머물러 있는 것일까? 첫째, 국
권이 회복된 이후에도 동아시아는 영토, 역사 등 미회복된 국권의 반
환을 주요 의제로 설정하고 있다. 이로 인해 동아시아는 보수의 능동
성과 함께 배타적 민족주의, 반인권적 국가주의가 사회 질서의 중핵

---

96 서양의 Philosophy의 번역과정에 나타난 儒學과 대립 양상과 관련해서 김성근,
「메이지 일본에서 "철학"이라는 용어의 탄생과 정착 : 니시 아마네(西周)의 "유학"과
"philosophy"를 중심으로」, 『동서철학연구』 59, 2011 참조.

97 중국의 검색 사이트(www.baidu.com)에서 '國學'을 검색하면 '國學大師名錄'이라
하여 명단이 열거되고 있다.(http://baike.baidu.com/view/2592.htm) 『論語』에
충실히 하는 한 好學대사는 가능하지만 國學대사는 불가능하다. 그럼에도 불구하
고 최고의 학인을 낯 뜨겁게 국학대사로 예찬하고 있으니 안타까운 일이다.

에 자리하고 있다.[98] 둘째, 동아시아에서 국민-국가의 만들기가 완성이 아니라 진행 중인 상태에 있다. 이에 따라 동아시아는 국권의 절대성을 근본적으로 의심하지 않으므로 국권론國權論을 반성적으로 사유하지 못하고 있다. 셋째, '프로젝트 인문학'이라고 할 정도로 오늘날 학자는 국가 기관의 연구비 수주에 종속되어 연구를 진행하고 있다.

2) 인권유학으로서 동아시아학의 성립 가능성 : 비판 정신과 창조적 사유

유럽의 르네상스와 근대 만들기가 기성의 강력한 권위 체제를 유지하던 교권과 왕권에 대한 비판에서 출발해서 보편 인권의 자각과 근대적 주체에 도달했다. 21세기의 신체제에서 유학은 기성의 권위로부터 해방에서 출발할 수밖에 없다. 그 권위의 중핵에 '국권國權' 담론이 있다. 따라서 21세기 신체제의 유학은 국권보다 인권을 상위에 두는 방향으로 전환을 의미한다. 이러한 점에서 21세기의 유학은 초월적 성인이 되기를 요구하는 960년 체제의 성인 유학(聖學), 국권 회복을 위한 동력을 제공하는 1894~1895년 체제의 국학유학國學儒學과 다른 인권人權 유학 또는 인문人文 유학이 되어야 한다.[99] 이를 위해서 인문 유학과 인권 유학에 반하는 가치와 그 권위를 부정하는 자유로운 비판 정신을 발휘해야 한다. 비판 정신을 통해 우리는 지금 사

---

98 동아시아 사회가 보수화되고 있다 하더라도 각국의 사정은 다르다. 근대 국가의 경험이 다르기 때문에 한국(남한)과 일본은 우파가, 중국은 좌파가 정치적 보수화를 추진하고 있다. 한국의 경우 1970~80년대 민주화 열풍과 함께 보수주의가 수세에 몰린 적은 있지만 보수는 특유의 능동성을 발판으로 정치적 주도권을 장악하고 있다.

99 21세기 신체제의 유학은 인성론에 초점을 두어야 한다는 주장이 강하다. 물론 이 주장이 960년 체제의 단순 재판이 아닐 것이다. 그렇다고 하더라도 인성 유학은 21세기 신체제의 초점을 제대로 짚지 못한 것이라고 할 수 있다. 현대 사회는 性惡, 합리적 개인, 私益의 추구, 세속성을 특징으로 하는데, 현대인에게 성인이 되라고 한다면 시대착오라고 할 수밖에 없다. 쉬캉성은 인성론 중심의 21세기 유학을 주장하고 있다. 許抗生, 「중국 유학의 미래 발전에 관한 몇 가지의 사고」, 김시업 편, 『동아시아학의 모색과 지향』, 성균관대학교출판부, 2005, 143~160쪽.

람을 사람답게 살지 못하게 하는 권위와 제도의 기원과 기제를 뿌리째 파헤쳐서 그 정체를 드러내고 앞으로 사람[人]이 사람답게 살 수 있는 제도[文]를 자유롭게 상상하여 기획해내야 한다.

유학이 비판 정신과 결합된 인문유학 또는 인권 유학으로 재해석될 수 있을까? '유학'하면 근대 실패의 원인으로 지목하거나 봉건적 가치의 대명사로 생각한다면 21세기 신체제의 유학은 불가능하다. 또 유학이 기성의 가치와 권위에 순종하는 인간을 양산하거나 섣부른 조화론으로 기성의 권위에 타협하기만 한다면 21세기 신체제의 유학의 불가능하다. 만약 유학에서 비판 정신을 함창含藏하고 있다면 21세기 신체제의 유학이 성립 가능할 수 있다. 사실 유학의 역사가 기존 체제의 '유학儒學'에 대한 끊임없는 도전과 응전의 과정이었다는 점이 간과되기 쉽다. 이전 체제의 필자들은 차이보다 동일성을 강조하는 글쓰기를 구사하고 있는데, 우리는 그들의 주장에 현혹되어서 차이를 발굴하여 목소리 높여 외치는 주장을 놓치곤 한다.[100]

『논어』를 보면 공자는 "인仁(사람다움, 평화)과 관련해서 스승에게 굽히지 않는다."라고 당당히 주장하고 있다.[101] 인은 공자가 중시하는 핵심 가치 중의 하나이다. 스승은 학문 영역에서 기성의 권위를 상징하는 최고의 인물이다. 공자는 제자가 최고의 가치와 관련해서 최고의 인물에게 순응하는 것이 아니라 대립하는 사태를 허용하고 있다. 문제 상황에서 인이 둘이 아니라 하나이므로 인仁의 제자와 반인反仁의 스승이 나타날 가능성이 있을 수 있기 때문이다. 사師를 스승이 아니라 군대 단위로 풀이하기도 한다. 이 경우는 한층 기성의 권위에 투항하지 않고 대립각을 세우는 의미 맥락을 드러낼 수 있다. 군대가 기성의 질서를 수호하는 가장 집중된 물리력이다. 이 물리력 앞에서

---

100 이와 관련해서 자세한 논의는 신정근, 『철학사의 전환』, 글항아리, 2012 참조.
101 『논어』「衛靈公」 36(431) "當仁, 不讓於師."

도 굴복하지 않는다고 한다면 그 사람이 반인反仁의 기성 권위와 절
대로 공존할 수 없다는 비판 정신을 가졌다고 할 수 있다.

맹자는 자신이 공자 사후에 양주와 묵적의 언론을 철저하게 공격
해서 사회적 영향력이 줄어들어야 한다고 보았다. 그 결과 당시에 맹
자가 공자의 학문을 잇는다고 하면서 너무 호변好辯, 즉 주제넘게도
논쟁적이라는 평가를 들었다. 맹자는 이러한 평가를 받아들여서 침묵
한 게 아니라 적극적으로 자신의 소명을 해명했다. 자기 이전의 요
堯·순舜·우禹, 문文·무武·주공周公, 공자孔子 등이 가만히 앉아서
천하를 평정한 것이 아니라 시대에 맞는 자신의 임무에 능동적으로
대응하고 자신을 역할을 적극적으로 수행한 이야기를 하고 있다. 우
는 치수 사업을 벌이고 무왕과 주공은 은나라를 정벌했고, 공자는 천
자가 해야 하는 『춘추春秋』를 저술했다는 것이다. 따라서 맹자 자신
도 사설邪說의 종식이라는 시대 사명을 완수하기 위해서 호변好辯할
수밖에 없다는 것이다. 이러한 자임自任에 대해 그는 "성인이 다시 태
어난다고 하더라도 자신의 주장을 바꾸지 못할 것이다."라며 정당성
을 피력했다.[102] 맹자는 시대의 담론이 사람을 살리는 것이 아니라
역설적으로 짐승이 사람을 잡아먹고 사람이 사람을 잡아먹는(率獸食
人, 人將相食) 식인食人 사회를 만들고 있다고 보았다.[103] 이에 그는
식인食人의 반인간적 사태를 초래한 사설邪說에 대해 맹공을 퍼부었
던 것이다. 이 또한 비판 정신의 발로이자 인권(인문)을 위한 유학이

---

102 『맹자』「滕文公」하 9 "聖人復起, 不易吾言矣." 맹자의 시대 인식이 정확한지 이
  글의 초점이 아니므로 논외로 한다. 초점은 사상의 주류적 흐름에 과감하게 맞서
  서 비판의 칼날을 겨루는 데에 있다.

103 대진은 성리학을 以理殺人으로 비판했고, 루쉰은 유교의 예가 사람을 잡아먹는
  吃人, 즉 以禮殺人의 특성을 갖는다고 비판했다. 사실 食人 현상의 경고는 맹자
  가 처음으로 한 것이다. 맹자의 주장을 "以獸食人, 以人食人"으로 표현할 수 있
  다. 이러한 상호 비판도 결국 살아 있는 비판정신의 존재를 입증하는 것이라 할
  수 있다.

었다고 할 수 있다.[104]

주희가 자신의 선배 철학자 정이의 "성즉리性卽理", 장재의 "심통성 정心統性情"의 테제를 수용하고 자신의 리선기후理先氣後 테제와 도심 道心과 인심人心, 천리天理와 인욕人欲, 태극太極과 음양陰陽 등의 개 념을 종합화해서 공자와 맹자 등의 선진 유학과 구별되는 신유학(성 학, 도학)을 대성해냈다. 이러한 테제와 개념은 반-성리학파들로부터 선불교와 도가의 용어를 무차별적으로 차용했다는 비판을 들었다. 반 면 주희는 정이와 장재의 두 테제야말로 선진 유학에 없었던 것이지 만 선천적 도덕의 근원을 정립하기 위해서 넘어뜨리고 두드려도 절대 로 깨뜨릴 수 없는 확실한 이론의 토대라고 보았다.[105] 그는 마치 데 카르트가 생각하는 주체를 명석 판명한 것으로 보았던 것처럼 이를 전박불파擷撲不破라는 말로 그 확실성과 의심 불가능성을 표현하고자 했다. 이렇게 보면 주희는 단순히 경전의 뜻을 풀이한 것에 그치지 않고 이전 체제에서 찾지 못했던 새로운 존재의 세계를 개척하는 창 조적 사유를 해냈던 것이다.

왕수인王守仁(1472~1529)의 제자 서애徐愛는 『전습록傳習錄』의 「이 끄는 글」에서 스승의 학설에 대한 절대적 신뢰를 다음처럼 표현했 다. "선생님의 학설은 마치 물이 차갑고 불이 뜨거운 것처럼 참으로 확실해서 먼 훗날의 성인이 할 검증을 기다린다고 해도 한 점 의심 이 있을 수 없다"라고 말했다.[106] 그는 물론 자신의 말이 아니라 「중

---

104 「中庸」에 보면 묵자의 三表처럼 유학에서 말하는 군자의 도가 확고한 기반 위에 서있으므로 백세 이후에도 한 점 의혹이 없을 것이라는 예언하고 있다. "君子之 道, 本諸身, 徵諸庶民, 考諸三王而不謬, 建諸天地而不悖, 質諸鬼神而無疑, 百世以 俟聖人而不惑."

105 『張載集』「張子後錄」하, 『朱子語類』 권5 「性理」 2 "伊川性卽理也, 橫渠心統性情, 二句擷撲不破."

106 『傳習錄』「徐愛引言」 "然後知先生之說, 若水之寒, 若火之熱, 斷斷乎百世以俟聖人 而不惑者也."

용中庸」의 말을 빌렸지만 그 말로 왕수인의 학설에 털끝만큼의 의혹이 있을 수 없다는 점을 분명히 했다. 왕수인과 서애의 대화에 맹자가 말한 「등문공滕文公」하 9의 구절이 그대로 쓰인 용례가 있다. 서애는 책을 저술한 것이 도를 밝히는 것〔明道〕이고 문중자文中子 왕통王通(584~617)처럼 경전을 흉내 낸 것〔擬經〕이 명예를 위한 것〔爲名〕으로 엄격하게 구분하고 후자를 부정적으로 평가했다. 왕수인은 서애의 구분이 의미가 없을 뿐만 아니라 역사적으로 논설이 많아져서 저서가 많아지면 알맹이와 찌꺼기를 가리는 작업이 필요하다고 보았다. 즉 제대로 된 분서갱유가 필요하다는 논법을 펼치면서 왕통의 의도가 무엇인지는 몰라도 경전을 흉내 낸 것이 잘못으로 볼 수 없다는 주장을 펼쳤다. 이에 맹자의 "성인이 다시 태어난다고 하더라도 자신의 주장을 바꾸지 못할 것이다."라는 말을 인용했다.(『傳習錄』권상 11조목) 수나라의 왕통은 공자의 수준에 미치지 못하면서도 『논어』를 본받아 『중설中說』을 지었는데, 전근대의 철학사에서 주제 파악하지 못하는 인물로 간주되었지만 왕수인은 그 평가를 뒤집었다. 여기서도 왕수인은 통설에 결코 굴하지 않고 자신의 주장을 끝까지 고수하고 있다.

임성주任聖周(1711~1788)는 이민보李敏輔(1720~1799)에게 보내는 편지에서 "리가 순수하지 않다면 기가 진실로 그 자체로 순수할 길이 없고, 기가 순수하지 않다면 리가 공중에 매달린 채 홀로 순수할 수 있겠는가?"라며 자신을 주장을 정리하고서 "몇몇 주장은 본말이 완전히 만족할 만하니 넘어뜨리고 두드려도 절대로 깨뜨릴 수 없고 성인이 다시 태어난다고 하더라도 자신의 주장을 바꾸지 못할 것이다."라며 주희와 맹자의 말을 동시에 끌어들이고 있다.[107] 그는 주기병主氣

---

107 『鹿門集』권5 「答李伯訥」 "理不純則氣固無自以純矣, 氣不純則理將懸空而獨純乎? 此數語, 自謂本末完足, 攧撲不破, 雖聖人復起, 不易吾言."

病의 혐의를 받으면서도 자신의 주장을 굽히지 않고 있다.

대진戴震(1724~1777)은 『맹자자의소증孟子字義疏證』에서 도덕적 결정을 개인의 의견이 아니라 언제나 타당하며 불변의 기준〔至當不易之則〕에 기초해야 한다고 보았다.[108] 이것이 바로 성리학의 주관적 확신을 넘어서 객관적 확실성을 학적 출발점으로 삼으려는 태도를 나타낸다. 그래서 그는 『맹자자의소증』 등을 쓰면서 주관적 억측이 아니라 경전적 근거를 제시하면서 논지를 이끌어간다. 고증학은 단순히 사실을 열거하는 것이 아니라 주관성에 기초한 성리학을 넘어서기 위한 전략이었던 것이다. 그는 성리학의 주관성을 비판하고 자연自然과 필연必然을 구분하지 않는 노장과 불교의 한계를 지적하면서 성리학자 중에서 정자와 주자로부터 장재를 구분해서 그의 기화론氣化論을 긍정하고 있다. 대진은 자신의 철학사 이해를 맹자의 표현을 빌려서 확실성을 주장하고 있다.[109]

그리고 량치차오梁啓超(1873~1929)는 「신민설新民說」(1902)에서 중국中國의 나아갈 길을 봉건제의 신민臣民을 근대의 시민市民으로 탈바꿈하도록 계몽하는 데 두었다.[110] 이를 위해서 사덕私德 중시의 사회에서 공덕公德 중시의 사회로 바뀌어야 하는데, 공덕의 핵심이 바로 리군利群, 즉 사회(국가) 공익의 증대에 있다.[111] 량치차오는 자신

---

108 필립 아이반호, 신정근 역, 『유학, 우리 삶의 철학』, 동아시아, 2008, 210~211쪽.
109 『孟子字義疏證』 「理」 "獨張子之說, 可以分別錄之. 如言'由氣化有道之名', 言'化天道', 言'推行有漸爲化, 合一不測爲神.' 此數語者, 聖人復起, 無以易也. 張子見於必然之爲理, 故不徒曰神而曰'神而有常', 誠如是言, 不以理爲別如一物, 於六經孔孟近矣."
110 시민의 개념사와 관련해서 신진욱, 『시민』, 책세상, 2008 ; 박명규, 『국민·인민·시민 : 개념사로 본 한국의 정치 주체』, 소화, 2009 참조.
111 "道德之立, 所以利群也. …… 是故公德者, 諸德之源也, 有益于群者爲善, 無益于群者爲惡, 此理放諸四海而準, 俟諸百世而不惑者也. …… 未可以前王先哲所罕言者, 遂以自劃而不敢進也."

의 통찰에 대해 온 세계에 적용해도 타당하며 먼 훗날의 성인(지식인)이 할 검증을 기다린다고 해도 한 점 의심이 있을 수 없다고 자부했다.(「중용」 인용) 그럼 왜 량치차오를 제외한 다른 사람들은 공익公益의 가치를 발견하지 못했을까? 과거 위대한 성현과 철인이 이와 관련해서 제대로 말하지 못했던 탓에 사람들도 하나같이 스스로 한계를 긋고서 앞으로 나아가려고 하지 않았기 때문이다. 반면 량치차오는 성현들이 말하지 않는 것에 굴하지 않고 그것으로부터 한 걸음을 내딛은 창조적 사유를 한 사람이 된다.

　전체적으로 보면 동아시아 철학사에는 풍부한 비판 정신과 날카로운 창조적 사유를 함장하고 있다. 공자는 반인反仁, 맹자는 식인食人의 반인간적 상황에서 불퇴전의 비판 정신을 표출했고, 주희와 임성주 그리고 대진은 반대 진영의 신랄한 비판에도 불구하고 창조적 사유를 감행하고 있다. 물론 이들의 사유 세계는 다시금 21세기의 신체제에서 혹독한 검증의 세례를 피할 수 없다. 하지만 그들이 걸어왔던 길은 묵종과 침묵의 길이 아니라 도전과 창조의 길이라고 할 수 있다. 21세기의 유학도 비판批判 정신과 창조적創造的 사유를 통해서 인권人權 유학으로 거듭나야 할 것이다. 이것은 유학이 바로 21세기의 동아시아에서 새로운 공동 기반으로서 재정립될 수 있는 길이기도 하다. 21세기의 동아시아 사회에는 인권과 인문이 아직 보편 규범으로 자리 잡지 못하고 있다. 계급은 사라졌지만 특권은 끊임없이 인정되고 있고, 민주주의는 형식적 단계에서 실질적이며 근본적인 실현으로 나아가지 못하고 있다. 이러한 불구不具의 인문, 불비不備의 인권, 미완未完의 민주주의를 비판하고 그 한계를 극복하는 세계를 상상하며 기획한다면 유학은 21세기 신체제의 시민이 될 수 있을 것이다.

7. 맺음말

오늘날 한국·중국·일본의 동아시아는 앞에서 살펴본 네 가지 유학儒學의 특성을 어느 정도씩 지니고 있으면서 다섯 번째 21세기 신체제의 유학을 모색하는 상황에 놓여 있다. 그 여정의 결론을 간단히 도표로 나타내면 아래와 같다.

〈표 1〉 동아시아 유학儒學의 다섯 가지 체제와 그 특성

체제 \ 특성	지 역	과 제	이 름	비 고
BC6세기 체제	黃河	尊王攘夷	儒術	지역학
960년 체제	海內(天下)	天下一統	聖學·道學	절대적 보편학
1644년 체제	청·조선·에도	보편의 경쟁	中華學	상대적 보편학
1894~5년 체제	국민 국가	억압적 대동아공영	國學	國權 담론
21세기 체제	동아시아/세계	인권의 심화	人權儒學	공동체성

우리가 21세기의 신체제에서 국학國學 유학이 아니라 인권 유학을 주장해야 하는지를 설명하면서 논의를 매듭짓고자 한다. 국학國學 유학의 단계에서 한중일의 개별 국가는 자기 완결적인 특성을 지니고 있다. 개별 국가는 상호 경쟁적 대립적 상황에 놓여 있으므로 서로 상대국의 사정에 개입할 수도 없다. 즉 연구자-학자가 모두 이해 상관자의 관계에 놓여 있기 때문이다. 개별 국가의 국학의 완성은 경쟁 국가의 국학의 미완성을 전제로 삼는다. 이러한 상황에서 한·중·일이 동아시아에 편재된다고 하더라도 그 공간은 인문학적 의미를 창출

할 수 없는 불임의 동토이지만 정쟁의 활화산이 될 뿐이다. 그럼에도 불구하고 국권 담론에 기초를 둔 국학을 21세기의 신체제가 나아갈 길이라고 한다면 연구자-학자가 이데올로그이기를 자임하는 형국이 될 뿐이다.

유학儒學이 원래부터 보편 인권人權을 지향한 학적 체계라고 할 수는 없다. 군주, 가부장의 남성 권익을 옹호한 측면이 분명히 있다. 하지만 유학에는 보편 인권을 논의할 수 있는 강력한 비판 정신과 풍요로운 창조적 사유를 함장하고 있다.[112] 공자는 반인反仁의 스승에 대해, 맹자는 식인食人의 사회에 대해 비판정신을 발휘해서 반인간적 책임을 물었다. 우리는 인권에 반하는 반인反仁과 식인食人의 사회에 대해 국경을 넘어서 개입할 수 있다.

중국은 2013년 새해 벽두부터 언론과 영화 검열로 내홍을 겪었다. 중앙선전부가 1월 3일자 『난팡저우모南方周末』의 기사를 검열하고(『중앙일보』 2013.1.16) 21일 개봉한 〈007 스카이폴〉 영화의 대사를 검열했다가(『한겨레』 2013.1.24) 다른 언론인으로부터 반발을 일으켰다. 한국은 생존의 벼랑에 몰린 노동자들이 철탑에 올라 고공 농성을 벌이고

---

112 한국학술협의회가 주최한 〈2012년 제14회 석학 연속 강좌〉에서 참석했던 천라이陳來 칭화대 국학연구원 원장과 서울대 자유전공학부 양일모 교수가 대담한 내용이 『조선일보』(2012.11.13)에 소개된 적이 있다. 양교수가 "한국 학자들은 전통 유학 속에서 지식인의 사회적 책임이나 시대에 대한 비판적 역할을 강조해왔다. 그러나 선생은 유교 이론을 바탕으로 공생과 화해를 앞세운다."고 지적했다. 이에 대해 천원장은 "근대 이래 지식인의 비판적 기능이 강조된 것은 서양문화의 영향이다. 유교적 전통에서 현실 비판은 지식인의 한 측면일 뿐이고, 사회 풍속의 개량과 도덕윤리의 건설도 책임져야 한다. 1990년대 이래 중국은 전통 윤리가 커다란 충격을 받은 시기이기도 하다. 지식인이 현실 정치에 영합해도 안 되지만, 정치 비판만 일삼을 게 아니라 새로운 가치와 윤리를 건설해야 한다."고 대답했다. 비판 없는 공생과 화해의 목소리가 유학을 인문학이 아니라 체제 유지의 어용학문으로 받아들여지게 했다. 천원장의 우려대로 비판을 위한 비판이 문제를 유발할 수 있지만 비판을 잃은 공생은 반인권의 상황을 용인할 수도 있다.

있고 세월호 참사가 일어나자 진상 규명을 요구하는 목소리가 들불처럼 일어났고 비선실세에 의한 권력 농단이 발생하자 2016~2017년에 서울 광화문을 비롯하여 전국 각지에서 타올랐던 촛불시위는 현직 대통령을 권좌에서 끌어내리는 도화선이 되었다. 일본은 후쿠오카 원전 폭발 이후로 핵의 안전성이 사회의 현안으로 대두되고 있다. 이러한 사안은 인간의 기본적인 권리와 밀접하게 관련이 되므로 국경을 넘어서 발언할 수 있다. 유학의 가치를 바탕으로 이러한 사태에 발언한다면 인권과 유학이 결합하는 인권 유학이 성립될 수 있다. 이처럼 국경을 넘어선 개입(동참)은 동아시아의 공동체성을 키울 수 있다. 바로 이런 점에서 나는 21세기의 신체제에서 유학이 되살아나려면 인권 유학의 길을 가야 한다고 주장하는 것이다.

오늘날 동아시아는 1894~1895년 체제를 서로 달리 경험하면서, 구원舊怨과 숙원宿怨을 가지고 있다. 1894~1895년 체제는 종식되었지만 아직도 그 구체제의 여진에 여전히 속박되어 있다. 이러한 양상의 대표적인 사례가 한일 사이의 독도(다케시마) 분쟁, 한중의 이어도 분쟁, 중일 사이의 센카쿠(다오위다오) 분쟁이다. 이처럼 한·중·일의 동아시아는 아직도 근대에 일어났던 침략과 식민으로 인해 빚어졌던 과거사와 영토 문제로부터 자유롭지 못하다. 우리는 960년 체제에 가졌던 문화적 공동의 자원을 확대하여 발전시키기보다 축소하여 퇴보하는 양상을 보여주고 있다. 동아시아이면서 동아시아인이기를 거부하는 것이다. 문제 제기에 이야기했듯이 오늘날 우리는 100여 년 전에 량치차오가 느꼈던 부끄러움을 느끼지 않을 수 없다. 왜냐하면 이것은 단순히 정부 주도의 군중 동원에 한정되는 것이 아니라 인권에 침묵하게 만드는 반인간적 결과를 낳을 수 있기 때문이다. 이 틀에 갇힌다면 21세기의 신체제에서 국학 유학이 진군의 나팔을 소리 높여 부를 뿐 인권 유학은 골방에 갇혀서 광장으로 나오지 못하게 될 것이다. 인권 유학이 활성화되면 유학은 재차 동아시아를 벗어나

세계라는 더 넓은 무대를 만날 수 있다. 이로써 유학은 아는 사람만
이 아는 것이 아니라 알아야 하고 알 만한 가치가 있는 인류의 사상
자원이 될 수 있다.

제4장 현대 유학의 길, 탈脫중국화와 인권 유학

요약문

"유학儒學은 누구의 것인가?" 기원을 아는 사람이라면 아주 당연히 "중국이요!"라고 대답할 것이다. 유학은 기독교나 축구에 미치지 못하지만 동아시아를 넘어서 서서히 세계로 확산되고 있다. 이런 상황에서 다시금 사람들에게 "유학은 누구의 것인가?" 아니면 시제를 바꾸어 "유학은 누구의 것일까?"라고 묻는다면 당사자는 어떻게 대답할까? 선뜻 세계인의 것이라고 말하기가 쉽지 않다. 기독교나 축구처럼 "세계인의 것이요!"라고 자연스럽게 대답하는 것을 막는 뭔가가 있는 듯하다.

19~20세기의 유학은 중국을 포함해서 동아시아의 근대 전환을 막은 또는 방해한 요인으로 지목되었다. 즉 낙후되어 폐기되어야 할 무용지물이었다. 유학은 자체적으로 자기 변신의 동력을 찾을 기회를 갖지도 못한 채 폐기물의 목록에 올라 있었던 것이다. 21세기에 이르러 유학은 동아시아의 경제 성장과 민주주의 신장의 동력으로 재평가되고 있다. 유학에 대한 평가가 극에 극으로 바뀐 셈이다. 유학은 19~20세기의 급변하던 상황과 달리 차분하고 진지하게 자기 변화의 방향을 모색해야 할 상황에 놓인 것이다. 19~20세기의 변화는 강요된 요구였던 21세기의 변화는 자발적 노력이라는 점에서 차이가 있다고 할 수 있다. 이 글에서는 앞으로 21세기 체제의 신유학은 먼저 탈중국화의 방향으로 나아가면서 인권 유학을 지향해야 한다는 점을 논의하고자 한다.

키워드 : 유교 문화권, 탈중국화, 인성 유학, 인권 유학, 보유론補儒論

1. 문제 제기

우리나라도 김유신과 김춘추가 함께 축국蹴鞠을 하며 놀다가 김유신은 김춘추의 옷고름이 떨어진 기회를 삼아 혼사를 진행한 일은 널리 알려져 있다. 신라의 왕족과 귀족도 축국을 할 정도이니 그 인기를 새삼 실감할 수 있다. 물론 중국은 『사기史記』「편작창공열전扁鵲倉公列傳」에 '축국'이라는 단어가 보이고 『전국책戰國策』「제책齊策」에 제나라 사람들의 여러 가지 놀이 중에 하나로 축국이 언급된다는 점을 근거로 제시하며 축구의 자국 기원설을 주장할지 모른다.[1] 따지고 보면 고대 사회는 세계 어디든 둥근 공을 가지고 놀지 않았을까. 고대인은 놀이를 찾는 기발한 능력을 가지고 있었기 때문에 동물의 장기, 지푸라기, 나무, 돌 등으로 공놀이를 즐겼을 것이다.

하지만 현대 축구는 영국에서 기원한 것으로 널리 알려져 있다. "축구는 누구의 것인가?"라고 묻는다면 당연히 "영국이요"라고 대답할 것이다. 오늘날 세계인은 공 하나만 있으면 어디서든 즐거움을 주는 축구를 좋아하여, 축구는 스포츠 중에 단일 종목으로서 가장 뜨거운 인기를 누리고 있다. 특히 유럽과 남미 대륙의 축구 열기는 다른 대륙에 못지않게 뜨겁다. 월드컵은 축구 공 하나로 세상을 축제의 장으로 만든다. 다시금 "축구는 누구의 것인가?"라고 묻는다면 세계인의 것이라고 대답할 수 있다.

세계로 널리 퍼진 뒤에 축구는 영국 스타일만 있는 것이 아니라 독일은 독일식으로 프랑스는 프랑스식으로 브라질은 브라질식대로 그리고 한국은 한국식대로 축구를 하고 있다. 다양하게 축구를 즐기고 있지만 축구의 보편적 규칙을 지키기만 한다면 어떤 나라가 왜 영국

---

1 『전국책』「제책」"臨淄之中七萬戶 …… 甚富而實, 其民無不吹竽, 鼓瑟, 擊筑, 彈琴, 鬪鷄, 走犬, 六博, 蹴鞠者."

식이 아니라 각자 자기 식으로 축구를 하더라도 그 누구도 항의하려고 하거나 심할 경우 제재하는 주체가 될 수가 없다. 누군가가 주체를 자처하려고 하더라도 아무도 그 권위를 인정하지 않을 것이다.

이제 대상을 바꾸어서 질문을 던져보자. "유학儒學은 누구의 것인가?" 기원을 아는 사람이라면 아주 당연히 "중국이요!"라고 대답할 것이다. 유학은 축구에 미치지 못하지만 동아시아를 넘어서 서서히 세계로 확산되고 있다. 이런 상황에서 다시금 사람들에게 "유학은 누구의 것인가?" 아니면 시제를 바꾸어 "유학은 누구의 것일까?"라고 묻는다면 당사자는 어떻게 대답할까? 선뜻 세계인의 것이라고 말하기가 쉽지 않다. 축구처럼 "세계인의 것이요!"라고 자연스럽게 대하는 것을 가로막는 뭔가가 있는 듯하다.

유학은 전근대에 이미 중국의 범위를 훌쩍 벗어나 동아시아의 공유 자산 또는 보편 문명(문법)이라는 지위를 획득했다. 이러한 특성으로 인해 동아시아는 세계 문화의 권역별 분류에서 '유교 문화권'으로 불린다.[2] 물론 유교가 현대 사회에서 동아시아의 공통분모로서 어떤 결속력, 공동 가치를 상징하는지 이견이 있을 수 있다. 하지만 유학은 동아시아를 다른 지역 공동체와 구별 짓는 하나의 요인임을 부정할 수는 없을 것이다. 이런 점을 받아들여, '유학'이라고 하면 그 앞에 어떤 한정어도 붙이지 않고 너무나도 당연히 중국적인 것이라고 할게 아니라, 한국 유학, 일본 유학, 베트남 유학이 가능함을 알아야 한다. 그리고 또 실제로 그렇기도 하다.

최근 미국 보스턴 대학의 네빌은 유학이 서양의 관점에 성공적으로 적용할 수 있고 또 중국의 문화와 전통에 한정될 필요가 없다고 주장하면서 'Boston Confucians' 또는 'Boston Confucianism'의 기치

---

2 헌팅턴은 그의 출세작이 된 『문명의 충돌』에서 일본을 유교 문명권에 넣지 않고 별도의 문명으로 분류하고 있다. 이희재 옮김, 『문명의 충돌』, 김영사, 1997 참조.

를 내걸었다. 이러한 사고의 밑바탕에는 플라톤과 기독교가 그리스와
유대인의 뿌리를 넘어서서 외부 세계로 확장되어 삶의 제도로 자리
잡았던 전례를 상정하고 있는 것이다.[3]

　이런 맥락에서 보면 오늘날 유학은 중국의 기원설과 문화권의 분
류 가치를 부정하지 않으면서, 즉 민족성과 지역성을 넘어서 세계성
을 확보할 수 있는 방향으로 나아가고 있다고 할 수 있다.[4] 이 글에
서는 바로 현대 유학의 연구가 중국성과 동아시아성을 넘어서야 하는
지에 대해 더 이상 미룰 수 없는 임계 상황에 도달했다는 점에서 출
발하고자 한다. 나아가 유학이 탈중국화를 해야 한다면, 그 방향이
인성 유학을 넘어서 인권 유학으로 나아가야 한다는 점을 논의하고자
한다. '인성'을 유학 또는 성리학의 유일한 정체성으로 보는 입장에서
이 글의 논의는 이질감과 당혹감을 줄 것이다. 하지만 조선시대에서
유학을 연구하는 것과 21세기에서 유학을 연구하는 것이 같을 수 없
으므로 이에 대한 논의가 반드시 있어야 한다. 다른 시대에 있으면서
같은 텍스트를 같은 방식으로 읽는다면 과거의 확장일 뿐 현재의 대
응이라고 할 수가 없다.

---

3 Robert Neville, *Boston Confucianism*, Albany, NY: State University of New York
Press, 2000. 이 책의 서평으로는 Bryan W. Van Norden, Reviews of *Boston
Confucianism, Philosophy East & West*, 53(3)(July 2003): 413~417쪽 참조. 네빌의
'초월성' 개념에 대한 연구로는 김성원, 「보스턴 유교Boston Confucianism의 초월
성 개념에 관한 연구」, 『종교연구』 47, 2007 참조. 보스턴 유학의 연구 경향에 대해
삶의 맥락을 떠난 유학이 과연 진정한 유학일 수 있는가, 유학이 특정 역사 시기를
넘어선 보편성을 가지고 있는가와 관련해서 반론이 제기될 수 있을 것이다.

4 마침 2013년 7월 27일 성균관대학교에서 개최된 〈國際儒學硏究 Consortium 籌備會
議〉에서 로저 에임스Roger Ames는 회의 취지문에서 유학은 세계적인 문화 자산이
자 세계의 문화로 성장하고 있고 또 변신해야 한다고 주장했다. "베토벤은 '독일
사람들이 듣기 좋아하는 음악'이 아닌, 세계의 음악이다. 마찬가지로, 유학은 중국이
나 동아시아만의 것이 아닌, 우리 시대의 긴급한 문제들에 부응할 수 있는 세계적인
문화자산으로 빠르게 자리매김하고 있다. 유학은 세계의 문화로 새롭게 부각되고
있다"(자료집, 2, 4, 6쪽).

19~20세기의 유학은 중국을 포함해서 동아시아의 근대 전환을 막은 또는 방해한 요인으로 지목되었다. 즉 낙후되어 폐기되어야 할 무용지물이었다. 유학은 자체적으로 자기 변신의 동력을 찾을 기회를 갖지도 못한 채 폐기물의 목록에 올라 있었던 것이다. 21세기에 이르러 유학은 동아시아의 경제 성장과 민주주의 신장의 동력으로 재평가되고 있다. 유학에 대한 평가가 극에 극으로 바뀐 셈이다. 유학은 19~20세기의 급변하던 상황과 달리 차분하고 진지하게 자기 변화의 방향을 모색해야 할 상황에 놓인 것이다. 19~20세기의 변화는 강요된 요구였던 반면 21세기의 변화는 자발적 노력이라는 점에서 차이가 있다고 할 수 있다. 이 글에서는 앞으로 21세기 체제의 신유학은 먼저 탈중국화의 방향으로 나아가면서 인권 유학 지향해야 한다는 점을 논의하고자 한다.

2. 중국 '기원'론의 한계와 모순 – 한국과 중국의 충돌 경험을 중심으로

현대사에서 한국과 중국은 5차례에 걸쳐서 충돌을 겪었다. 첫째, 두 나라는 1950~1953년의 한국 전쟁에서 적대국으로서 충돌한 적이 있다.(군사 충돌) 둘째, 중국은 덩샤오핑이 1978년에 대중적인 계급투쟁에서 개혁개방으로 정책을 바꾸면서 연 10% 이상의 고도성장을 일구었는데, 그 이후로 두 나라는 교역 규모에서 매년 신기록을 세우고 있지만 국제 무역의 경제 분야에서 경쟁국으로서 첨예하게 맞서고 있다.(경제 충돌)[5]

---

5 대한상공회의소가 2012년 8월 22일 발표한 '통계로 본 한중 수교 20주년' 보고서에 따르면 교역량이 1992년에 63억 8000만 달러에서 2011년에 2206년 2000만 달러로

셋째, 중국이 2001년에 연구하여 2002년부터 추진한 '동북공정東北
工程'[6]으로 인해 두 나라의 역사(영토) 인식이 정면으로 충돌했다. 특
히 고구려와 발해 등 고대사에 대한 소유권은 앞으로도 지속적인 현
안으로 남아서 갈등의 씨앗이 될 것이다. 아울러 중국은 2013년 11월
에 이어도를 방공 식별 구역에 포함시켜서 한중韓中 사이 새로운 영
토 분쟁의 씨앗을 뿌리고 있다.[7] 동북공정은 현재 시점을 기준으로
해서 자국 안에서 전개된 모든 역사를 중국의 역사로 간주하여 정리
하는 프로젝트라고 할 수 있다. 아울러 남북의 통일 이후에 펼쳐질
영토 문제를 사전에 대비하려는 포석으로도 볼 수 있다. 이 소식이
알려진 뒤 한국은 고조선, 고구려, 발해사에 대한 연구를 체계적으로
수행하기 위해서 동북아 역사 재단을 출범시켰다.(역사 충돌) 넷째, 강
릉 단오제가 유네스코로부터 2005년 11월 25일 인류구전 및 무형 유
산 걸작으로 등재되면서 문화 전쟁이 시작되고 있다.(문화 충돌)[8]

35배 가까이 늘었다고 한다. 20년 사이에 한중교역이 없었더라면 한국은 매년 16억
달러(1조 8152억 원) 적자를 냈으리라고 보았다. 이렇게 보면 중국은 한국 경제의
버팀목이라고 할 수 있다. 적성국가에서 핵심 교역 파트너로 엄청난 변신을 해냈다
고 할 수 있다. 『동아일보』 2012년 8월 23일 기사.

6 동북공정은 '東北邊疆歷史與現狀系列研究工程'이라는 긴 명칭 줄임말이다. 우리말
로 옮기면 '동북 변경 지역의 역사와 현상에 관한 체계적인 연구 과제(프로젝트)'라
고 할 수 있다.

7 중국은 센가쿠(중국명 댜오위다오) 중국 국방부는 "국가 주권과 영토 안전을 도모하
고 항공 질서를 유지하려고 국제통행법에 따라 방공식별구역을 선포한다. 23일 오
전 10시부터 시행에 들어간다"라고 발표했다. 중국 국방부는 "이 구역을 지나는 항
공기는 중국에 국적과 비행 계획 등을 사전에 통보해야 하며 수시로 중국 국방부와
무선통신 등으로 연락을 주고받아야 한다. 이를 어길 경우 즉시 감시ㆍ통제 조처를
취할 수 있다"라고 밝혔다.(『한겨레』 2013.11.25일자) 미국은 즉각 중국의 조치가
역내의 안정을 위협한다는 성명을 발표했다. 한중일은 여전히 근대국가의 영토 설
정을 두고 현재 진행형의 갈등을 벌이고 있는 것이다.

8 한국이 2005년에 강릉 단오제를 유네스코에 인류 무형 유산으로 등재하자 중국은
이에 뒤질세라 자국의 무형 유산을 조사 정리한 뒤에 2011년에 조선족을 내세워
아리랑을 국가급 무형 유산으로 등재했다. 이 소식을 접한 한국은 이전부터 추진해

다섯째, 북한 핵무기가 넓게는 세계 평화 좁게는 한반도 평화에 큰 어두움을 드리우고 있다. 한반도를 둘러싼 미·일·중·러는 각자의 전략과 이해타산에 따라 북한 핵 문제를 푸는 노력을 하고 있다. 최근 북한의 핵무기와 미사일 개발이 속도를 내게 되자 한국과 미국은 사드(THAAD, Terminal High Altitude Area Defense) 배치를 통해 핵 위협을 사전에 차단하려고 했다. 이에 중국은 사드 배치가 자국의 안정에 방해가 된다며 반대 입장과 철회를 요구하며 공식적으로 부인하면서도 현실적으로 1년 넘게 경제 제재를 실시했다.(군사와 경제 충돌) 그 결과 서울 명동을 비롯하여 중국인으로 넘쳐나던 거리가 한산해질 정도로 갈등의 골이 심해졌다. 문재인 정부가 들어서고 6개월이 지나고 19차 당 대회 이후 시진핑의 집권 2기가 시작되자 갈등의 해빙 조짐이 나타나고 있다.

다섯 차례 충돌은 각각 다른 얼굴을 갖는다. 군사 충돌에서 중국은 북한의 동맹국으로 항미원조抗美援朝를 내세우며 한국 전쟁에 참전했지만 한국과 중국은 이 일로 인해 관계의 전면적인 단절 상태에 놓였다.[9] 이때부터 1992년에 수교를 맺기까지 두 나라는 오랫동안 우의를 유지해온 한중 교류의 역사상 전례가 없을 정도로 대치 상태에 있었다. 체제상의 차이로 양국의 관계가 악화될 수는 있지만 당분간 다시 1950~1992년의 상황으로 돌아갈 가능성이 드물어 보인다. 아울러 두 번째에서 중국과 한국은 상호 이해에 따라 충돌하기도 하면서 협력하기도 한다. 양국 경제의 상호 의존도가 심해지면서 일시적인 악화가

온 정선아리랑의 인류 무형 유산 등재 시도를 확대하여 2012년 12월 5일에 아리랑을 인류 무형 유산으로 등재하기에 이르렀다.

9 최근의 보도에 따르면 중국의 젊은 층을 중심으로 참전을 '항미원조'라는 교과서적인 사고보다 '소련을 위한 아르바이트'로 생각하는 움직임이 있다고 한다.(『중앙일보』 2013년 7월 29일 1면) 이제 역사를 선악 구도가 아니라 기능주의로 바라보는 점에서 흥미를 끈다고 할 수 있다.

있을지라도 완전한 단절은 엄청난 희생을 요구하는 만큼 비현실적이라고 할 수 있다.

이렇게 보면 첫 번째와 두 번째의 충돌은 정점을 지나서 내리막길에 있다고 할 수 있다. 그렇다면 한중의 관계는 앞으로 별다른 위기를 겪지 않고 탄탄대로를 걸어가게 될까? 아직 양국의 관계를 악화시킬 변수가 완전히 사라졌다고 할 수 없다. 세 번째와 네 번째 그리고 다섯 번째 충돌에서 보이듯 역사와 문화 그리고 경제와 군사 충돌의 가능성은 불씨가 꺼지지 않아 언제 다시 타오를지 모르는 내연內燃 상태라고 할 수 있다. 백두산의 화산 폭발 가능성처럼 양국 관계의 불안 요인이 완전히 꺼진 사화산이 아니라 언제 터질지 모르는 휴화산이라고 할 수 있다.

2005년 강릉 단오제의 등재 과정에서 중국의 정부와 애국 시민들은 "단오端午가 중국에 기원을 두고 있으므로 한국이 자국의 이름으로 인류 무형 유산에 등재하는 것이 옳지 않다."라는 주장을 피력했다. 사실 강릉 단오제는 이름에 '단오'라는 말을 사용하지 있지만 중국에 기원을 둔 '단오'와 완전히 다르다. 중국 기원의 단오는 일종의 세시 풍속의 절기 행사에 한정된다면 강릉 단오제는 지역의 문화 축제이기 때문이다.[10] 즉 이름은 같지만 내용이 다른 '동명이의同名異義' 또는는 '동음이의同音異義'인 셈이다.

그럼에도 불구하고 기원이 중국이니까 중국이 인류 무형 유산의 등재 주체가 되어야 한다거나 공동으로 등재해야 한다고 한다면, 기원만으로 모든 권리를 배타적으로 향유할 수 있고 또 향유해야 한다

---

10 강릉 단오제의 특징에 대해 많은 연구가 있다. 체계적이며 학술적인 논의로 황루시, 「강릉 단오제 전승에 관한 검토」, 『인문학연구』 17, 2012 참조. 간단한 설명은 우리나라 문화재청 홈페이지의 문화유산정보 메뉴를 보면 알 수 있다. (http://www.cha.go.kr/cha/idx/SubMain.do?mn=NS_04.)를 보라.

는 것을 주장하게 된다. 기원은 이후의 전개를 구속하며 새로운 전개를 낳는 원인이기 때문에 그에 상응하는 특권을 누리고 있다. 기원이 이후에 전개될 모든 가능성을 함축하고 있지 않다는 점에 새로운 이질적 전개를 배제할 수 없다. 강릉 단오제가 바로 이러한 사례라고 할 수 있다. 내용을 따져보지도 않고 이름이 같다는 이유만으로 기원의 특권을 요구할 수는 없는 것이다. 모든 상황에서 예외 없는 기원의 특권을 요구한다면 그 기원은 인류 문화의 다양성을 낳은 시원이 아니라 그것을 해치는 방해 요인으로 전락하게 될 것이다.

이러한 맥락에서 21세기 유학의 전개 방향을 새롭게 검토해볼 만하다. 2002년 역사 충돌과 2005년 문화 충돌이 있기 전에 "유학은 누구 것인가?"라는 질문은 어리석은 물음이었다. 이미 답이 정해져 있으므로 "당연한 것을 왜 물어?"라는 시큰둥한 반응이 나올 뿐이었다. 하지만 2002년과 2005년의 충돌 이후에 "유학은 누구 것인가?"라는 똑같은 질문을 한다면 이제는 다른 태도와 다른 대답이 나올 가능성이 생겨나게 되었다. 이런 맥락에서 보면 다섯 차례의 충돌 중에서 문화 충돌은 유학儒學의 소유권 물음과 관련해서 시사하는 바가 적지 않다고 할 수 있다.

유학이 중국에서 기원했으므로 "유학은 누구 것인가?"라는 물음에 대해 "중국이요!"라고 대답할 수 있다. 하지만 유학이 중국에서 생성된 이래로 동아시아로 전래되어 삶의 제도가 되고 또 세계로 확산되어 인류 문화의 일원이 되고 있는 즈음에서 여전히 중국의 것이라고 할 수 있을까? 계속 중국의 것이라고 하게 되면 유학은 자체의 덫에 걸리게 된다. 유학은 중국에서 기원을 한 역사와 문화의 문맥에서 철저하게 구속되어 지역적 특성과 특수한 가치를 벗어나지 못하게 된다. 유학이 중국의 것으로부터 벗어나지 못하면 중국의 빛나는 문화유산이 되고 중국이 만들어낸 세계의 문화유산 중의 하나가 될지언정 세계가 공유하는 인류의 문화유산이 될 수가 없는 것이다.

이런 측면에서 우리는 21세기 유학의 나아갈 길이 여전히 역사와 문화에 구속된 맥락 의존적 특성에 머물 것인지 아니면 맥락 의존적 특성을 벗어날 것인지 갈림길에 서 있다고 할 수 있다. 전자는 유학을 지나간 역사의 유물로 만드는 것이고 후자는 펼쳐질 역사의 자원으로 될 것이다. 이런 측면에서 나는 후자의 입장에서 서서 유학의 '탈중국화'야말로 세계성을 갖는 길이라고 생각하는 것이다.

3. 유학 전개의 시기 구분과 체제 구분

유학 전개는 중국 내부를 중심으로 설명할 수도 있고 중국의 내외를 공동으로 설명할 수도 있다. 지금까지 유학의 전개를 기원론에 근거해서 당연히 중국 내부를 중심으로 설명해왔다. 21세기 유학의 나아갈 방향을 재설정해야 하는 측면에서 볼 때 중국 중심의 시기 구분은 더 이상 타당하지 않다고 할 수 있다. 중국을 포함해서 주위의 나라와 세계가 유학과 관련해서 연관성을 맺으면서 어떤 구속성을 받는지 설명하려면 체제론을 도입하지 않을 수가 없다.[11]

1) 시기 구분론

우리는 춘추시대의 역사적 인물로서 공자가 일구어낸 학문적 성취를 유학儒學 또는 유교儒教로 부른다. 사실 공자는 자신의 학문 행위와 그 성취를 '유학儒學'으로 규정한 적은 없다. 『논어』 「옹야」의 "자

---

11 이 글은 「人文(人權) 儒學으로서 21세기 동아시아학의 성립 가능성 모색 : 儒學, 聖學 · 道學, 中華學, 國學의 궤적과 함께」, 『대동문화연구』 제81집, 2013, 459-510쪽과 성균관대학교 BK21 동아시아학 융합사업단 편, 「인권유학으로서 21세기 동아시아학의 성립 가능성 모색」, 『학문장과 동아시아』, 성균관대학교 출판부, 2013, 70~128쪽의 논지를 바탕으로 삼으면서 새로운 논의를 보충하고 있는 꼴이다.

네는 군자 유가 되어야지 소인 유가 되어서 안 된다!"라고 한 말을 보면 두 가지 사실을 알 수 있다. 우리는 먼저 공자가 자신과 유儒의 연관성을 인지하고 있었고 다음으로 그가 그 유儒의 방향 전환을 추구하고 있다는 점을 알 수 있다.[12]

이 이외에도 유학의 가치에 동조하여 연구하고 실천하는 사람을 유가儒家, 유림儒林, 유자儒者, 유학자儒學者 등의 명칭이 있다. 이들 용어는 동아시아에서 별다른 문제를 일으키지 않는다. 물론 조선시대의 유학자들은 지리적으로 중국의 동쪽에 있다는 점에서 스스로 '동유東儒'라는 자의식을 가지고 있었다.[13] 이런 자의식을 주목하면 앞서 살펴본 'Boston Confucianism'처럼 오늘날 전에 없었던 새로운 '○儒', 예컨대 서유西儒, 신유新儒 등이나 '○ Confucianism', 예컨대 Paris Confucianism 등의 조어造語와 분화分化가 얼마든지 가능하다고 할 수 있다.

전국시대 묵자와 순자의 공로로 '유학儒學' 또는 '유술儒術'은 공자의 학문적 성취와 그에 동조하는 활동을 가리키는 말로서 일반화되기 시작했다.[14] 그 뒤 『한서』와 『후한서』에서 일군의 학자와 그 활동을 「유림열전儒林列傳」에서 수집하여 배치하면서 '유학'과 관련 어휘군은 창시자로서 공자와 그 추종자의 관계를 정식화하며 정착되게

---

12 『논어』「옹야」13(134) "子謂子夏曰 : 女爲君子儒, 無爲小人儒!"

13 이러한 자의식은 朴世采(1631~1695)의 『東儒師友錄』과 宋秉璿(1836~1905)의 『淇東淵源錄』을 거쳐서 河謙鎭(1870~1946)의 『東儒學案』에 이르러 정점에 이르게 되었다. 마지막은 임옥균·조장연 외 옮김, 『증보 동유학안』, 나남출판, 2008에 번역되었다. 흥미롭게도 중국에서 '東儒'는 지명으로 쓰인다. 이와 관련해서 http://jsnews.zjol.com.cn/jsxww/system/2011/01/28/013203862.shtml 참조.

14 묵자와 순자는 같은 말을 다른 맥락에서 사용했다. 묵자는 공자와 유술儒術의 가치를 비판하는 맥락에서 순자는 공자와 유술의 가치를 계승하는 맥락에서 사용했다. 이와 관련해서 신정근, 「人文(人權) 儒學으로서 21세기 동아시아학의 성립 가능성 모색: 儒學, 聖學, 道學, 中華學, 國學의 궤적과 함께」, 『대동문화연구』 제81집, 2013, 465~469쪽 참조.

되었다.[15]

이렇게 유학이 공자가 일군 학문적 성취만이 아니라 그 계승자들의 학문을 포괄적으로 지칭하게 되었지만 시대마다 다른 특성을 드러낼 수밖에 없다. 계승자들이 처한 시대 상황과 문제의식이 다르면서 그들만의 활동을 펼치게 되었기 때문이다.[16]

예컨대 춘추전국 시대를 통일한 진 제국은 자유로운 학문 활동이 정치적 안정과 정책의 권위에 부정적 영향을 준다고 판단해서 학문 활동에 상당한 제약을 가하게 되었다. 분서갱유焚書坑儒와 협서율挾書律 등은 바로 이러한 제약의 실체를 상징적으로 보여준 사건이다. 아울러 진 제국의 붕괴 과정에서 아방궁에 보관된 황실 도서가 대부분 소실되었다.

한 제국의 유가는 법률, 전쟁, 방화 등으로 인해 텍스트가 사라진 상황을 맞이하여 텍스트 복원에 열을 올렸다. 텍스트 복원 과정에서 금문今文 경학과 고문古文 경학의 대립이 있었지만 그들은 '춘추결옥春秋決獄'이라는 말처럼 모두 육경六經과 공자의 말씀을 현실을 규제하는 기준으로 적용하고자 했다. 한의 유가는 텍스트의 생산보다는 텍스트의 해석과 적용에 열을 올렸다.

당唐 제국에 이르면 유학은 이전처럼 주도적 지위에 있지 못하고 도교道敎, 불교佛敎와 한편으로 경쟁하는 삼교三敎 정립의 양상을 보이면서 다른 한편으로 종합화되는 삼교 합일의 양상을 보이게 된다.

---

15 漢 제국의 등장은 학문장에 춘추전국 시대의 환경과 비교할 수 없는 커다란 변화를 불러일으켰다. 춘추전국 시대의 제자백가는 정부와 정치 지도자로부터 상대적으로 자유로운 상태에서 개성 있는 학문 활동을 만끽했다면 한 제국 이후 학자는 고대 문화와 공자의 학문을 계승하는 열성적인 탐구자이면서도 정부에 소속된 관료라는 이중적 특성을 지니게 되었다.

16 이와 관련해서「중국 철학사 새롭게 바라보기 : 타자와 디아스포라에 내몰린 문화 정체성의 끊임없는 재구축 여정」, 신정근, 『철학사의 전환』, 글항아리, 2012, 14~49쪽 참조.

학자는 사회적 실천 또는 사회적 이상의 실현과 관련해서 분화가 발생했다. 즉 장기간의 과거 준비 기간을 거쳐서 관료로 데뷔하여 기량을 펼치는 유형도 있지만 개인적 사회적 이유로 관직에 나가지 못하거나 나가더라도 미관말직을 전전하는 유형도 있었다. 전자는 현실 정치를 성공적으로 운영하는 시스템에 관심을 두었고, 후자는 회재불우懷才不遇의 정서를 문학과 예술 작품으로 표현해냈다.

송명宋明 시대는 한족과 비한족의 대결로 인해 문화 정체성이 심각하게 위협받았던 상황을 치유하고 극복하기 위해서 인간의 심성 문제에 천착하게 되었다. 송명의 유학자들은 내면의 성찰과 수양을 통해 사람이 비도덕적 광기와 욕망에 휘둘려서 삶을 위험하게 만드는 일을 근원적으로 일으키지 않게끔 도덕 체계를 수립하고자 했다. 청淸 제국은 송명 성리학의 주관주의 경향과 달리 회의할 수 없는 가장 확실한 근거의 확립에 초점을 두었다. 이로 인해서 이전까지 주목받지 못했던 음운, 음성의 언어학만이 아니라 송명 이전의 객관적 학문 정신을 회복하고자 했다.

우리는 공자의 '유학'과 그 이래로 전개된 유학의 양상을 원시 유학, 한의 훈고학訓詁學, 당의 사장학詞章學, 송명의 성리학性理學, 청의 고증학考證學 등으로 분류한다. 이러한 분류는 중국 유학의 형성과 전개를 설명하는 가장 보편적인 틀로서 널리 받아들여지고 있다. 이를 분기分期로 말한다면 유학 5기라고 할 수 있다. 물론 현대의 연구자들이 유학의 전개를 3기나 4기로 구분하기도 한다. 예컨대 뚜웨이밍 등은 유학의 전개를 원시(공맹) 유학, 송명 성리학, 현대 신유학의 3기로 분류한다. 리쩌허우는 3기에 한당 유학을 보충하여 4기로 분류한다.[17] 3기설은 유학의 정체성을 심성 위주로 파악하려는 데에

---

17 유학 3기설은 성균관대학교 학이회, 『유학 제3기 발전에 관한 전망』, 아세아문화사, 2007 참조. 유학 4기설은 리쩌허우, 노승현 옮김, 『학설』, 들녘, 2005 참조.

특징이 있다. 4기설은 유학을 문화 심리로 읽어내면서 심성 위주의 독법에서 묻혀 있었던 순자荀子와 한당漢唐 시대 유학자의 가치를 복권시키고 있다.

전체적으로 보면 유학의 형성과 전개 과정을 몇 가지로 시기 구분을 하면 유학의 특성이 시대와 더불어 어떻게 변화 발전되었는지를 잘 보여주고 있지만 결국 중국 이외의 세계가 유학을 어떻게 수용하여 변화 발전시켰는지 설명해낼 수가 없다. 따라서 유학의 전개를 중국을 넘어서 동아시아 또는 세계의 맥락에서 설명하려면, 기원의 특권을 주장하는 중국의 일국 중심론을 벗어날 수밖에 없다.

2) 체제 구분론

'유가'와 '유학'은 영어로 표기하면 Confucian, Confucianism이 된다. 의미상으로 유학과 Confucianism은 동의어로 알려져 있지만 초점이 다르다. 전자는 공자 개인으로 환원되지 않는 역사적 집단으로 유儒의 학문이 부각된다. 반면 후자는 실제로 공부자孔夫子를 Confucius로 표기하게 된 관행에 연원하고 있고, 또 공자교孔子敎를 의미할 정도로 공자 개인이 부각되고 있다. 또 전자는 유학을 공자가 자기 이전에 있었던 유儒의 문화 전통을 계승 발전시킨 역사성이 드러날 수 있지만 후자는 이전보다 공자에서 시작되었다는 개인성이 드러날 수 있다. 따라서 영어로 표기될 때 유학儒學이 현대 중국어 발음대로 '루쉐'가 되어야 할지 아니면 Confucianism이 되어야 할지 문제가 될 수가 있다.(한국어에서 '유학'으로 읽고, 일본어에서 '주가쿠'로 읽는다.)

우리는 동일한 학문 대상에 대해 다른 이름이 나타나는 현상을 어떻게 이해해야 할까? 유학이 중국 안에만 있다면 유학과 Confucianism처럼 이명동실異名同實, 이의동실異義同實 현상이 생겨날 리가 없다. 유학이 중국이 아닌 다른 공간 세계로 진입하게 되면 새로운 명명(작명) 과정을 통해 새로운 이름으로 갈아입게 된다. 유학이 중국 안이든

밖이든 기원과 다른 시간 세계로 진입하게 되면 새로운 이름으로 갈아
입었다. 유학이 전근대에서 근대로, 근대에서 21세기의 지식 정보화와
세계화라는 획기적인 전환의 시대로 나아가려면 새로운 이름을 필요
로 할 수밖에 없다.

우리는 이제 중국이라는 일국 중심이 아니라 세계적 차원에서 유
학의 형성과 전개 과정을 살펴보고 21세기 유학의 새 이름을 탐구해
보기로 하자.

공자가 BC 6세기에 전통적 유儒 집단의 학문을 비판적으로 계승하
면서 군자유君子儒, 즉 유학을 창시했다. 이 당시 공자는 이민족과 야
심가의 공격으로 기울어져가는 주 왕실을 수호하기 위해서 존왕양이
尊王攘夷의 기치를 내걸면서 사회 질서의 중심을 맡은 군자의 도덕적
소양을 강조했다. 이 유학은 공자의 노력과 바람에도 불구하고 황하
하류 지역에 위치한 노魯나라에 한정된 지역학의 지위를 벗어나지 못
했다.

BC 6세기 체제의 유학은 한 제국의 등장으로 인해 변화를 겪지만
근본적으로 달라지지 않는다. 즉 유학은 지역학에서 전국학으로 지
위가 크게 바뀌면서 연구와 확산의 환경이 호전되고 안정되었지만
사회 질서의 수립을 근간으로 한다는 점에서 별다른 차이를 보이지
않았다.

위진남북조, 수당, 오대십국을 거치면서 한족은 장기간 중원 지역
을 떠나 있어야 했는데, 송은 잃어버린 고토故土를 회복하고 상처받
은 문화의 자존심을 회복하게 되었다. 이러한 상황에서 유가는 치술
治術에 치우친 BC 6세기 체제의 경향을 벗어나서 학문과 수양을 통
해서 내성외왕內聖外王의 도덕 이상을 실현하고자 했다. 유가는 더
이상 초월적 성인을 모방만 하는 것이 아니라 내 마음의 성선을 왜
곡 없이 실현하여 스스로 성인이 되고자 했다. 이로써 유학은 전과
다른 성학聖學과 도학道學의 이름으로 불리게 되었다. 아울러 한 제

국 이래로 유학은 전국학全國學의 지위를 발판으로 중국을 벗어나 동아시아로 확산되었고, 960년 체제에 이르러 보편학의 위상을 가지게 되었다.[18]

이러한 도학道學 용어는 원元의 탁극탁托克托이 편찬한 『송사宋史』 「도학전道學傳」으로 인해 널리 통용되게 되었다. 《이십오사二十五史》를 보면 17곳에서 「유림전儒林傳」 또는 「유학전儒學傳」을 두었지만, 『삼국지三國志』, 『송서宋書』, 『제서齊書』, 『위서魏書』, 『구오대사舊五代史』, 『신오대사新五代史』, 『요사遼史』, 『금사金史』에는 「유림전儒林傳」도 없다.[19] 『송사宋史』에만 「도학전道學傳」과 「유림전儒林傳」을 두고서 주렴계, 이정, 장재張載, 소옹邵雍, 이정二程 문인, 주희, 주희 문인의 학문을 '도학道學'으로 규정하면서 같은 시대의 다른 유학자와 구분하고 있다. 「도학전道學傳」에 따르면 도학道學 명칭은 없다가 이정(二程, 정호와 정이)과 주희朱熹의 학문 정체성을 지칭하기 위해서 만든 말이라고 한다.[20]

1644년에 역사와 문화에 변방에 있던 청이 중원中原만이 아니라 유럽을 아우르는 대제국을 이루면서 960년 체제의 사람들에게 공포와 희망을 느꼈다. 청의 강력한 군사력은 개별 국가의 안정에 두려움을 주었지만 그들이 짓밟은 중원의 문화 주권은 새로운 주인을 찾으리라고 보았기 때문이다. 청, 조선, 에도막부는 모두 문화 주권이 공

---

18 宋의 신유학이 지역학에서 전국적 학문으로 이어서 세계의 보편학으로 변모하는 과정과 관련해서 권중달, 「원조元朝의 유학정책과 원말의 유학」, 『인문학연구』 18, 1991 ; 권중달, 「원대의 유학과 그 전파」, 『인문학연구』 24, 1996 ; 권중달, 「주원장 정권 참여 유학자의 사상적 배경」, 『인문학연구』 14, 1987 ; 이기동, 『동양삼국東洋三國의 주자학』, 성균관대학교출판부, 2003 참조.

19 권중달, 「원조元朝의 유학정책과 원말의 유학」, 『인문학연구』 18, 1991, 156쪽.

20 『宋史』 「道學傳」 道學之名, 古無是也. 三代盛時, 天子以是道爲政教, 大臣百官有司以是道爲職業, 黨庠述序師弟子以是道爲講習, 四方百姓日用是道而不知. 是故盈覆載之間, 無一民一物不被是道之澤, 以遂其性. 于斯時也, 道學之名, 何自而立哉?

간과 종족을 초월해 있다는 주장을 통해 각자가 명을 계승한 유일한 문화 왕국이라는 점을 내세웠다.

17세기부터 서세동점西勢東漸이 시작되면서 동아시아를 비롯한 국제 정세는 이전 체제와 또 양상을 달리하게 되었다. 19세기가 되면 동아시아도 강력한 외부와 버거운 투쟁을 벌이면서 동시에 내부에서 치열한 경쟁을 벌이게 되었다. 일본이 메이지유신을 시발점으로 동아시아의 주도권을 장악하고서 서세에 대한 공동 대응을 명분으로 대동아공영大同亞共營의 기치를 내걸었다. 1894~1895년 청일 전쟁이 조선에서 벌어지면서 새로운 체제의 서막을 열었다. 이때 유학은 개별 국가의 생존과 자존을 지키는 이데올로기의 역할까지 나아가게 되었다. 유학은 국학國學의 이름으로 변신을 시도했던 것이다.

오늘날 지금도 1894~1895년의 국학 체제가 여전히 힘을 떨치고 있다. 동아시아의 각 국은 국학의 '진흥'이라는 명분 아래에 유학 연구를 진행하고 있다. 또 학자는 공자가 호학好學을 강조했음에도 불구하고 '국학國學 대사大師'가 되는 것에 대해 영광으로 여기는 실정이다.[21] 국학으로서 유학은 민족주의와 결합하여 국수주의, 즉 문화적 보수주의로 진행되는 선봉장 역할을 맡았던 것이다. 21세기에 이르러 세계화, 지식정보화가 진행되면서 국학으로서 유학은 변화를 요구받고 있다.

21세기 체제에서 유학은 충돌과 대립을 부추기는 국학의 시야를 넘어서 공존과 연대를 가능하게 하는 방식으로 현실 세계에 개입하게

---

21 중국의 검색 사이트(www.baidu.com)에서 '國學'을 검색하면 '國學大師名錄'이라 하여 명단이 열거되고 있다.(http://baike.baidu.com/view/2592.htm) 『논어』에 충실히 하는 한 호학好學 대사는 가능하지만 國學 대사는 불가능하다. 그럼에도 불구하고 최고의 학인을 낯 뜨겁게 국학대사로 예찬하고 있으니 안타까운 일이다. 『논어』에서 공자는 자신에 대한 어떠한 칭찬이나 호의적인 평가를 사양하지만 '好學'만은 사양하지 않을 뿐만 아니라 호학임을 자처했다. 『논어』「공야장」 29(121) 子曰 : 十室之邑, 必有忠信如丘者焉, 不如丘之好學也.

될 것이다. 이때 개입(동참)은 부당한 간섭이 아니라 인간의 정당한 권리를 실현하고 확장시키고자 하는 인류애의 형태를 띠지 않을 수 없다. 이런 맥락에서 21세기 체제의 유학은 인권 유학의 특성을 지니지 않을 수가 없다. 다음 절에서 21세기 체제에서 유학이 왜 인권 유학으로 거듭나야 하는지를 살펴보도록 하자.

전체적으로 보면 유학의 생성과 전개는 일국 중심의 흐름에서 탈피해 동아시아를 포함한 세계의 관점에서 재서술되어야 한다. 즉 원시 유학, 한의 훈고학, 당의 사장학, 송명의 성리학, 청의 고증학이라는 시기 구분론은 BC 6세기 체제의 유학, 960년 체제의 도학과 성학, 1644년 체제의 중화학, 1894~1895년 체제의 국학이라는 체제론으로 대체되어야 한다. 이때 유학이 중국사를 벗어나 세계사의 관점에서 공유자산으로 위상과 역할을 제고시킬 수 있기 때문이다.

4. 인성 유학에서 인권 유학으로

유학은 특히 960년 체제 이후로 사람의 심성에 바탕으로 도덕적 개인과 도덕적 사회를 일구려고 했다. 유학이 지배적인 교의의 자리를 차지하고 사람이 심성에 집중하더라도 도덕적 개인이 출현할 수 있지만 도덕적 사회의 등장을 확신할 수는 없다. 또 세속적 가치를 긍정하는 현대 사회에서 심성의 순수화는 도덕적 실패자를 낳을 수밖에 없다. 이러한 측면에서 21세기 체제 아래에서 유학은 변화의 길을 찾지 않을 수가 없다.

1) 인성 유학의 작동 체계

공자는 인성을 사회적 속성으로 보았지만 맹자는 성선性善을 도덕의 전제로 설정했다. 그 뒤로 도학道學과 성학聖學으로서 유학은 순자의 성악性惡에 대한 문제 제기에도 불구하고 맹자의 성선을 가장 근본적인 출발점으로 삼았다. 이러한 인간 이해는 자기 구속성을 가질 수밖에 없었다. 성선이 도덕적 전제임에도 불구하고 현실의 인간은 성선에 부합하는 행위를 하지 못할 뿐만 아니라 심한 경우 성선에 반하는 행위를 했다. 즉 인간은 성선의 존재이면서 성선대로 살지 못하는 불안한 상황에 놓이게 된 것이다.

사실 공자도 성선을 직접 말하지 않았지만 군자와 소인의 도식을 통해 상반된 행위를 하는 인간 유형을 구분한 적이 있다. 맹자도 성선을 주창했지만 사람이 성선대로 살지 않는 심리적 경향을 해명하기 위해서 대체大體와 소체小體를 구분한 적이 있다. 사람이 대체의 성향에 따르면 성선이 실현되지만 소체의 성향에 따르면 성선이 발현되지 않을 수 있는 것이다. 그 뒤에도 960년 체제의 성학과 도학에서는 본연지성本然之性과 기질지성氣質之性, 천리天理와 인욕人欲의 구분을 통해서 성선임에도 불구하고 성선대로 살지 못하는 인간의 특성과 그 한계를 지적했다.

성선의 발현이 가능하려면 어떻게 해야 할까? 결국 성선에 주목하지 못하게 하는 요소의 작용을 억제하는 전략을 채택할 수밖에 없다. 이 전략은 행위자가 자기 자신을 대상으로 삼아 내면의 흐름을 주시하여 천리이 인욕을 압도하도록 하는 '수양'을 통해 이루어진다. 이 수양은 천리를 늘 현재화시키고 인욕의 작용을 무화 또는 최소화시킨다는 '존천리멸인욕存天理滅人欲'의 구호로 귀결되었다.

960년 체제의 성학에서는 왜 천리와 인욕의 부드러운 동거를 기획하지 못하고 다소 자극적인 정도로 천리의 극대화와 인욕의 소멸화를 목표로 삼았을까? 인욕이 그만큼 천리에 대항할 만한 힘을 가지고 있고 또 인욕이 현실화되면 사회에 위험스러운 결과를 낳을 수 있다고 보았기 때문이다. 바로 이 지점은 다음에 살펴볼 인권 유학에서 인욕의 지위와 질적으로 구분되는 곳이라고 할 수 있다.

도대체 인욕의 정체가 무엇이기에 성학과 도학은 그에 대해 표현은 공세적이지만 실제는 수세적인 태도를 보이는 것일까? 인욕은 감각적 쾌락, 물질적 욕망을 가리키는데, 이들은 모두 배제적 소유를 특징으로 한다. 쾌락은 철저하게 '내'가 느끼는 것으로 누구와 함께 하기를 바라지 않는 것이며, 물질은 완전히 '내'가 가지는 것으로 누구와 나누기를 거부하는 것이다.

쾌락과 욕망이 소유의 배제적 특성만이 아니라 만족을 모르고 약탈로 이어지는 탐욕의 특징을 지니고 있다. 이러한 특징은 인성을 심리적으로 파악하면서부터 인식한 것으로 변함없이 줄곧 견지되었다. 왜 그렇게 쾌락과 욕망에 대해 전복적으로 사유하지 못했을까? 저低생산의 사회에서 한 사람이 탐욕을 부리게 되면 새로운 자원의 증식이 없는 한 약탈성을 피할 수가 없기 때문이다. 약탈성은 단순히 개인의 성향이 표출되는 것으로 끝나지 않고 계급적 특권에 따라 각자의 몫을 결정해놓은 사회 질서와 충돌하게 되는 것이다.[22]

우리는 쾌락과 욕망의 배제성과 약탈성을 『맹자』의 제일 첫 구절을 통해서 여실히 확인할 수 있다. 맹자는 자신의 이상을 펼치기 위해서, 과거 진秦 나라에 맞설 정도였다가 당시 국세가 줄어든 양梁 나라 혜왕을 찾아갔다. 혜왕은 그와 첫 만남에서 다짜고짜 "어떻게 하면 내 나라의 이익을 가져올 수 있습니까?"라는 질문을 던졌다.[23] 맹자는 혜왕의 간절한 바람과 달리 이익의 추구가 가져올 수 있는 위기 상황을 말하고 있다. 이익에 근거하면 모든 관계가 상호 정복적 상황으로 이어지게 되고 최종적으로 부모와 자식이라는 가장 근본적인 인

22 신정근, 「유교 지식인의 '사회' 개선의 의의」, 『동양철학연구』 제26집, 2001; 신정근, 「사익 추구의 정당성 : 원망의 대상에서 주체의 일원으로」, 『동양철학』 제32권, 2009 참조.
23 『맹자』 「양혜왕」 상 1 : 孟子見梁惠王. 王曰 : 叟! 不遠千里而來, 亦將有以利吾國乎?

룬마저 저버리는 파국을 초래하게 된다는 것이다.[24] 맹자의 대답과 시대 상황을 연관시키지 않고 추상적으로 읽으면 맹자는 이익의 추구를 무조건적으로 부정하는 극단적인 인물로 보일 수 있다. 이익의 추구가 상호 정복이라는 약탈적 상황으로 진행되지 않도록 하는 법질서가 없는 상태에서 맹자의 주장은 불가피한 선택이라고 할 수 있다. 이는 공정한 경쟁을 외치는 현대 자본주의 사회에서도 공정 거래가 현실에서 정착되기가 얼마나 어려운지 안다면 맹자가 왜 이익의 추구에 제동을 걸려고 했는지 다소나마 이해할 수 있을 것이다.

맹자가 이익의 위험성을 과도하게 강조하는 것이 아니라 그 시대가 그만큼 이익의 추구가 낳는 결과를 흡수할 수 없다는 것을 보여준다. 쾌락과 욕망, 특히 물질적 소유의 위험에 얼마나 예민하게 반응했는지 유가는 군주와 같은 리더는 '리利'라는 말을 하는 것을 금시기할 것을 요구할 정도였다.[25]

이러한 상황에서 960년 체제의 성학과 도학에서는 사람이 사회 질서의 파괴로 이어질 수 있는 쾌락과 욕망을 억제하여 그로부터 해방되는 인간, 즉 성인이 되기를 요구했던 것이다. 이러한 요구는 이이의 『격몽요결擊蒙要訣』에서 잘 드러나고 있다.

  "선천적으로 타고나는 사람의 외모의 경우 추한 것을 예쁜 것으로 바꿀 수 없고, 힘(체력)도 약한 것을 강한 것으로 바꿀 수 없고, 키도 작은 것을 큰 것으로 바꿀 수 없다. 이것은 이미 정해진 몫이 있기 때문에

---

24 『맹자』「양혜왕」상 1 : 子對曰 : 王! 何必曰利? 亦有仁義而已矣. 王曰何以利吾國, 大夫曰何以利吾家, 士庶人曰何以利吾身, 上下交征利, 而國危矣. 萬乘之國, 弑其君者, 必千乘之家. 千乘之國, 弑其君者, 必百乘之家. 萬取千焉, 千取百焉, 不爲不多矣. 苟爲後義而先利, 不奪不厭. 未有仁, 而遺其親者也. 未有義, 而後其君者也. 王亦曰仁義而已矣, 何必曰利?

25 신정근, 『동중서 : 중화주의의 개막』, 태학사, 2004 참조.

고칠 수가 없다. 하지만 오직 마음과 뜻의 경우는 그렇지 않다. 어리석은 것을 지혜로운 것으로 바꿀 수 있고, 못난 것을 현명한 것으로 바꿀 수 있다. 이것은 텅 비어 있지만 영명한 마음이 타고난 기질에 영향을 받지 않기 때문이다. 사람은 지혜로운 것보다 더 아름다운 게 없고 현명한 것보다 더 귀한 것이 없다. 그럼에도 불구하고 사람들은 왜 괴롭게도 현명하고 지혜로운 사람이 되지 못하고, 하늘로부터 타고난 본성을 훼손하고 깎아내고 있는가?"[26]

이이는 '이미 정해진 몫', 즉 이정지분已定之分을 변화시키는 어떠한 기도와 노력을 긍정적으로 고려하지 않는다. 반면 '하늘로부터 타고난 본성', 즉 천소부지본성天所賦之本性의 보호와 계발에 진력할 것을 요구하고 있다. 사람의 욕망과 쾌락에 대한 인성 담론의 대응은 사전 예방적이고 근본적이기는 하다. 하지만 대량 생산과 과소비의 사회에서 인성 담론의 대응은 적실성을 가지지 못한다고 할 수 있다.

2) 인권 유학의 정위

오늘날 한국 사회는 성형 중독의 현상을 보일 정도이다. 하지만 성형은 나에게 지금 없는 아름다움을 가지려고 하는 욕망이다. 이 욕망이 위험할 수는 있지만 부당하다거나 잘못되었다고 말할 수 없다. 또 우리가 내면의 아름다움이 갖는 가치를 말하면서 성형을 원하는 사람을 말릴 수 있다. 하지만 성형을 바라는 사람이 자신이 '결여된' 아름다움으로 인해 얼마나 고통을 겪고 기회를 박탈당했다고 항변한다면 그 욕망을 반대할 수가 없다.

---

26 『격몽요결』 「立志」: 人之容貌, 不可變醜爲姸, 膂力不可變弱爲强, 身體不可變短爲長, 此則已定之分, 不可改也. 惟有心志, 則可以變愚爲智, 變不肖爲賢, 此則心之虛靈, 不拘於稟受故也. 莫美於智, 莫貴於賢, 何苦而不爲賢智, 以虧損天所賦之本性乎?

이이는 성형의 의료 기술이 없던 시대를 살았다. 이 상황에서 그는 성형을 '이정지분己定之分'에 어긋나는 것으로 보았다. 이이가 아니라 그 시대의 사람에게는 성형이 부질없는 꿈이자 환상으로만 충족될 수 있는 사태이다. 이이가 성형의 의료 기술이 가능한 시대를 살았다면 그 성형을 어떻게 생각했을까? 성형의 아름다움이 철저하게 개인적인 상황에만 한정된다면 이이도 그렇게 반대하지 않았을 것이다. 하지만 성형의 아름다움이 사회 질서에 영향을 준다면 그도 역시 반대했으리라 본다.

근대 이후로 우리는 960년 체제의 도학과 성학에서 억압된 욕欲을 권리로 보장된 시대를 살아가고 있다. 따라서 이이의 '이정지분'을 이유로 성형의 욕망을 금지시키거나 그것을 가치 전도의 어리석은 행위로 처분할 수는 없다. '이정지분'을 이유로 합당한 파업, 생존권 보장, 정부 정책의 비판 등도 단순한 이익 갈등으로 비난하거나 사회 질서를 파괴하는 행위로 규정할 수 없다. 또 남의 이익을 저해하지 않는 범위 안에서 사익의 추구도 인간의 권리로 보장되고 있다. 즉 욕망을 도리로 인정(착각)한다는 '인욕위성認欲爲性'의 논법으로 욕망의 가치를 부정할 수는 없는 것이다.

결국 21세기 체제의 유학은 이전 체제의 유학과 달리 욕망과 쾌락을 승인하는 바탕 위에서 재출발하지 않을 수가 없다. 이것은 인성 유학에서 심心·성性·정情·욕欲의 관계를 규정했던 심통성정心統性情에 대해 재再정위가 필요하다는 것이다. 모든 정과 욕을 심과 성의 하위에 배치할 것이 아니라 종류를 갈라서 금제의 대상에서 해방시켜야 하기 때문이다. 그래서 심통성정은 현대 사회로부터 격리되지 않고 통합될 수 있는 장을 만날 수 있다. 물론 이전 체제의 유학에서 욕欲의 지위를 부정적으로 보기만 했던 것은 아니다.[27] 대진은 『맹자

---

27 21세기 체제 이전까지 욕망의 지위를 둘러싼 논의는 『논어』 「안연」의 "克己復禮爲

자의소증』에서 오해된 맹자의 상을 걷어내기 위해서 해석학적 작업
을 수행했던 것이 있다. 그 중에서 그는 욕欲의 긍정을 중요한 작업
으로 여겼다.

> "사람의 문제는 사사로움과 가림에 있다. 사사로움은 정욕에서 생겨
> 나고 가림은 심지에서 생겨난다. 사사로움이 없는 것이고 인이고, 가림
> 이 없는 것이 지이다. 정욕을 끊어버리는 것이 인이라거나 심지를 없애
> 버리는 것이 지라는 것은 결코 아니다. 이 때문에 성현의 도리는 사사
> 로움을 부정하지 욕망을 부정하는 게 아니다. 노장과 불교에는 욕망을
> 부정하지 사사로움을 부정하지 않는다. 저들은 욕망을 부정한다면서 오
> 히려 사사로움을 이루지만 우리는 사사로움을 부정하여 천하 사람의 공
> 통 감정을 소통시키고 천하 사람의 욕망을 이루도록 해준다."[28]

대진戴震은 도학과 성학의 960년 체제에서 늘 도덕적 개인을 위협
하는 요인으로 보는 '사욕私欲'에 대해 재정의를 시도하고 있다. 그의
주장에 따르면 사욕은 한 단어가 아니라 이질적 요소를 결합시킨 부
당한 조어이다. 이런 구분을 통해서 대진은 사私의 배제적 소유가 아
니라면 욕欲은 성과 마찬가지로 부정될 근거가 없다고 보고 있다. 그
의 주장을 받아들인다면 오늘날 우리가 성애性愛라는 뜻으로 쓰는 말
의 의미와 다르겠지만 '성욕性欲'의 조어가 가능해진다.

물론 대진이 노장과 불교를 '무욕이비무사無欲而非無私'로 비판하는
점에서 21세기 체제와 다른 삶의 지평에 있다는 것을 나타낸다. 대진

仁"에 대한 해석을 두고 극명하게 논란을 벌였다. 이와 관련해서는 자오지빈, 신정
근 외 옮김, 『반논어』, 예문서원, 1996, 554~571쪽 참조.

28 『孟子字義疏證』「權」: 人之患, 有私有蔽. 私出於情欲, 蔽出於心知. 無私, 仁也. 不
蔽, 智也. 非絶情欲以爲仁, 去心知以爲智也. 是故聖賢之道, 無私而非無欲. 老莊釋
氏, 無欲而非無私. 彼以無欲成其自私者也, 此以無私通天下之情, 遂天下之欲者也.

이 고민했던 문제 설정 자체는 여전히 유효하다고 할 수 있다. 즉 "욕欲을 인정하면서 그것이 사私로만 이어지지 않고 공公으로 이어져서 공욕公欲, 즉 통정通情과 수욕遂欲이 탄생할 수 있는 욕망의 구조를 어떻게 설계할 것인가?" 하지만 욕은 공과 결합될 때만 비로소 겨우 인정되는 한계를 벗어나지 못하고 있다. 욕이 아니고 도덕의 자장을 벗어나지 못하기 때문에 일어난 일이다. 결국 도덕과 전통의 구속이 그만큼 완강하다는 뜻이기도 하다. 지금에 와서야 도덕과 무관한 욕망을 긍정하고 철저하게 개인의 사적 영역으로 인정하지만 당시로서는 상상할 수 없었던 일이었다. 이처럼 대진이 이전의 철학사를 야심 차게 비판했지만 도로 비판했던 철학과 차이를 스스로 무화시키는 셈이다. 하지만 그가 욕을 긍정적으로 보았다는 것은 훗날 사욕마저 긍정될 수 있는 길을 열어놓았다고 볼 수 있다.

이렇게 보면 오늘날 우리는 대진이 비판했던 노장과 불교의 '무욕이비무사無欲而非無私'가 문제되지 않는 자유로운 상황에 놓여 있다. 즉 우리는 욕欲에 대해서도 사私에 대해서도 대진과 다른 지평에 서 있다. 특히 사욕마저도 공욕에 비해 한층 움츠릴 필요가 없게 되었다. 그것은 권리이기 때문이다. 권리이기에 억제가 아니라 주장될 수 있는 것이다. 이런 맥락에서 유학은 960년 체제의 연장선상에서 사욕을 억압과 통제의 순치 대상으로 볼 수는 없다. 21세기에서 유학은 심통성정心統性情에서 욕망을 재정위하면서 인권 유학이 되려면 두 가지 길이 있는 셈이다. 첫째, 유학이 사욕을 긍정하는 환골탈태의 전환을 이루는 것이다. 둘째, 유학이 사욕의 전면 긍정이 어렵다면 조건부 긍정을 할 수 있다. 즉 사욕이 타인의 사욕을 침해하지 않는 범위 안에서 긍정될 수 있는 것이다.[29]

---

29 이와 관련해서 복잡한 추가 논의가 필요하므로 자세한 내용은 다음 기회로 미루고자 한다.

우리는 이 권리가 다시 사욕私欲과 공욕公欲이 긴장 관계를 유지하면서 사욕이 통정通情과 수욕遂欲으로 이어질 수 있는 길을 끊임없이 찾아가고 있다. 이 권리가 하나의 국가에만 한정되지 않고 국가 넘어설 때 인권 유학이 가능해질 수 있다. 이때 유학은 이이가 말한 본성 중심의 '천소부지본성天所賦之本性'이 권리 중심의 '천부인권天賦人權 (natural rights)'과 결합될 수 있는 지평을 찾는 데에 나름의 역할을 찾을 수 있을 것이다. 이 전환이 난망한 것은 결코 아니다. 원래 성선 자체는 도덕적 평등만이 아니라 정치적 사회적 평등을 함축하고 있다. 다만 성선이 신분제 사회와 결합하면서 도덕적 평등을 긍정하고 정치 사회적 불평등으로 나아갔던 것이다. 이제 신분제 사회가 아니므로 성선을 정치 사회적 평등으로 확대 해석한다면 성선에는 분명 인권으로 나아갈 수 있는 근거를 함축하고 있다.

5. 맺음말

지금까지 나는 유학과 중국의 폐쇄적인 결합이 21세기 체제의 유학이 나아갈 길이 아니라는 점을 논증해왔다. 지금 유학이 탈중국화의 도정에 서 있고 또 그렇게 되기를 요구받고 있다. 그 방향이 바로 '인권 유학'이라는 것이다. 기존 체제가 군권君權, 부권夫權, 남권男權, 황권皇權을 보편적 자연 질서로 받아들이는 인성 유학의 특성을 지녔다면 21세기 신체제의 유학은 양성 평등처럼 명실상부하게 인권人權의 보편성을 옹호하고 신장시키는 방향으로 나아가지 않을 수 없다.

중국은 2013년 시작부터 언론과 영화 검열과 관련된 사건으로 커다란 갈등을 겪었다. 중앙 선전부가 1월 3일자『난팡저우모南方周末』의 기사를 검열하고(『중앙일보』 2013.1.16) 21일에 처음으로 상영한 〈007 스카이폴〉 영화의 대사를 검열했다가(『한겨레』 2013.1.24) 다른 언론인으로부터 강한 반발을 불러일으켰다. 한국은 생존의 위기에 내몰린 노동자들이 마지막으로 철탑에 올라 외롭게 고공 농성을 벌이고 있다. 일본은 후쿠오카 원전 폭발 이후로 핵의 안전성과 미래성이 사회의 현안으로 대두되고 있다. 이러한 사안은 인간의 기본적인 권리와 밀접하게 관련이 되므로 우리는 '국민'이 아니라 '세계 시민'으로서 국경을 넘어서 발언할 수 있다.[30]

21세기의 체제에서 유학의 새로운 방향 정립과 함께 유가가 각각의 사태에 대해 어울리는 긍정과 부정의 발언을 한다면 인권과 유학이 결합하는 인권 유학이 성립될 수 있다. 이처럼 국경을 넘어선 개입은 동아시아인 나아가 세계 시민의 공동체성을 키울 수 있다. 바로 이런 점에서 나는 21세기의 신체제에서 유학이 되살아나려면 인권 유학의 길을 가야 한다고 주장하는 것이다.

시기 구분에서 유학은 이질적인 요소를 수용해서 자신의 단점을 극복해왔다. 일종의 보유론補儒論이라고 할 수 있다. 예컨대 근대에 유학은 자신에게 없고 서학에 있는 과학과 민주 요소를 수용하여 현대 신유학으로 거듭날 수 있는 발판을 마련했다. 이것은 유학이 중국 유학으로서 중심성을 잃지 않는 시도이다. 21세기 체제에서 유학은 자체의 생존을 위한 보유론만이 아니라 보세론補世論의 관점에 함께 서는 것이다. 세계성이 유학보다 더 상위 범주이기 때문이다.

이러한 시각의 현실화를 위해서 유학을 연구하는 사람들은 정부의 전략, 배타적 민족주의의 시선에 포획되지 않는 공유의 세계를 키워야 한다. 프로젝트와 정부 지원을 벗어나서 자유롭게 토론하여 합의할 수 있는 길을 찾는 인적 네트워킹이 필요하다고 할 수 있다. 이것

---

30 신정근, 「인권유학으로서 21세기 동아시아학의 성립 가능성 모색」, 성균관대학교 BK21 동아시아학 융합사업단 편, 『학문장과 동아시아』, 성균관대학교 출판부, 2013, 123~124쪽 참조.

이야말로 전근대의 유학이 중심과 주변, 전파와 수용의 일방적 관계
가 아니라 토론과 합의의 쌍방향 관계를 정립하는 길이라고 할 수
있다.

제5장 신유교 윤리의 '동반성'에 대한 현대적 재해석

— 구삼강오륜에서 신삼강오륜으로 —

요약문

유교 윤리하면 우리는 충효忠孝·성誠 등을 연상한다. 이는 분명히 서양 윤리의 공리주의나 의무설과 다른 특성을 지니고 있다. 나는 유교 윤리의 특징이 존재의 동반성同伴性에 바탕을 두고 있다고 생각한다. 이를 분석하기 위해서 삼강오륜三綱五倫에 주목하고자 한다. 먼저 삼강과 오상(오륜)이 기원과 계통을 달리하는 규범이었다가 삼강오상三綱五常으로 통합되는 과정을 살펴보았다. 이어서 전근대사회의 삼강오상 또는 삼강오륜이 근대 사회와 접합할 수 있는 가능성을 비판적으로 검토해보았다. 그 결과가 기존의 삼강오륜은 자유와 평등의 근대적 가치와 접목하기 위해서 변화가 불가피하다는 결론을 끌어냈다. 이 과정에서 청말민국초 유교 옹호자와 비판자로서 장즈둥張之洞·우위吳虞·량치차오梁啓超 등의 주장을 살펴보았다. 그리고 타이완臺灣의 문화 인류학자 리이위안李亦園이 오륜五倫을 칠륜七倫으로 확장해서 오륜五倫과 현대

사회의 재결합을 추진했지만 그 자체에 안고 있는 모순을 밝혔다. 나는 기존의 권위적이고 순민順民을 만드는 삼강오륜을 구삼강오륜舊三綱五倫으로 보고 그를 대체할 신삼강오륜의 내용을 재조정했다. 신삼강新三綱은 민위국강民爲國綱, 인위사강人爲社綱, 인위호강人爲互綱이고 신오륜新五倫은 인인유친人人有親, 노사유의勞使有義, 소생유경消生有敬, 민관유혜民官有惠, 국국유신國國有信이다. 마지막으로 신삼강오륜新三綱五倫은 구삼강오륜처럼 천륜天倫에 바탕을 두지 않지만 존재의 동근원성과 상호 의존성에 의해서 관계 윤리를 대변할 수 있다는 것을 밝혔다.

키워드 : 구삼강오륜, 신삼강오륜, 동반성, 관계적 자아, 사덕私德, 공덕公德

1. 문제 제기

서양 철학의 윤리를 대별한다면 공리주의와 의무론으로 양분할 수 있을 것이다. 공리주의는 내부적으로 차이가 있지만 쾌락과 고통의 계산 결과에 초점을 두고 있다. 의무론은 행위의 결과를 따지지 않고 오로지 옳기 때문에 해야 한다는 대응(응답)을 중시한다.

의무론에는 사람이 어떠한 경우에도 절대로 할 수 없는 행위와 반드시 해야 하는 행위의 구별이 있다. 예컨대 안사술에 대해 부정적인 견해를 보일 수 있다. 왜냐하면 이는 사람의 자연스런 경향이거나 고뇌를 통해 선택할 수 있는 대안으로서 정당화될 수 없는 반윤리적 특성을 지니고 있기 때문이다. 공리주의는 원래부터 하지 말아야 할 행위의 목록이나 금기는 없다. 다만 상황에 따라 결과가 나쁜 경우 행위로서 선택되지 않을 뿐이다.

공리주의와 의무론이 이러한 차이를 보임에도 불구하고 둘은 공통점을 보이고 있다. 그것은 바로 둘 다 윤리적 행위의 주체가 개인이라는 점이다. 공리주의에 따르면 합리적 개인은 행위의 목록을 작성하고서 각각이 낳을 수 있는 선악의 결과를 냉철하게 계산하여 그 중 나은 것을 실행할 것이다. 의무론에 따르면 합리적 개인은 보편 가능한 행위를 찾아내서 자유 의지로 선택하고서 어떠한 고통이 따를지라도 실행으로 옮길 것이다. 주체로서 '나'는 가장 우선적으로 나의 의지를 실현하고자 한다. 물론 나의 행위로 인해서 사회적으로 좋은 영향을 주거나 비슷한 경우에 있는 사람에게 빛을 던져줄 수 있다. 하지만 그것은 나의 행위로 인해서 수반되는 좋은 현상이지만 나의 행위의 목표도 이상도 될 수가 없다.

유교儒教 윤리 하면 우리는 충효忠孝, 성誠 등을 떠올릴 수가 있다. 이들을 공리주의와 의무론에 견주어보면 어느 쪽과 어떤 점에서 비슷하고 다를까. 효孝가 부모를 포함해서 가족에게 불행보다 행복을 늘리는 것이라고 볼 수 있다면 공리주의와 닮아 보인다. 성誠은 이기심·자기기만·의지의 박약 등 인간의 자연적 조건을 초월해서 천지(자연)의 덕성에 동참하는 것과 관련이 있으므로 의무론과 닮아 보인다.

이러한 유사성에도 불구하고 차이점이 엄연하게 있다. 그것은 바로 유교 윤리와 그 덕목이 개별 주체의 지성과 자유의지에 따른 선택과 결의 그리고 행위로만 완결되지 않는 특징을 지니고 있다는 것이다. 행위 주체로서 나는 자신의 의지만을 앞세우는 것이 아니라 행위 대상으로서 타자의 의지를 고려해서 두 의지가 합치되는 지점을 찾아야 한다. 효도의 경우 나의 의지대로 하는 것이 아니다. 오히려 타자의 의지를 고려하지 않으면 나는 효도를 하려다가 불효를 할 수도 있다. 오히려 나는 자신의 생각에 갇혀 있지 않고 사유 실험과 역지사지易地思之를 통해서 타자가 되어 생각을 하게 된다. 유교 윤리에서 나는 나이면서도 나 아니고, 타자는 타자이면서도 타자가 아닌 이중성을 갖는다. 이처럼 유교 윤리에서 피할 수 없는 이러한 모순적 상황을, 나는 존재의 '동반성同伴性(part-ner-ship)'으로 보고자 한다. 존재의 동반성은 시대와 사회의 문맥에 따라 다양하게 평가되어왔다. 예컨대 효도가 끊임없는 복종을 낳는 봉건 윤리로 간주될 때, 동반성은 존재의 자유와 평등을 억압하는 기제로 평가된다. 반면 효도가 유일신이 부재한 전통에서 유한한 인간의 조건을 넘어서게 하는 바탕으로 여겨진다면, 동반성은 존재의 고향이다. 이 글에서는 유교 윤리가 생성되고 확산된 동아시아 전근대의 문맥이 아니라 현대의 문맥에서 동반성同伴性을 재해석해 보고자 한다.

2. '구삼강오륜'의 특성과 근대의 '삼강오륜' 논쟁

삼강과 오륜은 유교 윤리에서 전제하는 존재의 동반성을 살펴보는 데 가장 적절한 개념이다. 여기서는 삼강·오륜의 기원과 차이 그리고 그 특징을 살펴보고자 한다. 이어서 유교윤리가 현대사회의 동반성에 대응하려면 구삼강오륜舊三綱五倫에서 신삼강오륜新三綱五倫으로 전환해야 한다는 점을 논의하고자 한다.

1) 삼강오상 속의 관계적 자아

동물에 대비되는 종적 특징을 나타내지 않을 때 유교 윤리에서 도덕 행위자는 '사람〔人〕'이라는 통칭으로 불리지 않는다. 행위자는 현실 세계의 다양한 관계, 특히 혈연관계에 따라 역할 담지자로 분할된다. 예컨대 '나'는 낳아 길러준 부모에 대해 자식이고, 낳아 기른 자식에 대해 부모가 된다. 형제자매 중에도 출생 순서와 성별에 따라 언니나 동생, 형과 동생, 오빠와 누이, 누나와 동생 등의 호칭으로 불리게 된다. 이로써 '나'는 늘 부모나 형제자매와 하나의 역할 상대(쌍)로 연결되어 있는 한 의미 있는 존재가 되므로, 부모와 형제자매가 없는 나는 있을 수 없다. '아비 없는 자식'은 단순히 아버지가 분명하지 않다는 사실을 말하는 것이 아니라 사람 구실을 할 수 없다는 배제의 욕망을 표현하고 있다. '나'는 자연적 사회적 역할로부터 완전히 독립된 존재가 아니라 그런 역할들을 많이 맺으면 맺을수록 사람이 되어 가는 것이다. 이러한 맥락에서 유교 윤리에서 "사람은 관계적 존재 relational being이다"라고 할 수 있다.

유교의 이러한 특징과 관련해서 공자의 『논어』에서 분명하게 확인할 수 있다. 『논어』에 보면 걸닉은 사람을 피하는(가리는) 부류〔辟人之士〕와 세상을 피하는 부류〔辟世之士〕로 나누고서 각각을 공자와 자신으로 배당하고 있다. 공자도 이 구분법을 받아들이면서 자신은 조수와 무리 지을 수 없고 사람과 어울릴 수밖에 없다고 설명하고 있다.(「微子」6(483)) 『장자』를 보면 공자는 자상호子桑戶가 죽자 자공을 조문하게 했는데, 자공은 조문을 가서 노래를 부르는 이상한 상례를 보고 왔다. 이에 공자는 세상의 밖을 노니는(거니는) 사람과 세상의 안을 노니는 사람으로 구분하고 있다.[1] 그리고 공자는 노동할 줄 모른다며 자신을 비판하는 은자隱者에게 제 한 몸을 깨끗하게 하려고 (더럽히지 않으려고) 사회적 역할을 저버릴 수 없다고 반박했다.(「미자」 7(484)) 공자는 철저하게 사람을 세상 안에서 다양한 역할을 맡은 존재로 고려하고 있다.

사람이 다양한 역할들을 맡는 존재라면, 역할들의 관계가 문제가 될 수 있다. 이를 조정하고 규제하는 것이 바로 삼강과 오륜이다. 삼강과 오륜은 사람 사이의 동반성을 규정하는 것으로 유교 윤리의 핵심으로 간주되어왔다. 하지만 그 기원은 훗날의 영광만큼 그렇게 권위 있지 못하다. 삼강과 오륜 각각의 기원을 살펴보자.

'삼강三綱'이란 말의 기원은 서한西漢 초기 사상가 동중서董仲舒의 『춘추번로春秋繁露』이다. 삼강은 『춘추번로』「심찰명호深察名號」와 「기의基義」에 각각 한 번씩 쓰이고 있다. 하지만 『춘추번로』는 각각 사람이 "삼강과 오기를 따른다"거나 "왕도의 삼강은 하늘에서 찾을 수 있다"고 할 뿐이다.[2] 역사적으로 삼강의 구체적인 내용으로 알려진 "군주는 신하의 중심이고, 아버지는 자식의 중심이고, 남편은 아내의 중심이다"는 말은 보이지 않는다. 그 말은 전한 말에 유행했던 위서緯書에서 처음 모습을 드러냈다. 『예기』를 보면 "그런 다음에 성인이 나타나서 부자와 군신의 관계를 바로잡기 위해서 기강을 마

---

1 『장자』「大宗師」"彼遊方之外者也, 而丘遊方之內者也."
2 『춘추번로』「深察名號」"循三綱五紀, 通八端之理, 忠信而博愛, 敦厚而好禮, 乃可謂善." 「基義」"王道之三綱, 可求於天."

련하다"라고 하였다. 이에 대해 공영달孔穎達이 주석을 달면서 『예기』의 위서 『함문가含文嘉』를 인용하면서 삼강과 그 내용을 소개하고 있다.[3] 이렇게 보면 유교 윤리의 핵심으로 간주되어온 삼강과 그 내용은 처음부터 하나로 통합되어 있지도 않았고 그 내용의 경우 유교의 경서經書가 아니라 출처가 불확실한 위서緯書에서 연원하고 있다. 어정쩡한 태생에도 불구하고 한漢 제국 이래로 '삼강'과 그 내용이 의심되지 않고 수용됨으로 인해서 유교 윤리의 핵심에 자리하게 되었다고 할 수 있다.

삼강에서 사람은 '사람' 일반으로 머무르지 못하고 군주와 신하, 아버지와 자식, 남편과 아내로서 여섯 가지의 역할 존재로 분류되고 있다. 여섯 가지의 역할은 모두가 동등하게 중심이자 주체로 자리 매김되지 않는다. 그것은 다시 태양과 그 주위를 포진해 있는 위성처럼 중심과 주변으로 재배치되고 있다. 이때 중심과 주변이 뒤섞이지 않고 영원히 적당한 거리를 유지하게 될 때 중심은 주변에 대해 지배적이며 절대적인 지위를 지키게 된다. 이를 "a가 b의 강綱이 된다"는 의미 형식으로 담아내고 있다.

이제 삼강과 표현 형식과 성격을 달리하는 오륜五倫을 살펴보자. 유래를 보면 '오륜'은 '삼강'에 비해 다른 양상을 보인다. '오륜'의 내용은 선진시대부터 유교 문헌에 나오지만 정작 '오륜'이란 용어는 명明

---

3 "按禮緯含文嘉云: 三綱, 謂君爲臣綱, 父爲子綱, 夫爲妻綱矣." 물론 몇몇 연구자들은 '三綱'의 용어와 세 가지 내용이 직접적으로 보이지 않지만 『춘추번로』와 『함문가』 이전부터 그러한 용어와 내용에 비결될 만한 것이 있었다고 주장하기도 한다. 예컨대 龐樸은 『韓非子』 「忠孝」의 "臣事君, 子事父, 妻事夫, 三者順則天下治, 三者逆則天下亂. 此天下之常道也."에 근거해서 '삼강'이 儒家가 아니라 法家에서 유래했다고 주장했다. 반면 丁鼎은 『儀禮』 「喪服」에서 상복 규정에 근거해서 '삼강' 관념이 『의례』에 기본적으로 깔려 있다고 주장하고 있다. 자세한 내용은 「〈儀禮·喪服〉所蘊含的 三綱五倫觀念」, 『管子學刊』, 2002년 제3기 참조. 여기서 명시적인 표현과 직접적 규정을 대상으로 삼으려고 유사 관념에 대한 검토는 논외로 한다.

제국에 이르러서야 처음으로 보인다. 오륜의 내용은 『맹자孟子』에 보인다. 요순堯舜 시절에 겨우 먹고 자고 입는 문제가 해결되었지만 교양이 없어 사람이 금수와 다를 바가 없었다. 요 임금은 이 문제를 해결하기 위해서 설로 하여금 사도로 임명해서 인륜을 가르치게 했는데, 그 내용은 널리 알려진 바와 같다. "아버지와 자식 사이에는 친함이 있고 군주와 신하 사이에는 도의가 있고 남편과 아내 사이에는 구별이 있고 어른과 아이 사이에는 차례가 있고 친구 사이에는 믿음이 있다."[4] 규범과 신화 전설의 요순시대를 연결시키는 것은 맹자가 말만 하면 '요순'을 들먹이는 효과와 권위를 덧보태려는 수사적 표현 아니면 분파적 대결 의식과 관련이 있을 것이다.(「등문공」 상1) 중요한 것은, 우리가 그 규범을 오륜五倫으로 알고 있지만 맹자는 인륜人倫으로 적시하고 있다. 물론 오륜이 다섯 가지 인륜, 즉 오인륜五人倫의 약칭으로 본다면 둘 사이의 차이는 없다. 하지만 둘은 초점이 다르다. 오륜은 인륜을 다섯 가지로 조직한다는 폐쇄성을 드러내지만 인륜은 사람이 발휘해야 할 것에 초점이 있다. 또 오륜은 확장할 가능성이 없지만 인륜은 그 가능성이 얼마든지 열려 있다.

문제는 오늘날 우리가 유교 윤리의 핵심으로 알고 있는 오륜과 그 내용의 결합이 그렇게 오랜 역사적 시원을 가지고 있지 않다는 것이다. 일단 '오륜'이란 말 자체가 명明 제국에 이르러서 처음 쓰이기 시작했다. 예컨대 심역沈易의 『오륜시五倫詩』 5권(또는 『유학일송오륜시선』)이나[5] 선종宣宗(재위 1426~1435)의 『어제오륜서御製五倫書』 62권

---

4 『맹자』 「등문공」 상 4 "聖人有憂之, 使契爲司徒, 教以人倫. 父子有親, 君臣有義, 夫婦有別, 長幼有序, 朋友有信." 맹자의 '오륜' 없는 오륜의 내용은 倫의 다양한 조합 가능성을 배제하지 않는다. 명 제국 이후 '오륜'은 倫을 五로 규정하고 있다. 둘은 같은 점이 있지만 여기서 다른 점에 주목하고서 논의를 진행하고자 한다.
5 편자나 책 내용과 관련해서 『四庫全書 總目提要』 「集部 總集類 存目」, 5231쪽 참조. 근래에 이 책은 『幼學日誦五倫詩選』 5권, 濟南: 齊魯書社, 1997년에 출간되었다.

(1447년 간행)[6] 등이 그 처음이다. 그 뒤『소학小學』의 주석서에서 '오륜'을 차용하게 되었고 청淸 제국에 이르러서 많이 사용하게 되면서 오늘날처럼 일반화되었다고 할 수 있다.[7]

그러면 오늘날 '오륜'으로 알려진 규범의 내용은 어떤 용어로 대변되었을까? 오늘날 '오륜'으로 알려진 내용과 완전히 일치하지는 않지만 선진시대의 문헌에서부터 유사한 규범을 통칭하는 용어가 없었던 것은 아니다. 예컨대『서경書經』「효전堯典」에 요堯 임금이 순舜으로 하여금 "오전五典을 조심스럽게 실행하게 하자 사람들이 오전을 잘 지키게 되었다."[8]「요전」에서 오전의 내용을 특칭하지 않았지만 제일 앞부분 "구족과 화목하게 지낸다"는 것과 관련이 있어 보인다.[9]『논어』에도 공자는 어른과 아이 사이의 절도, 군주와 신하 사이의 도의를 저버릴 수 없다면서 둘을 륜倫으로 표현하고 있다.[10] 이렇게 보면 삼강 이외에 인간 관계의 규범을 나타내는 말로 오전五典・인륜人倫・대륜大倫 등의 말이 내용을 조금씩 달리하면서 다양하게 쓰이고 있었다고 할 수 있다.

그렇다면 계통을 달리 하는 삼강과 오륜의 유사 표현, 즉 오전・인륜・대륜이 언제 어떤 표현으로 결합하게 되었을까?[11] 이미 말했듯이

---

6 책은 五倫總論을 필두로 해서 차례로 君道, 神道, 父道, 子道, 부부의 도, 붕우의 도를 다루고 있다.

7 『大漢和辭典』권1, 514쪽.

8 『서경』「堯典」 "克明俊德, 以親九族 …… 愼徽五典, 五典克從."

9 孔安國은 五典을 五常의 가르침으로 풀이하고 구체적으로 父義, 母慈, 兄友, 弟恭, 子孝 등을 열거하고 있다.『상서정의』, 61쪽.

10 『논어』「미자」 8(485) "不仕無義. 長幼之節, 不可廢也. 君臣之義, 如之何其廢之? 欲潔其身, 而亂大倫."

11 자연학 분야의 陰陽과 五行도 처음에 별도 계통을 가지고 있다가 전국 시대 추연에 의해서 하나의 틀로 결합된다. 인문학 분야의 삼강과 '오륜' 결합 과정에 대해서 질문을 던진 경우는 아직 확인하지 못했다.

오륜이 명明 제국 이후에 생겨났으므로 오늘날 유교의 강상 윤리를 대변하는 '삼강오륜三綱五倫'이 이 질문의 대답이 될 수는 없다.

이와 관련해서 널리 주목을 받는 것이 『백호통의白虎通義』 '삼강육기三綱六紀'이다. 삼강육기는 책의 편명이기도 하면서 삼강과 육기를 합친 개념어이다. 삼강은 『함문가含文嘉』의 내용을 인용하면서 군신, 부자, 부부 사이를 규율하는 규범으로 설명되고 있다. 육기는 제구, 형제, 족인, 제구, 사장, 붕우 사이를 규율하는 규범으로 설명하면서 그 내용을 "아버지와 형 항렬을 공경하고, 육기의 도가 실행되면 제구 사이에 범절이 있고, 족인들 사이에 차서가 있고, 형제 사이에 우애가 있고, 사장은 존경받고, 붕우 사이가 오래가게 된다."로 풀이하고 있다.[12] 이 내용 또한 출처가 『함문가』이다. 육기는 오륜의 언어 형식으로 되어 있어 둘 사이의 유사성이 있다고 할 수 있다. 다만 육기는 오륜에 비해 ─ 당시 사회질서를 반영하는 듯 ─ 친족과 처족의 혈족 관계를 강조하고 있음으로 관계가 하나 더 많다. 특히 오기가 아니라 육기가 된 것은 삼강이 천天 · 지地 · 인人에 대응하듯이 육기六紀가 육합六合, 즉 사방四方과 상하上下의 공간에 대응하기 때문이다. 즉 작의적인 조합의 느낌을 지울 수는 없지만 삼강과 육기의 인간(사회) 규범이 천지의 질서만이 아니라 생활 세계의 구역과 상징적으로 결합되어 있다는 것을 나타내고 있다.

다음으로 삼강의 삼과 오륜 부류의 오가 결합되는 경우를 보자. 사실 『백호통의』의 삼강육기도 『춘추번로』에는 삼강오기로 되어 있

---

12 『백호통의』 「三綱六氣」 "三綱者, 何謂也? 謂君臣, 父子, 夫婦也. 六紀者, 謂諸父, 兄弟, 族人, 諸舅, 師長, 朋友也. 故含文嘉曰 : 君爲臣綱, 父爲子綱, 夫爲婦綱. 又曰 : 敬諸父兄, 六紀道行, 諸舅有義, 族人有序, 昆弟有親, 師長有尊, 朋友有舊." 육기 중 다섯은 '오륜' 형식으로 되어 있지만 제부는 다르다. 이 구문을 "六氣道行, 諸父有敬. …"으로 고친다면 육기 모두 '오륜'의 형식으로 바꿀 수 있다. 번역은 신정근 옮김, 『백호통의』, 309~310쪽.

다.[13] 즉 육기의 육이 절대적이지 않고 다른 규범과의 관계에 따라 가변적일 수 있는 것이다. 이 밖에도 일찍부터 삼강오륜三綱五常이란 말이 있었다. 이 말은 『논어』의 "은殷 나라는 하夏 나라의 예제에서 연유했으므로 덜고 더한 부분을 알 수 있다"에 대한 마융馬融 (79~166)의 주석에서 처음으로 나온다. 그는 "연유하는 것은 삼강오상이고 덜고 더한 부분은 문질文質과 삼통三統이다."고 풀이했다.[14] 그는 더 이상 부연 설명을 하지 않아 오상의 정체가 분명하지 않다. 한漢 제국에 이르면 오상은 오늘날처럼 인仁·의義·예禮·지知·신信의 다섯 가지 덕목을 가리키기도 하고[15] 또 五典과 같은 뜻으로 부의父義·모자母慈·형우兄友·제공弟恭·자효子孝처럼 오륜의 의미 맥락으로도 쓰였다. 이렇게 본다면 삼강三綱과 오상五常 또는 오륜五倫은 별도의 기원과 계통을 가지고서 인간 관계를 규제하는 규범 역할을 해온 것이다. 한漢 제국에 이르러 둘은 삼강오상으로 통합되어서 쓰이기 시작하다가 주희에 의해서 유교 윤리를 대변하는 말로 널리 쓰이게 되었다.[16] 한편 '오륜'이란 용어가 늦게 쓰인 탓에 '삼강오륜'은 확실하지 않지만 적어도 명청明淸 제국 이후에 널리 쓰이면서 점차로 삼강오상과 경쟁하다가 오늘날 그에 필적한 만한 지위를 가지게 되었다고 할 수 있다.[17]

---

13 『백호통의』이 사상적으로 많은 부분에서 『춘추번로』와 공유하는데, 후자의 「심찰명호」에는 '三綱五紀'로 되어있다.

14 『논어』「爲政」23(039) "子曰: 殷因於夏禮, 所損益可知也. 周因於殷禮, 所損益, 可知也." 마융의 주석 "所因: 謂三綱五常. 所損益, 謂文質三統." 『논어정의』, 26쪽. 주희도 『논어집주』에서 마융의 주석을 수용해서 부연 설명하고 있다.

15 『한서』「동중서전」 "仁誼(義)禮智信, 五常之道, 王者所當修飭也." 『백호통의』 「情性」 "五常者何? 謂仁義禮智信也."

16 『주자어류』 등 주희의 글과 말 속에 '삼강오상'은 일일이 예를 들 수 없을 정도로 빈번하게 쓰이고 있다.

17 조선에는 세종 13년(1431) 『三綱行實圖』를 필두로 해서 중종 12년(1517) 『二倫行實圖』와 정조12년(1797) 『五倫行實圖』 등이 간행되면서 유교윤리를 사대부만이

이제 기원과 계통을 달리하는 삼강과 오상(오륜)의 특색을 살펴보
도록 하자. '오륜'이란 용어가 늦게 출현했다고 하더라도 그것을 대신
할 만한 오전五典・오상五常・오행五行 등이 있고 『맹자』에 그 내용
이 온전한 형태로 있으므로 오상(오륜) 형식은 선진시대에 형성되었
다고 할 수 있다. '삼강'이란 용어가 전한 초에 보이고 그것을 대신할
만한 용어가 없고 그 내용도 출처를 신뢰할 수 없는 전한 중후기의
위서緯書에 보이므로 삼강 형식은 『한비자』와 『의례』에서 보이듯 전
국 시대에 서서히 형성되다가 전한 중기 이후에 온전한 꼴을 갖추었
다고 할 수 있다. 그와 동시에 전한前漢과 후한 교체기에 삼강과 오
상(오륜)이 결합되기 시작했다고 할 수 있다.

삼강과 오상(오륜)은 기원과 계통을 달리하는 만큼 둘은 특징을 달
리하는 것일까? 이에 대해 오상은 선진시대에 종법이 약간 느슨하게
사회를 규율하고 씨족의 민주적 유대와 따뜻한 혈족의 인정이 남아
있던 상황에서 형성된 반면 삼강은 종법이 사회를 전제적으로 규율하
고 특권 계급의 권력을 강화시켜주던 한 제국 시대에 형성되었다고
한다. 이에 따르면 삼강은 사람의 관계를 지배와 복종이라는 일방적
인 권위주의의 틀로 규정하지만 오륜은 사람이 관계의 유지를 쌍무적

아니라 일반 계층으로 확산시키려고 했다. 특기할 만한 것은 金安國(1478~1543)이
중종 11년(1516) 경연에서 『삼강행실도』의 간행과 반포로 교화의 효과가 컸던 만
큼 삼강과 長幼・朋友의 二倫을 덧보태 五倫의 규범을 갖추어야 한다고 주장한
점이다. 그의 '오륜' 언급은 앞에서 살펴본 명제국의 五倫詩와 五倫書보다 약 반세
기 뒤의 일이다. 동시 현상인지 영향 관계인지 확실하지 않다. 과문의 탓으로 단정
할 수는 없지만 '삼강오륜'은 임기중의 『한국역대가사문학집성』을 검색해보면 19
세기 후반의 가사에서 집중적으로 발견된다. 대표적으로 〈삼강오륜가〉의 작자 류
언형(1856~1930)은 19세기 중반과 20세기의 인물이다. 우리나라에서 '삼강오륜'이
란 용어는 막연한 추측과 달리 19세기 중반 이후에 널리 쓰이다가 20세기에 이르
러서야 유교윤리를 대변하는 말로 간주되지 않았나, 라고 조심스럽게 생각해본다.
앞으로 '삼강오상'과 '삼강오륜'의 경쟁이나 '삼강오륜'의 득세가 명청시대, 조선구
한말에 어떻게 일어났는지 지속적으로 살펴볼 필요가 있다.

인 부담을 지고서 노력해야 한다.[18]

이러한 주장은 나름대로 근거가 있다. 삼강은 그 내용의 표현 형식에서 군주와 신하, 아버지와 자식, 남편과 아내가 중심과 주변으로 나타난다. 동중서는 삼강의 인간 관계를 음양陰陽과 결부시켜서 중심을 양에 주변을 음에 배당시킨다. 나아가 그는 하늘이 양을 가까이 하고 음을 멀리한다는 관찰에 따라 양존음비陽尊陰卑의 사고를 주장했다. 이에 따라 양의 역할은 주도적이고 긍정적이고 건설적이어야 하고 음의 역할은 수동적이고 부정적이고 파괴적이어야 한다고 요구했다.[19] 오륜은 내용의 표현 형식에서 아버지와 자식, 군주와 신하 등이 일방적이지 않고 쌍방의 책임을 요구하고 있다. 예컨대 아버지와 자식은 각각 차가운 남이 아니라 서로 가깝게(따뜻하게) 느끼도록 해야 한다. 이를 위해서 자식이 아버지에게 효도를 하고 아버지는 자식에게 자애를 베풀어야 한다. 또 군주와 신하는 각각 노골적으로 힘과 욕망을 앞세우지 않고 합리적으로 서로를 규제할 수 있는 도의를 지켜야 한다. 이를 위해서 신하는 군주에게 충실하고 군주는 신하에게 예우를 해야 했다.[20] 심지어 순자는 군주와 신하(신민)의 관계를 배와 물로 비유하고 물이 배를 뒤엎을 수 있다고 말하기까지 했다.[21]

---

18 이와 관련해서 정인재, 「도덕성 회복을 위한 동양철학의 한 시론 : 인륜의 현대적 해석을 중심으로」, 『철학윤리교육연구』 제10권 제21호, 1994 ; 馮天瑜, 「五倫說 : 建構和諧社會應當汲納的歷史資源」, 『武漢大學學報(人文科學版)』 제61권 제2기, 2008.3, 張淵, 「淺析儒家傳統現代轉化的家庭動力 : 以三綱權威主義與五倫仁愛思想爲中心」, 『內蒙古農業大學學報(社會科學版)』 제10권 총제42기, 2008년 제6기 참조.

19 『춘추번로』 「기의」 “君臣, 父子, 夫婦之義, 皆取諸陰陽之道.” 『춘추번로』 「양존음비」 “此皆天之近陽而遠陰.”

20 『禮記』 「禮運」 “何謂人義? 父慈子孝, 兄良弟悌, 夫義婦聽, 長惠幼順, 君仁臣忠.” 『논어』 「八佾」 19 “定公問 : 君使臣, 臣事君, 如之何? 孔子對曰 : 君使臣以禮, 臣事君以忠.”

21 『荀子』 「王制」 “君者舟也, 庶人者水也. 水則載舟, 水則覆舟.”

이런 구분법에 따르면 전근대의 동아시아 사회는 오륜이 아니라 삼강의 윤리에 의해 엄격한 신분제에 따른 차별을 유지하게 된 것이다. 삼강과 오륜이 차이가 있다고 하더라도 전근대 신분제 사회의 권위주의 특성을 삼강으로 돌릴 수 없다고 생각한다. 삼강과 오륜의 차별론이 부당한지 몇 가지로 생각해볼 수 있다.

첫째, 삼강과 오상(오륜)은 기원과 계통을 달리하지만 한漢 제국 이후에 '삼강오상'으로 결합되어 유교 윤리의 핵심을 대변해왔다는 사실을 외면하고 있다. 삼강과 오상이 기원과 계통이 다를 뿐만 아니라 이질적이라면 삼강오상의 결합은 성립될 수 없다. 즉 삼강 없는 오상이 있을 수 없듯이 오륜 없는 삼강이 있을 수 없다는 전제를 무시하는 것이라고 할 수 있다.

둘째, 『예기禮記』에 따르면 예와 악이 각각 사회적으로 이화와 동화의 작용을 하면서도 예악으로 결합해서 공통으로 사회 질서를 유지하고 있다. 삼강과 오상의 경우도 예와 악과 마찬가지로 다른 특징을 가지고 있으면서도 각각 엄격함과 친근함으로 사람 사이의 원심력과 구심력을 조율하는 것이라고 할 수 있다.[22]

따라서 중요한 것은 삼강과 오상(오륜) 중 어느 것이 문제가 있고 없느냐를 따지는 공과론功過論이 아니라 두 가지가 하나로 묶일 수 있는 바탕에 전제되어 있는 내용이다. 근대의 시각에서 전근대의 신분제 신사회와 삼강의 연관성을 지적하는 것을 넘어서 비판한다면 그것은 시대착오적 비판이라고 할 수 있다.

삼강과 오륜은 그 내용을 담아내는 표현 형식이 다르다. 하지만 두 가지는 모두 도덕 행위자가 주체의 욕망 또는 결단에 따라 행위를 하는 방식이 아니다. 두 가지는 모두 지속적으로 유지되는 사람

---

22 『禮記』「樂記」 "樂者爲同, 禮者爲異. 同則相親, 異則相敬. 樂勝則流, 禮勝則離."

관계에서 행위자가 강하고 약한 차이는 있지만 상대를 배려하는 동반자 의식을 가지고 있다. 이에 대해서 동중서는 "모든 사물 또는 사태에는 반드시 짝, 즉 상호 의존의 관계에 놓여있다."고 주장했다.[23] 결국 관계를 벗어나는 사람이 없을 뿐만 아니라 규범도 성립할 수 없다는 것이다. 이런 점에서 삼강오상을 관계윤리(relation ethics)라고 할 수 있다.

2) 구삼강오륜과 근대

전근대 사회에서 삼강오상(삼강오륜)은 유교 윤리의 핵심이자 사회질서의 기축으로서 높은 평가를 받았다. 하지만 청말민국초淸末民國初, 즉 전근대를 결별하고 새로운 사회가 모습을 드러낼 즈음에 이르러서 삼강오륜은 시련의 위기를 맞이하게 되었다. 이 위기는 전적으로 삼강오륜이 신분질서에 이바지했다는 전력에서 오는 것이다. 삼강오륜이 신분 차별에 기여한 것은 역사적 사실이므로 결코 부인할 수는 없다. 중요한 것은 삼강오륜이 과연 신분 차별의 요소를 걷어내고 나서도 새로운 근대 사회에서 살아남을 수 있는가라는 데에 있다. 이와 관련해서 우리는 장즈둥(張之洞, 1837~1909)과 우위吳虞(1871~1949)를 통해서 삼강오륜이 어떻게 전근대를 넘어 근대와 접합할 수 있는지 살펴보도록 하자.

장즈둥은 『권학편勸學篇』 중 「명강明綱」에서 삼강과 오륜이 새로운 사회에서 여전히 유효한 윤리라는 것을 주장하고 있다. 그는 청말민국초의 시대적 공간에서 삼강이 일본을 통해서든 번역서를 통해서든 새롭게 소개된 서양의 새로운 사상과 충돌한다는 것을 알고 있었다.

---

23 『춘추번로』 「基義」 "凡物必有合."

삼강은 오륜의 핵심이고 모든 도덕 행위의 근원으로 수천 년 동안
서로 이어졌지만 다른 뜻이 없었다. 성인聖人이 성인聖人이 되고 중국中
國이 중국中國인 된 까닭이 실로 여기에 있다. 그러므로 군신의 대강을
안다면 민권의 주장이 통용될 수 없다. 부자의 대강을 안다면 부자가
같은 죄를 지으며 상복을 벗어던지고 제사를 내팽개치는 주장이 통용될
수 없다. 부부의 대강을 안다면 남성과 여성의 평등의 주장이 통용될
수 없다.[24]

장즈둥은 삼강 중에서 군위신강이 민권설과 상충하고, 부위자강이
제사 폐지론과 상충하고 부위부강이 남녀 평등설과 상충한다고 주장
하고 있다. 민권이 실행되면 군권君權이 약화 내지 부정된다고 보고,
상례와 제례가 폐지되면 부권父權이 무너진다고 보고 남녀가 평등해
지면 부권夫權이 허물어진다고 보는 것이다. 이처럼 삼강, 다시 말해
서 군권君權·부권父權·부권夫權의 삼권이 부정되면 수천 년간 면면
히 이어져온 도덕 행위의 근원만이 아니라 중국이 중국일 수 있는 근
거가 상실되는 것이다. 즉 삼강을 특정한 시대의 사회 규범이 아니라
중국의 정신 내지 전통 문화의 핵심으로 간주하고 있다.

그렇다면 민권설民權說, 제사 폐지, 남녀 평등설이라는 새로운 목
소리가 엄연히 서양에 있는 만큼 그것을 어떻게 비판할 수 있을까?
장즈둥은 두 가지 전략을 사용하고 있다. 하나는 서양에도 중국의
삼강오륜과 비슷한 것이 있다고 주장하는 것이고 다른 하나는 민권
설을 내세우는 사람들이 서양을 제대로 모른다고 역공을 취하는 방
식이다.

---

24 "五倫之要, 百行之原, 相傳數千年, 實在于此. 故知君臣之綱, 則民權之說不可行也.
知父子之綱, 則父子同罪免喪廢祀之說不可行也. 知夫婦之綱, 則男女平權之說不可
行也." 華夏出版社, 2002, 34쪽.

장즈둥은 청말민국초의 시대 공간에서 입수한 정보와 학식을 통해 서양에도 중국과는 다르지만 삼강이 있다는 결론을 내린다. 예컨대 서양의 민주정과 입헌군주정에서 의회가 국사를 의론하지만 대통령은 의회를 해산할 수 있다. 군주의 위상이 중국처럼 엄격하지 않고 군주와 신민(시민)의 사이가 가까워도 군주의 명령과 위엄이 살아 있다. 이런 사례를 통해서 서양에도 군신의 인륜〔君臣之倫〕이 원래부터 있다고 주장하고 있다. 또 모세가 십계에서 야훼를 유일신으로 섬기라고 요구하면서 부모에게 효도하라고 언급했고, 집에 사당과 신주는 없지만 실내에 사진을 걸어두고 존경을 표시한다는 점을 들어 부자의 인륜〔父子之倫〕이 원래부터 있다고 본다.

그리고 그는 삼강을 부정하는 사람을 서양 것을 높이 치고 중국 것을 낮게 치는 무리〔貴洋賤華之徒〕로 부르면서, 그들이 서양의 학습에서 모순을 보인다고 비판하고 있다. 그들은 말끝마다 서양 이야기를 하지만 실제로 서양의 정치, 학술, 풍속 중에서 좋은 것은 제대로 모르고 또 알면서도 배우려고 하지 않는다. 여기에 그치지 않고 그들은 본받지 말아야 할 서양의 질 나쁜 정치와 쓰레기 같은 풍속〔秕政敝俗〕을 높이 치면서 중국의 가르침과 정치를 모두 내다버리려고 하고 있다는 것이다. 이에 따르면 삼강이 서양 정치 문화의 정수이고, 민권과 남녀평등설은 서양의 비정폐속秕政敝俗에 지나지 않는 것이 된다. 또 서양과 중국은 문화의 정수에서 아무런 차이가 없게 된다. 그렇다면 귀양천화貴洋賤華의 무리들은 무엇 하나 제대로 아는 것 없지만 시류에 따라 부나방처럼 이리저리 날뛰는 어중이떠중이가 되어버린다.

청말민국초에 삼강오륜은 그간 누려왔던 절대적인 지위가 흔들리고 있는 상황이지만 장즈둥의 주장은 오히려 공세적이라고 느껴질 만하다. 그의 주장에 따르면 삼강오륜은 근대와 접합 가능할 뿐만 아니라 서양과 공유하는 것이라고 보고 있다. 즉 삼강오륜은 전근대와 근대라는 시간과 중국과 서양이라는 공간을 뛰어넘어 동서고금에 영원하게 빛날 도덕규범으로 상승하고 있다. 위기가 오히려 기회가 된 셈이다. 하지만 장즈둥 주장에도 논리적 허점이 있다. 그는 철저하게 중국의 기준으로 서양 문화의 현상과 본질을 자의적으로 평가하고 있다. 예컨대 민주정과 입헌 군주정에서 대통령 또는 군주의 예우가 전제 군주정에서 군주의 특권과 동일시되고 있다. 이는 서양 근대에서 일어난 정치적 혁명의 의미를 자의적으로 축소시키고 있는 것이다.

우위吳虞는 장즈둥의 입장과 대척 지점에 서 있다. 장즈둥은 삼강오상을 영원한 도덕 원리로 보아서 근대 이후에도 여전히 생명력이 있다고 보았다. 반면 우위는 효孝와 예禮로 대변되는 유교 윤리는 전제주의의 근거이고 심지어 사람을 잡아먹는〔吃人〕비인간적 특성을 지니고 있다고 보았다. 이에 따르면 유교 윤리는 근대의 개막과 더불어 소멸될 수밖에 없는 것이다. 그가 이처럼 유교 윤리의 폐해를 강하게 부르짖는 이유를 세 가지로 찾을 수 있다.

첫째, 유교 윤리는 사람이 이성과 욕망에 따라 자기 주장을 하는 주체적 인간이 아니라 상급자 또는 지배자를 위해 사는 순종적 인간을 길러낸다고 본다.

"정자가 말했다. 효도와 공손은 순종하는 덕성으로 윗사람을 침범하려고 하지 않아 저절로 반란을 일으키는 일이 생길 수 없게 된다. 이렇게 보면 그가 효를 가르치는 것은 충성을 가르치기 위함이다. 이것은 바로 윗사람이 어떠한 우롱을 하더라도 일반 사람들은 고분고분하게 윗사람의 말을 받아들일 뿐 그들에게 침범하거나 반란을 일으키지 못하도록 하기 위함이다. 중국을 '순종적인 백성을 만들어내는 커다란 공장'으로 만들고자 하는 것이다. …… 실제로 지배자들은 충효 병용, 군부 병존이라는 막연한 주장을 이용해서 자신들의 전제專制를 부리는 사심을 채우고 있다."[25]

우위吳虞는 효를 자식의 부모에 대한 자연스러운 애정의 표현으로 보지 않는다. 그는 효를 철저하게 기성의 사회 권력을 독점하려는 복종의 윤리로 간주하고 있다. 그렇지 않으면 왜 형벌 체계에서 불효를 가장 무겁게 다스리느냐고 되묻고 있다.

둘째, 오륜이 평등처럼 보여도 상급자를 제재할 수단이 없으므로 유교 윤리는 불평한 인간 관계를 해결할 수 없다.

"효제를 주장하더라도 그것은 오로지 군주·부친·어른·윗사람만을 위해 내우는 것이다. 다만 그들이 쫓겨나거나 살해당하는 재앙을 피할 방도를 찾을 뿐이지 그들이 쫓겨나거나 살해당하는 원인을 물어보지도 않고 신하·자식·낮은 신분·아이의 인격을 보호하고 존중하는 권리에 신경 쓰지 않는다. 예컨대 사람의 어버이이면 자식을 사랑하고 사람의 아들이면 부모에게 효도해야 하니, 둘 사이가 평등해 보인다. 그러나 자식이 불효하면 오형의 3천 가지 형벌 중에 불효보다 죄가 무거운 것이 없다. 부모는 자식을 사랑하지 않더라도 제재할 길이 없다. 군주가 예로 신하를 대우하고 신하가 충성으로 군주를 모시니, 평등해 보인다. 신하가 불충할 경우 신하가 반란할 수 없는데 반란한다면 반드시 주벌되어야 한다. 군주가 신하에 대한 예를 위반하더라도 원래 제재할 길이 없다. …… 유교의 해독은 참으로 홍수와 맹수에 비해 적지 않다."[26]

우위는 유교 윤리에 평등의 싹을 지니고 있더라도 너무 불완전하

---

25 『吳虞文錄』, 「說孝」, 黃山書社, 2008, 9쪽.
26 『吳虞文錄』, 「家族制度爲專制主義之根據論」, 黃山書社, 2008, 4쪽.

여 현실에 규제력을 발휘할 수 없다고 주장하고 있다. 이 주장은 앞
서 보았듯이 삼강과 오상(오륜)의 차별론자들은 오륜이 평등하고 민
주적 요소를 지니고 있다는 것과 상반된다. 즉 오륜이 군주와 어버이
로 하여금 쌍무적 윤리를 준수하게 할 수 있다고 하더라도 그것을 거
부할 때 아무런 제재 조치가 없는 것이다. 이로써 오륜과 삼강의 차
별 지점이 소멸되는 것이다.

셋째, 공자의 강상예교綱常禮敎를 극단적으로 몰고 가면 사람을 살
리는 것이 아니라 사람을 죽이는 비인간성非人間性과 몰주체沒主體로
이어지게 된다.

"공 선생의 예교를 극단적으로 끌고 가면 사람을 죽이고 사람을 잡아
먹지 않고서는 성공하지 못한다. 이는 참으로 비참하고 잔혹한 일이다.
역사의 한 부분에서 도덕을 강조하고 인의를 역설한 사람이라도 기회가
주어지면 그는 직접적으로나 간접적으로나 모두 인육을 먹었다. ⋯⋯
오늘에 이르러 우리는 다음을 깨달아야 한다. 우리는 군주를 위해서 사
는(태어난) 것이 아니다! 성현을 위해서 사는 것이 아니다! 강상예교를
위해서 사는 것이 아니다! '문절공文節公'이니 '충렬공忠烈公'이니 무엇
하려 떠들겠는가? 모두 사람을 잡아먹는 사람이 예교를 강조하고, 예교
를 강조하는 사람이 사람을 잡아먹는 자인 것이다!"[27]

우위吳虞의 결론이 정제되지 못하여 자극적으로 보이지만 일말의
진실이 없는 것이 아니다. 그는 역사서에서 '충의', '도덕'으로 인해 일
어난 자살, 살상 등 각종 비인간적 사례를 적시하고 있다. 하지만 부

---

27 『吳虞文錄』, 「吃人與禮敎」, 黃山書社, 2008, 31~32쪽. 淸末民國初에 많은 사회 사
　　상가들이 유교의 강상예교가 사람을 잡아먹는다고 비판했는데, 루쉰도 『狂人日記』
　　에서 인의도덕이 사람을 잡아먹는다고 보았다.

분적 예시를 가지고 모든 예교에 대한 일반적인 주장을 내린다는 점에서 논리적 오류를 범하고 있다. 하지만 그의 비판에는 강상예교가 절대화 또는 경직화될 때 나타날 수 있는 병리 현상을 지적하고 있다. 즉 그는 선이 인간의 해방이 아니라 인간에게 폭력을 가하여 악과 경계가 뚜렷하지 않을 수 있다고 보는 것이다.

이제까지 우리는 장즈둥과 우위가 각각 유교의 삼강오상(삼강오륜)이 근대와 접합할 수 있는가를 두고 펼친 찬반양론을 살펴보았다. 두 사람의 날선 입장만큼이나 논점은 치밀하지도 심층적이지도 못했다. 장즈둥은 서양과 중국의 우연한 일치에 주목해서 삼강오상을 전근대와 근대, 중국과 서양을 아우르는 보편 규범으로 성급하게 결론을 내리고 있다. 마찬가지로 우위는 역사적 사례와 사회 현상을 주목해서 유교 윤리가 단순히 신분과 불평등의 봉건 예제라는 점을 들추어내는 데에 그치지 않고 식인食人을 낳는 비인간성과 몰주체라고 비판하고 있다. 이러한 주장은 유교 윤리에 대한 객관적이며 냉혹한 성찰이라기보다 청말민국초라는 시대 상황에서 수구와 변혁이라는 사회 정치 분야의 운동(campaign)에 가깝다. 그만큼 삼강오상 또는 삼강오륜이 가진 특성이 제대로 논의되지 않은 채 옹호와 반대의 이분법적 대립 속에서 각자의 정당성만을 소리 높여 외친 격이었다.[28] 이제 다시 삼강오륜의 의의를 객관적으로 따져봐야겠다.

---

28 우위의 효 비판과 별도로 1920~30년대 효도를 재해석하여 현대사회에 접목하자는 논의가 일어났다. 이와 관련해서 高琛, 「儒家孝文化硏究綜述」, 『學理論』第6期, 哈爾濱: 哈爾濱市社會科學院, 2014와 郁有學, 「近代中國知識分子對傳統孝道的批判與重建」, 『東岳論叢』第2期, 濟南: 山東社會科學院, 1996 참조. 高琛은 1920년대부터 郁有學는 1930년대부터 효의 재해석이 일어났다고 보고 있다.

3. 신삼강오륜의 제언 : 동반同伴과 공진共進의 관계적 자아

삼강오상三綱五常 또는 삼강오륜三綱五倫은 전근대의 신분사회를 규율했던 규범이었다. 삼강오륜은 불평등의 낙인을 떠나서 현대사회에서 재생할 수 있는 길이 있는 것일까? 이 점에서 나는 삼강오륜을 동반성에 입각한 관계윤리, 배려와 평등에 수반하는 상호 주체 또는 관계적 자아의 확립으로 재해석하고자 한다.

1) 관계 윤리의 특징과 사각지대

삼강과 오상(오륜)의 관계 윤리는 전근대 사회에서 모든 도덕 행위의 근원으로서 절대적 위세를 누렸다. 근대 사회에서도 그와 같은 권세를 누릴 수 있을까, 아니면 조금 약화된 권세를 누릴 수 있을까? 만약 이 질문에 긍정적으로 대답하려면 삼강과 오륜의 관계 윤리는 적어도 세 가지의 시련을 타고 넘어가야 한다.

첫째, 삼강오륜은 우위吳虞가 제기했던 반인간성의 혐의를 털어낼(벗어날) 수 있어야 한다. 삼강오륜이 근대에서 살아남는다고 하더라도 그것은 전근대의 신분제 사회에서 했듯이 신분적 불평등을 옹호, 강화시킬 수는 없다. 하지만 삼강오륜이 사회의 모든 영역, 특히 사적 영역에서 신분이 아니라 계층과 세력의 다소나 강약에 의해서 침해가 발생할 수 있다.

이와 관련해서 캉유웨이(康有爲, 1858~1927)와 탄쓰퉁(譚嗣同, 1865~1898)의 성찰에 주목할 만하다. 『대동서大同書』「서언」을 보면 캉유웨이는 사람을 포함해서 모든 생물은 괴로움을 벗어나서 즐거움을 찾으려고 한다[救苦求樂]고 주장한다. 이를 위해서 그는 고통이 생겨나는 근원을 찾고자 했다. 그는 그 원인이 국계國界·급계級界·종계種界·형계形界·가계家界·업계業界·난계亂界·류계類界·고계苦界

등 아홉 가지에 있다고 보았다. 여기서 계界는 관계가 폐쇄적으로 일
어나는 경계이기도 하고 그 경계에 의해서 생겨나는 우대와 냉대의
차별이 갈리는 분기점이기도 하다. 예컨대 국가와 국가의 구별이 있
기 때문에 힘의 우위를 바탕으로 서로 공격을 일삼게 된다. 캉유웨이
는 국가와 국가의 계를 없애버린다면 전쟁을 일으킬 가능성 자체가
사라지게 된다고 본다. 이처럼 계가 있는 한 평화와 번영으로 나아가
즐거움을 낳는 것이 아니라 투쟁과 대립으로 진행되어 고통을 낳을
수밖에 없으므로 국가를 구별하는 계를 없앨 것을 주장한 것이다.

탄쓰퉁은 캉유웨이의 계를 망라網羅, 즉 그물로 비유해서 논의를
이끌어가고 있다.

> "제일 먼저 이익과 봉록(월급)으로 뒤엉킨 관료제가 드리운 그물을
> 뚫어서 찢어버리고 다음으로 세상의 학문, 즉 고증을 일삼고 문장에 빠
> 진 학문이 드리운 그물을 뚫어서 찢어버리고, 다음으로 지구상에 있는
> 여러 가지 학문이 드리운 그물을 뚫어서 찢어버리고, 다음으로 폭군마
> 저 정당화하는 전제 군주제가 드리운 그물을 뚫어서 찢어버리고, 다음
> 으로 모든 것을 정당화해주는 하늘의 권위가 드리운 그물을 뚫어서 찢
> 어버리고, 다음으로 지구상에 있는 여러 가지 종교가 드리운 그물을 뚫
> 어서 찢어버리고, 마지막으로 불교 진리가 드리운 그물을 뚫어서 찢어
> 버리자."[29]

캉유웨이와 탄쓰퉁의 주장에 따르면 사람은 계界와 망라網羅 속에
있는 고통에서 벗어날 수도 없고 거짓과 위선의 세계를 무력하게 만

---

29 『譚嗣同全集』 하책 「자서」, 290쪽 : "初當衝決利祿之網羅, 次衝決俗學若考據, 若詞
章之網羅, 次衝決羣學之網羅, 次衝決君主之網羅, 次衝決倫常之網羅, 次衝決天之網
羅, 次衝決全球羣教之網羅, 終衝決佛法之網羅."

들 수 없다고 본다. 삼강오륜의 옹호자와 달리 두 사람은 계와 망라의 관계가 해방이 아니라 고통을 낳는 근원이므로 그것을 철폐할 때고통에서 벗어나서 해방을 얻게 된다고 본다. 예를 들면 캉유웨이는 사람이 가계를 벗어나 그 어디에도 매이지 않는 지평에서 새롭게 탄생한 사람을 '천민天民'[30]으로 표현하고 있다. 천민天民은 전근대 사회의 신민臣民에서 근대 사회에 새롭게 등장할 시민에 대한 새로운이름이었던 것이다. 여기서 우리는 둘이 사람을 묶는 틀을 가족만이아니라 종족과 국가 등으로 확장하고 있는 것에 주의할 만하다. 사람은 종족과 국가의 논리에 포섭될 경우 국가주의, 국수주의, 민족주의등의 이념에 사로잡혀서 자기 이외의 종족과 국가를 대상으로 배타적적대적 행위를 선의 이름으로 정당화시킬 수 있다. 즉 사람이 관계안에서 겪는 억압을 관계 밖에 전가시킬 수 있다. 이때 내부의 관계가 외부를 대상으로 해서 개별 단위로 응집되는 실체화 현상이 일어난다.

이렇게 보면 삼강오륜은 역할 상대끼리의 관계나 역할 상대를 한쌍(덩어리)으로 묶어주는 가족, 국가 등의 층위에서 타자를 대상으로한 폭력을 낳을 가능성을 배제할 수 없다.

둘째, 삼강오륜의 덕목은 자연적 사회적 관계에 놓인 사람들, 즉특수 관계를 규율할 수 있지만 그 관계 밖의 사람을 규율할 수 없다면 그것은 불완전한 규범에 지나지 않는다. 예컨대 오륜 중 부자유친

---

30 康有爲는 가족관계를 떠나서 천민이 되자(去家界爲天民)는 맥락에서 天民을 사용한다. 확대 해석한다면 전통적인 삼강·오륜에 매인 존재(臣民)에서 그러한 관계의 그물을 벗어나 평등을 누리는 새로운 사람을 天民으로 명명했다고 볼 수 있다. 근대에 이르러 군주에 대한 예속을 나타내는 신민을 대신해서 公民·市民·人民·國民·百姓 등이 창조되거나 재활용되었다. 지금 보면 다른 말은 살아있지만 천민은 사어에 가깝다. 이러한 사정도 별도로 연구할 만한 가치가 있다. 이러한 의미는 康有爲가 창조한 세계이지만 天民이란 말 자체는 이미 전국시대의 『맹자』 「만장」상 7, 「만장」 하 1, 「진심」 상 19에서 처음으로 쓰이고 있었다.

은 개별 혈족 안에서만 통용된다. 사람들이 서로의 사정을 속속들이 알고 지내는 촌락 공동체라면 부자유친父子有親이 그 자체로서 유효할 수 있다. 하지만 타인들로 뒤섞인 도시에는 숱한 아버지뻘과 자식뻘의 사람들이 있지만 이들 사이가 부자유친으로 규제될 수는 없는 것이다. 현대사회에서 삼강오륜을 고수하게 된다면 의도하든 하지 않든 곳곳에 사람들을 윤리적으로 규제할 수 없는 사각지대가 끊임없이 생겨나게 된다. 이와 관련해서 살펴볼 만한 것이 량치차오가『신민설 新民說』에서 다루고 있는 공덕公德과 사덕私德에 대한 구분법이다. 그는『신민설』의 제5절에서 공덕을 다루고 제18절에서 사덕을 다루고 있다. 그는 처음에 중국에 공덕이 부족하다는 현실을 지적하기 위해서 공덕을 먼저 다루었다가 혁명파의 등장 이후 개인 덕성을 강조하는 사덕을 강조하기에 이르렀다.[31]

　"우리나라 사람들에게 가장 모자란 것이 공덕의 측면이다. 공덕이란 무엇인가? 사람의 사회가 사회 꼴을 이루고 국가가 나라 꼴을 이루는 바탕으로 모두 이 공덕에 의지해서 성립되는 것이다. …… 도덕의 본체는 하나일 뿐이다. 다만 밖으로 드러날 때 공과 사의 이름이 덧붙는다. 사람들이 자기 한 몸을 깨끗하게 하는 것〔獨善其身〕을 사덕私德이라고 한다. 사람들이 서로 자신의 사회를 좋게 하는 것〔相善其群〕을 공덕公德이라 한다. 두 가지는 모두 사람이 살아가는 데에 없어서는 안 되는 그릇이다. 사덕이 없다면 사람 노릇할 수 없다. 비열하고 위선적이고 잔인하고 어리석은 자들이 제아무리 많이 모인다고 하더라도 나라를 이룰 수 없다. 공덕이 없으면 사회를 이룰 수 없다. 자신을 돌보는 데에만

---

31 이와 관련해서 사덕을 논하는 서론 격의 글을 보라. 자세한 맥락은 이혜경,『천하관과 근대화론 : 양계초를 중심으로』, 문학과지성사, 2002, 211~228쪽; 이행훈,「동아시아 공덕과 사덕 담론과 근대 주체 기획」,『동양철학연구』90, 2017, 97~124쪽 참조.

만족한다면 깨끗하고 선량한 사람이 제아무리 많이 있다고 하더라도 나라를 이룰 수 없다. 우리나라 중국의 도덕 발달은 다른 나라에 비해 이르다고 할 수 있지만 성격을 보면 사덕에 치우쳐 있고 공덕은 거의 결여되는 것과 마찬가지이다. 시험 삼아 살펴보다면 『논어』와 『맹자』 등의 책은 우리나라 국민들의 목탁이고 도덕의 근원이다. 그 중에 다루는 가르침은 사덕이 90%이고 공덕은 10%에도 미치지 못한다. …… 사인私人 —사인은 공인公人에 대비되는 말로 타인과 교제하지 않을 때의 개인을 가리킨다. —의 자격을 지녔다고 할지라도 완전한 인격을 갖추었다고 할 수 있겠는가? 그럴 수 없다."[32]

량치차오의 공덕결여론公德缺如論 또는 공덕의 상대적 부재론은 삼강오륜이 갖는 맹점을 가장 핵심적으로 지적하고 있다. 오늘날 세계화가 지속적으로 진행되는 상황에서 삼강오륜의 입지는 더욱 좁아진다고 할 수 있다. 왜냐하면 삼강오륜이 자연적 사회적 관계 밖의 사람을 규제할 수 없을 뿐만 아니라 지속적으로 몰려오는 타자를 관계 밖에 방치할 수 없기 때문이다. 결국 현대사회에서 시간이 지나면 지날수록 삼강오륜이 규제할 수 없는 세계는 점점 넓어지게 된다. 극단적으로 말하면 삼강오륜은 규제할 수 없는 거대한 세계에 의해 포위된 채 오갈 수 있는 다리도 없는 윤리적 섬(moral island without bridge)이 될 뿐이다.

셋째, 삼강오륜은 전근대 농촌 공동체가 아니라 근현대 산업화, 도시화에 걸맞는 관계 모델을 만들어내야 한다. 삼강오륜에서 사람은 자신의 이해타산 또는 이성에 입각해서 행위를 선택하고 추진하는 주체로 등장하지 않는다. 사람은 늘 아버지와 자식과 같은 자연적(또는

---

32 『梁啓超全集』 제2책, 北京出版社, 1999, 660~661쪽.

혈연적) 관계 또는 군주와 신하처럼 사회적 관계 속에서 늘 역할 상대
와 상호 작용을 하며 행위를 조율하는 관계적 자아로 등장한다.

근대 이후로 한국을 비롯해서 전통적 유교 사회는 주거 공간의 측면
에서 지속적으로 도시화가 진행되었다. 그 결과 아시아개발은행(ADB)
이 발표한 〈아시아 인구 현황〉 보고서(48개국)에 따르면 홍콩과 싱가
포르와 같은 도시국가는 100%의 도시화를 나타내고 있다. 그 중에 한
국은 81.5%로 6위를, 일본은 66.5%로 11위를, 중국은 46.6%로 22위
를 차지했다.[33] 이처럼 도시화가 급속도로 진전된 상황에서 혈연에 바
탕을 둔 촌락 공동체의 인간 관계, 즉 삼강오륜은 현대 사회에 맞지
않다고 할 수 있다.

그리고 산업구조의 측면을 보면 한국을 비롯해서 전근대 사회는
'농자천하지대본農者天下之大本'의 구호처럼 농업이 산업의 중심을 차
지했지만 산업화 이후로 공업과 서비스업의 비중이 날로 늘어나고
있다. 앞으로 IT 산업 등 새로운 분야는 지속적으로 늘어나겠지만 농
업의 비중은 지금보다 훨씬 더 줄어들게 될 것이다. 농업 사회는 집
단 경험을 통해 발견한 지식이 변하지 않고 장기적으로 축적되어 사
회의 생산력을 일정한 수준 안에 안정적으로 관리해왔다. 이러한 사
회에서 집단 경험에 연원한 지식을 독점하거나 관리하는 인물, 즉 군
주·연장자·부친 등이 국가·사회·가족에서 중심 존재로 역할을
할 수밖에 없다.

농업 사회에 바탕을 둔 삼강오륜의 관계 모델은 도시화, 산업화 나
아가 정보화 사회에서도 여전히 사회 중심에서 자리 잡을 수 있을까?
물론 현대 사회에서 사람은 여전히 군주와 신하의 관계를 제외하면
아버지와 자식만이 아니라 어른과 아이의 관계를 갖는다. 하지만 사람

---

33 『헤럴드경제』 2010.09.20 기사.

이 그러한 관계를 갖는다고 해서 관계에 바탕을 둔 삼강오륜이 규범으로서 전근대 사회와 같은 지위를 갖는다고 보증하지는 않는다. 연공서열제年功序列制度는 일본과 한국의 공직과 기업에서 오랫동안 평가 기준으로 실행되어 왔다. 이 제도는 고용과 신분의 안정성을 보장하면서 오륜 중의 장유유서長幼有序를 그대로 반영하고 있다. 한국을 비롯해서 동아시아 국가는 경제위기에 따라 그간 아시아의 특성으로 알려졌던 종신고용이니 연공 서열제를 버리고 직급의 파괴나 고용의 유연성을 경쟁적으로 도입하고 있다. 그에 따라 장유유서에 따른 나이 대접이 지켜지지 않고 있다. 나이 적은 상급자와 나이 많은 하급자 현상이 도처에서 생겨나고 있다. 이런 상황에서도 '장유유서長幼有序'를 고수한다면, 현실로부터 규범의 유리화가 한층 심해질 것이다. 이처럼 삼강오륜은 도시화·산업화·정보화에 따라 중심에서 주변으로 위치 이동을 하고 다시 주변에서 고립화될 수도 있는 상황에 놓여 있다고 할 수 있다. 즉 삼강오륜이 아무리 고귀한 전통이라고 하더라도 규제할 대상을 상실하게 된다면, 규범의 자립성이 줄어들게 되는 것이다.

지금까지 논의를 보면 삼강오륜은 현대사회에서 전근대사회에서 했던 것처럼 윤리규범으로서 기능할 수가 없다. 이러한 처지는 삼강 중 군위신강君爲臣綱의 그것과 흡사 닮았다. 오늘날 동아시아 사회는 전통 사회의 왕정과 달리 형태를 달리하지만 민주정을 표방하고 있다. 왕이 지배하려고 해도 통치할 신민이 없는 상황이듯이 삼강오륜이 현실을 규제하려고 하더라도 규제할 현실이 강하게 밀착되어 있지 않다. 따라서 삼강오륜이 현실 규제의 권능을 다시 확실하게 가지려면 변화가 불가피하다고 할 수 있다. 이와 관련해서 다음 장에서 살펴보자.

2) 동반과 공진共進의 신삼강오륜

삼강오륜의 변화를 다루기에 앞서 잠깐 서양 윤리에서 덕윤리가 의무와 같은 원리 중심으로 바뀌어간 맥락을 살펴보자. 고대 그리스 사회에서는 알건 모르건 모든 사람을 대상으로 하지 않고 소규모 또는 중간 규모를 이루는 공동체의 삶에 필요한 규칙을 배우고 익히면 도덕적으로 문제가 없었다. 하지만 알렉산더의 확장 정책과 근대 계몽주의 시대에 이르러 추상적 거대 공동체 또는 익명적 타인에게 적용할 수 있는 윤리가 필요하게 되었다. 이로써 이미 알고 지내는 사람들을 대상으로 습관習慣의 덕德을 배양하는 단계에서 아직 모르는 사람들과 같은 조건에서 공통으로 적용되는 규칙의 윤리를 필요로 하게 되었다.[34]

근대에 서양의 덕윤리가 의무와 같은 원칙 중심으로 변해가듯이 삼강오륜의 윤리도 현대 사회와 접목을 위해 어떠한 식의 변화가 불가피하다고 할 수 있겠다. 만약 삼강오륜이 변하지 않는다면 법가가 강조하는 보편적인 객관 규범 체계로서 법과 특수 관계의 효 윤리의 특이한 이색적인 '공존'으로 이어질 수 있다. 법가 하면 유가와 대립했던 학파라 효孝를 무조건 비판했을 것 같지만 실제로 그렇지 않다. 긍정과 부정의 양면 전략을 구사했다.

먼저 부정의 목소리를 들어보자. 상앙商鞅은 "국가에 예악禮樂과 효제孝弟가 살아 있으면 반드시 나라의 영토가 깎여나가거나 아니면 멸망하게 된다."[35] 또 한비자韓非子가 인용하는 이야기를 들어보자. 노魯나라 어떤 사람이 세 차례에 전투에 나갔다가 모두 패배했다. 공자孔子가 그 까닭을 물으니 "집에 노부가 계셔서 자신이 죽으면 봉양할 길이 없다"고 대답했다. 이에 공자는 그를 효자로 보고서 노나라 군주에게 추천해서 중용하게 했다. 이에 대해 한비자는 가족 입장에서 효자孝子는 국가 입장에서 무능한 신하라고 결론을 내린다.[36] 이

---

34 박찬구, 『개념과 주제로 본 우리들의 윤리학』, 서광사, 2006, 154~161쪽.
35 『商君書』「去强」"國有禮樂孝弟, 必削至亡."

에 법가는 사적인 관계에 매몰된 채 공적 임무를 저버린 사람을 처벌해야 법法 체계가 확립될 것이라고 주장했다.

세상 사람들이 효제孝弟와 충순忠順의 도가 타당하다고 생각해도 한비자는 그것을 따져보면 세상을 어지럽힌다는 생각을 굽히지 않는다. 예컨대 유교에서 성군으로 받든 요순堯舜은 임금과 신하 자리를 바꾸었고, 탕무湯武는 각각 신하로서 임금을 살해해서 임금이 되었기 때문이다. 따라서 그는 국가의 운영을 개인의 지혜, 도덕적 탁월함에 따르면 문제가 생기므로 오로지 법에 따른 통치를 강조했다. 그러면서도 그는 "신하가 군주를 섬기고, 자식이 아버지를 섬기고, 아내가 남편을 섬겨야 한다. 세 가지가 순조롭게 일어나면 세상이 안정되고 세 가지가 순조롭지 않으면 세상이 혼란스러워진다. 이것은 세상의 불변하는 도리이다."라는 전언傳言을 인용하고 있다.[37] 한비자의 전언은 삼강의 형식을 연상시킬 정도로 둘 사이에 유사성이 엿보인다. 한비자는 효제孝弟와 충순忠順이 법을 떠나서 자립적으로 공적 세계를 규율하는 것에는 반대한다. 반면 효제와 충순이 법의 규범에 종속된 채 그 가치를 확대 재생산하는 경우에 한해서 긍정하고 있다.

이렇게 보면 법가에서 법과 효의 공존을 말하더라도, 사실 말이 '공존'이지 효는 법의 하위 규범 체계로 편입된 것이다. 즉 법은 보편 규범의 수립을 목표로 하는 공적 세계를 규제하는 반면 효는 사적 세계가 공적 세계의 질서를 수용하여 그것을 확대 재생산할 수 있도록 보조적 역할을 맡는 것이다. 이를 현대 상황에 대비한다면, 삼강 오륜은 거시적이며 공적인 세계에 작동하는 원칙 중심의 윤리를 보

---

36 『韓非子』「五蠹」 "以是觀之, 夫父之孝子, 君之背臣也."
37 『한비자』「忠孝」 "天下皆以孝悌忠順之道爲是也, 而莫知察孝悌忠順之道而審行之, 是以天下亂. …… 臣之所聞曰: '臣事君, 子事父, 妻事夫. 三者順, 則天下治. 三者逆, 則天下亂. 此天下之常道也.' …… 廢常上賢, 則亂. 舍法任智, 則危. 故曰: 上法而不上賢."

조할 수 있는 조건에서 미시적이며 사적인 세계를 규율할 수 있는 것이다.[38]

서양 윤리의 사정에 따른다면 삼강오륜은 대체의 운명을 피할 수 없고 법法과 효孝의 공존 사례를 보면 삼강오륜은 있다. 삼강오륜은 변화의 길에 어떤 가능성이 놓여 있을까? 이와 관련해서 정인재가 인용하고 있는 리이위안(李亦園)의 칠륜설七倫說이 있다.[39] 리이위안이 삼강오륜 중 오륜과 현대사회의 접합 가능성을 모색하는 고민은 필자가 앞서 다룬 내용과 일치하는 점이 있다. 그에 따르면 오륜은 정지된 농업 사회에서 발전된 윤리 관계로 "자기와 직접 관계가 있거나 또한 특수한 관계를 맺고 있는 대상을 위주로 하므로, 이 관계를 벗어난 범위는 적용시키기 어렵다."(정인재, 115) 현대의 산업 사회는 오륜에서 설정한 교제를 초월해서 "직접 관계가 없는 익명의 사회 대중 간에 행위의 준칙을 삼을 규범이 없다면 사회 질서는 혼란하게 될 것"이고 본다. 그는 이 문제를 해결하기 위해서 오륜五倫을 칠륜七倫으로 확충시켜 현대화된 인간 관계에 적용하고자 했다. 추가되는 것은 개인〔己〕과 공동체〔群體〕(내가 속해 있는 공동체〔我群〕와 속해 있지 않은 공동체〔他群〕를 포함) 그리고 공동체〔群體〕와 공동체(국내와 국외를 모두 다 포함) 사이의 관계이다. 이를 기존의 오륜 형식으로 표현하면 기군유경己群有敬, 군군유혜群群有惠가 된다.(정인재, 116) 리이위안의 칠륜七倫은 오륜의 현재화를 위해서 노력으로서 상당한 의의가 있다. 오륜에다 이륜二倫을 추가해서 변화된 현대사회의 특성과 유교

---

38 오늘날 이러한 규범의 재배치는 부드럽게 작동하지 못하고 '지하철 반말녀'처럼 각종 '○○남'과 '○○녀'를 양산하면서 파열음을 일으킨다.

39 정인재, 「도덕성 회복을 위한 동양철학의 한 시론: 인륜의 현대적 해석을 중심으로」, 『철학윤리교육연구』 제10권 제21호, 1994.4, 105~142쪽 참조. 그는 인용하면서 출처를 생략했는데, 서지 사항은 다음과 같다. 李亦園, 「'富而好禮'的傳統與現代文化基礎」, 『劇變與調適』, 臺北: 敎理出版社, 1986, 72~81쪽.

윤리의 결합을 모색하고 있기 때문이다.

리이위안의 시도는 의미가 있지만 문제도 포함하고 있다. 오륜이 현대사회와 부합하지 못해서 칠륜七倫으로 확대한다고 하더라도, 기존 오륜의 역할은 현대 사회에서 어떤 역할을 적극적으로 수행할 수 있는가? 또 오륜이 자연(하늘)으로 인해 맺어진 관계인데 그와 성격이 다른 이륜이 어떻게 오륜과 결합할 수 있는가? 이에 대한 적절한 해명이 없다면 오륜의 확충으로서 칠륜은 임시적인 규칙의 지위를 넘어설 수 없다.

나는 군위신강君爲臣綱, 부위자강父爲子綱, 부위부강夫爲婦綱의 삼강과 부자유친父子有親, 군신유의君臣有義, 부부유별夫婦有別, 장유유서長幼有序, 붕우유신朋友有信의 오륜을 현대사회의 인간 관계를 담아낼 수 있는 방식으로 재조정되어야 한다고 생각한다. 따라서 기존의 삼강오륜을 '구삼강오륜舊三綱五倫'이라고 한다면 새롭게 조정된 삼강오륜을 '신삼강오륜新三綱五倫'이라 부르고자 한다.

먼저 삼강을 살펴보자. 삼강 중에서도 군신君臣은 현재 동아시아 사회에서 대응할 만한 사회적 실체를 가지고 있지 않다. 근현대 동아시아 사회가 왕정에서 민주 공화정으로 정치 체제를 전환시켰으므로 사회를 특정 집단 또는 사람을 중심으로 간주되는 구삼강은 현실적으로 성립되기 어렵다. 우리나라 헌법 제1조를 반영하여 군위신강은 국민이 국가의 주인(중심)이라는 민위국강民爲國綱으로 대체될 만하다. 현대사회에서 가족 구성도 다양해지고 또 정치와 도덕 영역에서 가족과 전통보다는 개인과 개인의 합리적 의사 교환이 중요하므로 나머지 둘도 변화가 요구된다. 하나는 경제 영역에서 산업화와 정보화를 반영해서 사람이 기업 활동의 중심이라는 인위사강人爲社綱이 필요하고, 또 사회 영역에서 절대 중심이 사라지고 사람들이 상황과 임무에 따라 주도적 역할을 나누어 맡을 수 있으므로 사람이 번갈아 가면서 중심이 될 수 있다는 인위호강人爲互綱이 필요하다고 할 수 있다.

이어서 오륜을 살펴보도록 하자. 근대 사회에서 사람은 삼강과 마찬가지로 가족에 의해서 사회·정치·경제·도덕의 영역에서 전적으로 좌우되지 않고 개인으로서 끊임없이 관계를 만들어간다. 이처럼 사람은 고정적인 관계에 자동적으로 소속되어 사적인 규칙에 종속되는 것이 아니라 스스로 관계를 만들어 더 나은 공동선을 위해 협력할 수 있다. 이러한 각도에서 보면 사람은 가족을 경계로 나와 남을 나누지 않고 개인과 개인이 서로 다가가서 사이가 긴밀해지는 인인유친 人人有親이 필요하다. 자본주의의 경제 활동에서 핵심적인 경제 활동을 담당하는 노동자와 사용자 사이가 지켜야 할 기본적인 도리에 의해서 규제되는 노사유의勞使有義가 요구된다. 후기산업사회에서 생산자는 기업의 사회적 책임과 윤리 경영을 더욱 무겁게 느끼고 소비자도 환경과 인권을 고려하는 윤리적(착한) 소비에 신경을 쓰지 않을 수 없는데, 이로 인해 소비자와 생산자는 각자의 이해를 앞세우기보다 서로의 가치를 존경하는 소생유경消生有敬이 요구된다. 전근대 사회에서 국가(왕)는 통치의 주체이고 신민은 통치의 객체로 그 역할이 뚜렷하게 나뉘었지만 근대 사회에서 정부가 시민의 투표에 의해 선출되면서 시민의 의지를 존중하지 않을 수 없게 되었다. 이로써 민간과 정부는 공동선을 위한 공동 기획자이자 상호 견제자로서 호혜적 활동을 하는 민관유혜民官有惠가 필요하다. 근대의 민족국가는 자원과 시장의 확보를 위해서 국가 간의 무한 경쟁을 펼쳤고 그에 따라 파멸적인 전쟁을 피할 수 없었다. 정보 통신의 획기적인 진전과 국경 없는 자본과 상품의 교역이 넓어지면서 국가 사이의 상호 의존도가 더욱 심화되고 있다. 이때 국가 간에 상호 신뢰에 바탕을 둔 국국유신國國有信의 요구가 더욱 절실하다고 할 수 있다.

이렇게 구삼강오륜을 신삼강오륜으로 재조정한 것이 과연 타당한지 그 근거를 물을 수 있다. 무엇보다 먼저 삼강오륜은 원래 자연(하늘)으로 인해 맺어진 천륜天倫인데 신삼강오륜도 천륜에 바탕을 두고

있는가? 그렇지 않다면 신삼강오륜이 어떻게 삼강오륜의 틀로 묶일
수 있는가? 다음으로 신삼강오륜 중 특히 오륜에서 개인·생산자·정
부·국가 등은 모두 개별적 의지를 가지고 자체의 목적 실현을 위해
서 노력하는 개별 주체의 특성을 지니고 있다. 이 개별 주체가 다른
개별 주체와 관계를 맺는다고 하더라도 그것은 지속적이라기보다 일
시적이고, 상대와 호혜성이나 공동선의 추구는 개별 주체의 목표에
종속된다. 그럼에도 불구하고 이러한 개별 주체를 관계의 틀 속에 묶
는 것이 가능한가? 가능하다고 하더라도 그 관계가 얼마나 안정적이
라고 할 수 있을까?

위의 두 가지 질문에 대해 긍정적인 대답을 내놓지 못한다면 신삼
강오륜은 시도의 절실함에도 불구하고 정당성을 갖기 어렵다. 첫째로
삼강오륜과 천륜의 상관성에 대해서 살펴보자.

구삼강오륜은 기본적으로 자연적 관계에 집중되어 있지만 군신君
臣과 붕우朋友 관계는 사회적 관계이기도 하다. 아울러 사회적 관계
는 주어진 것이 아니라 의義의 유무에 따라 맺어지기도 하고 끊어지
기도 한다. 『맹자』를 보면 공자가 세상을 구제할 기회를 얻기 위해
천하를 돌아다닐 때 그가 군주와 환상의 파트너가 되느냐와 관련해
서 특정한 개인(권력자)의 환심보다 명命·예禮·의義가 중요하다고
주장을 내놓고 있다.[40] 즉 공자가 세 가지를 만나면 기회를 얻어서
상호 존중의 군신 관계를 맺게 되는 것이고 그렇지 않으면 그런 관
계를 맺을 수 없는 것이다. 또 맹자는 군신의 관계를 동성 신하와 이
성 신하를 구분하고서 전자는 군주와 정치적 운명을 같이 하지만 후
자는 자신의 주장이 존중되지 않으면 관계를 끝내버린다고 설명하고
있다.[41] 여기서 우리는 구삼강오륜에도 사람의 관계가 무조건적이며

---

40 『맹자』「萬章」상 9 "孔子曰: '有命.' 孔子進以禮, 退以義. 得之不得曰'有命.'"
41 『맹자』「萬章」하 9 "王曰 請問貴戚之卿. 曰君有大過則諫, 反覆之而不聽, 則易位.

절대적이지 않고 조건에 따라 맺음과 끊어짐, 즉 가입과 탈퇴가 허용
된다고 할 수 있다. 좀 더 강하게 말한다면 서로의 조건이 충족되면
관계가 체결되고 조건이 지켜지지 않으면 관계가 끝나는 계약의 특
성을 지니고 있다고 할 수 있다. 이런 특성을 가장 잘 드러내는 개념
과 사고방식이 의義 · 의기투합意氣投合 · 이문회우以文會友이다. 의義
와 의기意氣가 서로 일치할 때는 재산을 공유하고 희생마저 달게 여
길 정도로 긴밀한 관계를 유지하며 공동의 목표를 추구해나간다. 이
러한 특성은 군신만이 아니라 부부 관계에도 적용된다. 『안씨가훈顔
氏家訓』을 보면 "남편이 의롭지 못하면 아내가 순종하지 않는다."거
나 사마광司馬光의 『가범家範』에 보면 "부부는 의로서 서로 섬기는데,
의가 끊어지면 서로 떨어진다."고 한다. [42] 나아가 의합義合과 의절義
絶은 구삼강오륜舊三綱五倫의 관계를 고정성이 아니라 신축성을 지니
게 만드는 특성이다. 이에 따르면 신삼강오륜新三綱五倫의 관계가 천
륜이 아니라서 삼강오륜의 틀로 묶을 수 없다는 비판은 절대적이지
않다고 할 수 있다.

그리고 구삼강오륜의 관계에 따른 규범은 자연스런 애정에 의해
서 지탱되기도 하면서 동시에 그 너머의 가치에 의해서 규정되기도
했다. 이와 관련해서 우리는 여러 문헌에서 다양한 근거를 찾을 수
있다. 먼저 『논어』를 보면 경敬과 예禮가 지켜질 때 사람은 혈연적
형제를 넘어서 사해가 동포라는 지평에 도달할 수 있다. [43] 장재張載
는 「서명西銘」에서 민포물여民胞物與를 주장하여 『논어』의 사해동포

…… 請問異姓之卿. 曰君有過則諫. 反覆之而不聽, 則去."
42 『顔氏家訓』「治家」"夫不義, 則婦不順矣."『家範』「夫婦」"夫婦以義事, 義絶而離
之."
43 『논어』「안연」5(299) "司馬牛憂曰：人皆有兄弟, 我獨亡. 子夏曰：商聞之矣, 死生
有命, 富貴在天. 君子敬而無失, 與人恭而有禮. 四海之內, 皆兄弟也, 君子何患乎無
兄弟也?"

주의四海同胞主義를 만물의 차원으로 확장시키고 있다.[44] 이로써 세계는 우주가족 또는 타자 없는 동일자로 충만된(가득 찬) 특성을 보여주고 있다. 동중서董仲舒나 장재張載와 같은 기론자氣論者들은 태허기太虛氣가, 정이程頤나 주희朱熹와 같은 리론자理論者들은 리理가 구삼강오륜의 규범이 자연적 관계와 사회적 관계를 포함한 모든 관계의 의미를 부여하고 그것을 통일시키는 규제력을 발휘한다고 보았다. 따라서 신삼강오륜도 배타적 민족주의를 넘어서서 세계 시민주의cosmopolitanism와 결합할 수도 있고 나아가 리理나 기氣와 짝해서 자유와 평등의 근대적 가치와 결부될 수 있다. 이로써 보면 자유와 평등이 없는 구삼강오륜舊三綱五倫은 자유와 평등을 지닌 신삼강오륜新三綱五倫으로 탈바꿈될 수 있는 것이다.

이제 개별 주체가 관계 윤리로 포섭 가능한지 문제를 살펴보도록 하자. 개인, 기업, 생산자, 소비자, 국가 등의 개별 주체는 타자에게 피해를 주지 않는 한 자신의 목적을 달성하고자 한다. 요즘 기업의 사회적 책임과 윤리 경영이 강조되면서 생산자는 익명의 소비자를 대상으로 최대의 이윤 창출만을 목표로 삼을 수 없게 되었다. 최근 2010년 11월 1일 국제 표준화 기구ISO는 기업 등의 사회적 책임Social Responsibility에 관한 국제 표준 ISO26000 지침서를 공식적으로 발간했다. 물론 이 표준안은 기술규격과 품질에 관한 일반적인 ISO 표준안과 달리 검증제 형식을 띠지만 기업 등 사회의 모든 조직이 의사결정과 활동에서 기업 조직의 지배 구조, 인권 및 노동 관행, 생태계에 대한 고려, 공정거래 관행, 소비자 이슈, 지역 사회 발전 등을 존중할 필요가 있다.[45] 예컨대 기업이 부가 가치의 창출로서 생산에만 신경

---

44 "故天地之塞, 吾其體, 天地之帥, 吾其性. 民吾同胞, 物吾與也."

45 『한겨레신문』 2010년 11월 03자 국제면 기사. 유교 윤리가 오늘날의 기업의 사회적 책임처럼 전통시대 상업활동의 규제 이념으로 작용했다. 이와 관련해서 신정근,

쓸 것이 아니라 비경제적 요소를 고려하게 되었다. 즉 기업이 지역 사회에서 바라지 않는 것임에도 불구하고 이익이 된다면 무엇이라도 하는 것이 아니라 이익이 된다고 하더라도 지역사회에서 바라는 것을 우선적으로 하게 되는 것이다. 여기서 더 나아가 지역 사회가 바라지는 않는 것을 기업이 하지 않을 수 있다. 그렇지 않을 경우 소비자가 대규모 불매 운동을 할 수도 있고, 비도덕적 기업으로 평가될 경우 브랜드의 이미지가 타격을 입거나 매출에도 커다란 손실을 입게 된다.[46] 오늘날 생산자(기업)가 사회 책임과 윤리 경영의 상황에서 기업의 논리만을 내세우지 못하고 지역사회와 소비자의 요구를 고려하지 않을 수 없게 된 것이다. 그때 기업의 의사 결정과 활동은 놀라우리만치 『논어』에서 말하는 황금률로서 서恕와 닮아 있다. 즉 "네가 바라지 않는 것을 상대에게 부가하지 마라!"[47] 이렇게 보면 현대사회에서 국가, 기업, 생산자, 소비자 등의 주체는 합리적인 개인 또는 합리적 선택만을 하는 것이 아니라 자신의 의사 결정과 활동의 선택으로 인해 영향을 받는 타자를 무시할 수 없는 상대partner로 고려하게 되었다. 즉 동반자 의식을 강하게 의식하게 되었다.

이제 마지막 논점을 살펴보기로 하자. 우리가 구삼강오륜舊三綱五倫을 신삼강오륜新三綱五倫으로 재조정했을 때 최종적으로 왜 존재성의 동반성에 도달하게 되었을까? 그것은 삼강오륜에서 사람은 기본적

「사익 추구의 정당화 : 원망의 대상에서 주체의 일원으로」, 『동양철학』 제32집, 2009.12 참조.

46 미국의 Dell 회사가 AS에 소홀했다가 그 일이 인터넷을 통해서 큰 문제가 되고 매출상으로 엄청난 손실을 본 이후 소비자의 불만을 전향적으로 수용해서 재기하게 된 적이 있다. 제프 자비스, 이진원 옮김, 『구글 노믹스』, 21세기북스, 2010 참조.

47 『논어』「顔淵」2(296) "己所不欲, 勿施於人." 황금률과 관련해서 문병도, 「孔孟의 恕의 도덕 판단 방법론에 관한 소고」, 『동양철학』 제8집, 1997 ; 신정근, 「도덕원칙으로 恕 요청의 필연성」, 『동양철학』 제21집, 2004 참조.

으로 관계적 존재로 파악되고 있기 때문이다. 이를 두 가지로 나눠서
살펴볼 수 있다. 하나는 앞서 다루었듯이 존재는 기氣이든 리理이든
같은 근원을 가지고 있다. 즉 존재의 동근원성이라고 할 수 있다. 다
른 하나는 존재의 상호 의존성 또는 존재의 무독립성이다.

"모든 사물 또는 사태는 반드시 상대, 즉 상호 의존의 관계에 있다.
위가 있으면 반드시 아래가 있다. 왼쪽이 있으면 반드시 오른쪽이 있
다. 앞쪽이 있으면 반드시 뒤쪽이 있다. 바깥이 있으면 반드시 안이 있
다. 아름다움이 있으면 반드시 추함이 있다. 순조로운 일이 있으면 반
드시 거슬리는 일이 있다. 기쁜 일이 있으면 반드시 분노의 일이 있다.
추위가 있으면 반드시 더위가 있다. 낮이 있으면 반드시 밤이 있다. 이
것은 모두 상호 의존[동반성]의 실례이다. 음은 양의 짝이고 아내는 남
편의 짝이고 신하는 군주의 짝이다. 사물과 사태에 짝이 없는 것이 없
고 짝은 각각 음양으로 분류된다."[48]

이는 동중서의 『춘추번로春秋繁露』에 나오는 내용이다. 사물과 사
태는 독립적으로 존재하고 발생하는 것이 없다. 존재는 생성과 전개
의 모든 과정에서 상대와 엮어서 하나의 짝으로 실재한다. 이처럼 존
재의 동반성은 동아시아 전근대의 사유 방식에서 자연적 사실이면서
동시에 근원 사태였다. 이러한 근원 사태는 통속적으로 순망치한脣亡
齒寒의 이야기로 이어졌다. 입술과 이는 결코 독립적으로 존재할 수
없고 서로 의존하여 존재할 수밖에 없다. 동근원성과 상호 의존성에

---

48 『춘추번로』「基義」 "凡物必有合. 合: 必有上, 必有下. 必有左, 必有右. 必有前, 必有
後. 必有表, 必有裏. 有美必有惡, 有順必有逆, 有喜必有怒, 有寒必有暑, 有晝必有夜,
此皆其合也. 陰者陽之合, 妻者夫之合, 子者父之合, 臣者君之合. 物莫無合, 而合各
有陰陽."

의해 드러난 존재의 동반성은 사람으로 하여금 존재의 공진共進을 과제로 설정하게 만든다. 『논어』에서는 이를 박시제중博施濟衆으로 주장했고, 「중용」에서는 개인구원〔成己〕과 사회구원〔成物〕의 종합을 주장했던 것이다. 이렇게 보면 현대사회에서 신삼강오륜도 존재의 공진을 추동하는 관계윤리로 정립될 수 있는 것이다.

4. 맺음말

유교 윤리는 상호 의존성과 동근원성에 의해서 뒷받침되는 존재의 동반성을 내세우고 있다. 이것이 관계의 윤리로 구체화된 것이 구삼강오륜이고, 현대사회의 틀에 맞게 재조정된 것이 신삼강오륜이다. 형식적인 측면에서 보면 유교의 존재 동반성은 불교의 연기설과 유사성이 엿보인다. 연기설의 형식은 다음처럼 표현된다. "A가 있으면 B가 있고 A가 생기면 B도 생기고, A가 없으면 B가 없고 A가 멸하면 B도 멸한다."[49] 앞서 인용했던 동중서의 주장과 비슷하다. 형식상으로 유사하지만 방향은 반대로 진행되었다. 연기설에 따르면 존재가 독립적이지 않고 상호 의존되어 있으므로 상호 의존성을 실체로 오인하지 않도록 요구했다. 삼강오륜에 따르면 존재가 독립적이지 않으므로 하나의 짝을 이루어서 공진할 것을 요구했다.

불교와 유교는 존재의 상호 의존성에 바탕을 두고 있으므로 기본적으로 소유의 권리보다 공유의 평화平和에 친화적이다. 주체가 배타적 실체로 규정되면 그 실체는 자기 보존을 위해서 욕망을 권리로 정당화시키려고 하게 된다. 반면 불교와 유교에서 주체가 의존적 관계

---

49 길희성, 『인도철학사』, 민음사, 1984, 55쪽.

에 놓여 있으므로 욕망은 분출되지 않고 조율되면서 상호 이해와 배려를 내세우게 된다. 이는 배타적 실체의 입장에서 보면 몰주체에 가깝지만 관계적 자아로 보면 상호 주체라고 할 수 있다.

그러면 상호 주체의 공동체에서 갈등과 투쟁은 왜 발생하는 것일까? 하나는 사람이 서로 주체[50]에서 배타적 주체로 전환하면서 소유의 권리를 주장하는 것이다. 이를 예방하기 위해서 유교 윤리에서는 관계적 자아의 성숙을 위해 지속적인 수양을 요구했던 것이다. 다른하나는 기존 공동체의 관계적 자아에 포섭되지 않는 타자의 출현이다. 이 상황에서 관계적 자아는 배타적 주체로 전환해서 타자를 동일자로 규정하거나 이에 실패하면 폭력적 태도를 표출한다. 요즘도 내외부 요인으로 국제 사회와 갈등이 생기면 동아시아 사회는 과장된몸짓으로 적대적 민족주의의 모습을 드러내고 있다. 이는 관계적 자아가 내부적으로 한없는 상호 이해와 배려가 작동할 수 있지만 타자에 대해 그 반대의 양상이 노출될 수 있다는 것을 보여준다. 그간 상호이해와 배려를 동력으로 동아시아 사회는 짧은 기간에 유례없는 압축 성장을 이루었다. 타자와의 공존이 절실하게 요구되는 만큼 구삼강오륜에서 신삼강오륜의 전환이 강력하게 요청된다고 할 것이다. 아울러 요즘 한국 사회에서 기업형 슈퍼마켓SSM과 전통 시장·중소점포 사이의 갈등이 현안이 되고 있다. 강자를 중심으로 하는 구삼강오륜에 따르면 기업형 슈퍼마켓을 규제할 수 없지만 신삼강오륜에 따르면 공존의 방안을 마련해볼 수 있을 것이다.

---

50 서로 주체에 관해서 김상봉, 『서로 주체성의 이념 − 철학의 혁신을 위한 서론』, 길, 2007 참조.

제6장 인권 유학의 현실 적합성과 응용

요약문

오늘날 유학은 전문 학자들의 이론 연구와 고전 번역 그리고 대중 강연과 문화 탐방의 형태로 진행되고 있다. 최근 인문학의 열기가 고조됨에 따라 유학의 관심이 늘어나고 있다. 하지만 유학은 현실과 접목되는 지점을 찾지 못하고 둘은 분리되어 있다. 유학은 소농 경제에 바탕을 두고 있지만 현대 사회는 산업화와 정보화가 고도로 진행 중이다. 이렇게 차이가 해소되지 않은 상황에서 인성교육진흥법이 통과되었다. 유학은 법안을 바탕으로 현실에 개입할 수 있는 제도를 가지게 되었다. 하지만 무조건 인성 교육이 문제 해결의 만능이 될 수는 없다. 갑질로 상징되는 불공평의 관행이 사회 곳곳에 남아 있는 상황에서 인성 교육만 시킨다고 좋은 사회가 될 수는 없다. 이런 측면에서 인성 교육만이 아니라 종래의 유교 연구는 '인권'과 접목되어야 한다. 인권을 전제하지 않은 채 인성은 갑질을 정당화시키는 순응의 윤리로 이어질 수 있기 때문이다.

키워드 : 인권, 인성교육진흥법, 부르키니, 갑질, 흥부전

1. 문제 제기

한국에서 '갑질' '슈퍼 갑질' 현상이 최근 몇 년 사이에 언론에 보도되고 있다. 고용주가 피고용인을 상대로, 프랜차이즈 회사가 가맹점을 대상으로 우월적 지위를 남용하여 문제가 되었다. 이 밖에도 승객(고객)이 서비스 직원을 상대로, 교수가 학생을 대상으로 폭언과 부당한 요구를 하여 물의를 빚었다.

이처럼 사회의 분야를 가리지 않고 '갑질' 현상이 광범위하게 나타나자 한국 사회는 원인과 대책을 논의하기 시작했다. 그리하여 사회적으로 '인성人性'이 화두로 등장하게 되었다. 급격한 산업화, 정보화로 사회가 급변하는 데에 반해 인성이 갖추어지지 않아 갑질이 일어난다고 진단한 것이다. 즉 사회가 변화하는 만큼 인성이 보조를 맞추지 못하는 지체遲滯 현상을 보인 것이다.

한국 사회는 '갑질' 현상의 퇴치를 위해 발 빠르게 대응했다. 그 결과 세계 최초로 '인성人性 교육'을 의무로 규정한 '인성교육진흥법人性教育振興法'[1]이 2014년 12월 29일에 국회를 통과했다. 해당 법이 2015년 1월 20일 공포됨에 따라 6개월 후인 7월 21일 시행되었고 지금 각급 학교는 인성 교육을 벌이느라 부산을 떨고 있다.

잠깐 '인성교육진흥법'에 대해 알아보자. 해당 법은 건전하고 올바른 인성을 갖춘 시민 육성을 목적으로 한다. 이 법에서 밝히는 인성 교육은 "자신의 내면을 바르고 건전하게 가꾸며 타인, 공동체, 자연과 더불어 사는 데 필요한 인간다운 성품과 역량을 기르는 것을 목적으로 하는 교육"으로 정의되고 있다.[2] 이로써 한국 사회는 너도나도 '인

---

1 인성교육진흥법이 통과된 뒤에 학교 현장에서 인성 교육에 열을 올리고 있다. 그 내용은 다음의 사이트를 보면 확인할 수 있다. http://www.lawnb.com/lawinfo/contents_view.asp?cid=D428E1F401ED4B4C8CB8FEAF95E09D8E101K

성' 교육을 외치는 열풍이 불고 있다.

과연 '인성 교육'이 실시되면 '갑질' 현상은 사라질까? 아니 더 근원적으로 과연 인성이 교육의 대상이 되는 것일까? 또 자기 결정권과 주체성을 인정하는 현대 사회에서 인성 교육은 사상의 자유를 보장하는 헌법과 합치하는 것일까? 인성교육진흥법의 실시로 인해 유교는 교육 과정에 단골 메뉴를 차지하는 영광을 누리게 되었다. 이로써 유교는 건전한 내면과 더불어 사는 성품을 기를 수 있는 사상 자원으로 화려하게 주목을 받게 되었다.

오늘날 인성 교육의 실시로 인해 유교의 소환 방식은 아무런 문제가 없는 것일까? 나는 인권의 문맥에서 유교를 소환해야 한다고 생각한다. 국민이 인성 교육으로 갑질을 하여 불특정인에게 고통을 주는 일을 줄일 수 있겠지만 갑질을 근원적으로 막을 수 없고 피해자의 고통을 해결할 수 없다. 따라서 갑질은 인성 교육이 아니라 인권 강화(교육)를 통해 잠재적 가해자의 위법과 피해자의 고통을 풀어가야 한다. 물론 인성 교육은 갑질 예방에 도움을 줄 수 있지만 인권을 보장하고 신장시키는 맥락에서 실시되어야 한다. 자칫 인성 교육이 독자적 목적에 충실하다보면 문제를 일으키지 않고 기성의 사회 질서에 순응하는 신민의 양성으로 잘못 나아갈 수 있기 때문이다.

지금 현재 인성교육진흥법은 세계에서 한국에만 있다. 하지만 갑질과 유사한 사회 현상 등이 생기면 이 문제를 해결하는 사고의 폐쇄

---

2 인성교육진흥법에 따라 2015년 7월부터 국가와 지방자치단체, 학교에 인성교육 의무가 부여된다. 이를 위해 정부는 인성교육진흥위원회를 설립해 5년마다 인성 교육 종합 계획을 수립하게 된다. 또 종합 계획에 따라 17개 시·도 자치단체장과 교육감은 개별 기본 계획을 세우고 실행하게 된다. 전국의 초·중·고교는 매년 초 인성 교육 계획을 교육감에게 보고하고 인성에 바탕을 둔 교육 과정을 운영해야 한다. 아울러 교사는 인성 교육 연수를 의무적으로 받아야 하고, 사범대·교대 등 교원 양성 기관은 인성 교육 역량을 강화하기 위한 필수 과목을 개설해야 한다. 『시사상식사전』, pmg 지식엔진연구소, 박문각 참조.

회로는 동아시아에서 비슷한 양상을 보인다. 사회의 구조적 원인보
다 개인의 인성에 주목하는 경향이 있기 때문이다. 오늘날 인권은 무
시할 수 없는 삶의 규범이다. 그 결과 인권 문제가 한 나라를 넘어
국제화되면서 지역별로 인권 조약이 체결되고 또 인권 법원이 설립
되어 인권 재판을 진행하고 있다. 하지만 아랍권을 제외하고 아시아
에는 아직 인권 조약과 인권 법원을 둔 인권 공동체가 등장하지 않고
있다.[3]

이러한 맥락에서 우리는 유교를 인권의 맥락에서 재해석하여 '1세
기 유교'의 정체성을 밝히고자 한다.

2. 부르키니burquini 착용과 '쩍벌남manspreading' 논쟁

프랑스와 인도는 각각 국내외적으로 의복 논쟁을 벌이고 있다. 인
도 문화관광부 장관은 2016년 8월 28일 기자 회견장에서 "외국인 여
성 관광객이 인도에서 안전하게 다니려면 짧은 옷이나 치마를 입지
말아야 한다"고 밝혔다.[4] 이것은 여성이 특정한 의복을 입으면 성범
죄를 일으키는 원인이 될 수 있다는 시각을 반영하고 있다. 이러한
사고방식으로 인해 무슬림 문화권에서 여성은 여름에 해수욕장을 찾
으면 비키니가 아니라 부르키니(머리부터 발목까지 가리는 형태의 여성
수영복)를 입어야 했다.

프랑스에서 2009년 8월 12일 무슬림 여성이 부르키니를 입고 수영

---

3 박홍규, 「儒教와 人權」, 『人文研究』 제53호, 2007, 223~224쪽 참조.

4 http://www.ezday.co.kr/bbs/view_board.html?q_id_info=1353&q_sq_board=
7708026 「인도 관광부 장관 "여성 관광객은 짧은 치마 입지 말라"」(풀피리 2016.
08.30 기사)

장에 들어가려고 하자 위생 기준을 이유로 입장을 허용하지 않았다. 그 이후로 부르키니 논쟁이 일어나다가 현재 프랑스 남동부 해변을 중심으로 30여 개의 지방 자치 단체가 개인의 자유를 제한한다는 이유로 부르키니의 착용을 금지하고 있다. 하지만 올해 8월 26일에 프랑스 최고 행정 법원은 부르키니 금지가 개인의 기본적 자유권을 심각하고 명백하게 침해하는 것이라며 금지 조치가 부당하다고 평결했다. 아울러 프랑스 니스 지방행정법원이 9월 1일 리비에라 시市에 무슬림 여성수영복 '부르키니 금지' 조치를 중단할 것을 명령했다. 니스 지방 행정 법원은 "리비에라 시의 테러 공격에 대한 우려는 부르키니 금지를 정당화하기엔 불충분하다"며 "부르키니는 위생과 복장, 안전에 문제가 없다"고 밝혔다.

부르키니 논쟁은 수영장과 해변에서 여성이 어떤 옷을 입는가라는 문제에 한정되지 않는다. 그것은 자유주의와 간섭주의, 세속주의와 엄숙주의, 개인의 선택과 공동체의 질서, 여성과 남성의 성 역할, 문화의 충돌이라는 복잡하고 다양한 특성을 지니고 있다. 논점을 압축한다면 "범죄 예방을 이유로 부르키니의 착용이 정당화될까?" "부르키니 착용은 근원적으로 여성의 자유를 억압하는가?"라고 정리할 수 있다.

유교는 의복(제복)의 착용을 사회의 질서와 연관시켜 논의했던 만큼 부르키니 착용 여부를 둘러싼 논쟁에 끼어들 수 있다. 그렇다면 유교는 부르키니 논쟁에 대해 어떤 대응을 할 수 있을까? 예제禮制를 기준으로 부르키니는 여성다움과 잘 어울린다고 주장할까? 아니면 부르키니는 인간으로서 여성이 개인의 성정을 그대로 드러내지 못하도록 억압한다고 주장할까? 아니면 부르키니는 유교의 기준에서 어떠한 의미를 가지지 못하는 사소한 문제에 지나지 않은 것일까?

유교가 동아시아를 벗어나 세계 문명과 대화를 하고 미래 사회의 전망을 제시하려면 어떻게 해야 할까? 유교의 내재적 의미 체계를 가지고 현대 사회에서 제기되는 논쟁과 현상에 진단과 처방 나아가 방향과 규범을 제시할 수 있어야 한다. 그렇지 않으면 유교는 세계 문명 대화의 장에 나설 수는 있지만 유의미한 주장을 내놓지 못하고 "옛날에 그랬다"거나 "성현의 말씀에 답이 있다"는 권위를 내세울 뿐이다. 여기서 부르키니 찬반 논쟁에 대해 입장을 제시하지 않지만 유교의 경우 반드시 반대로만 볼 수는 없다. 공자도 예제와 관련해서 시대에 따른 변화, 즉 손익損益[5]을 인정할 뿐만 아니라 스스로 시대의 대중에 동조하는 종중從衆의 노선[6]을 취하기도 하기 때문이다.

그리고 대중 교통으로 이동하다보면 남성이 두 다리를 짝 벌리고 좌석에 앉아 옆 승객에게 불편을 주는 '쩍벌남manspreading'을 종종 보게 된다. 쩍벌남은 개인의 자유로운 행동이지만 옆 자리의 사람에게 불편을 줄 뿐만 아니라 다른 사람이 자리를 이용할 수 있는 기회를 빼앗기도 한다. 심각한 피해를 준다고 여기지 않아 아직 '범죄'의 구성 요건을 충족시키지 않는다. 하지만 장시간 이러한 상태에 놓이고 시정을 요구해도 반응하지 않는다면 사정은 달라진다. 한국도 이러한 쩍벌남을 사진에 찍어 인터넷에 올리는 일이 적지 않다. 이를 시정하려면 법의 대상으로 삼아야 할까 아니면 인성교육진흥법에 따라 인성 교육의 대상으로 삼아야 할까?

농업 중심의 공동체에서는 친숙한 사람끼리 익숙한 만남을 한다. 약속을 하지 않더라도 사람들은 서로 상호 반응을 척척 해낸다. 반면

---

5 『논어』「爲政」23(039) "子張問十世可知也. 子曰 : 殷因於夏禮, 所損益, 可知也, 周因於殷禮, 所損益, 可知也. 其或繼周者, 雖百世, 可知也."

6 『논어』「子罕」3(213) "子曰 : 麻冕, 禮也, 今也純, 儉, 吾從衆. 拜下, 禮也, 今拜乎上, 泰也. 雖違衆, 吾從下." 물론 공자는 從衆만이 아니라 違衆을 한다. 부르키니는 조선 시대 여성이 외출할 때 입었던 장옷과 같다. 이런 풍습에 따르면 여성은 당연히 부르키니를 착용해야 한다. 하지만 위생과 건강을 고려하면 부르키니의 착용을 반대할 수도 있다.

〈그림〉 스페인 마드리드 대중교통   〈그림〉 시애틀 경전철 그림

현대 시민 사회는 농촌 중심의 공동체와 달리 취미, 가치 등이 다른 타자와 끊임없이 만나게 된다. 그만큼 낯선 상황에 노출될 가능성이 크다. 이때 '내'가 편하고 익숙하다고 해서 '타인'도 그러리라고 할 수가 없다. 쩍벌남이 바로 그런 사례라고 할 수 있다. 여기서 "나만 편하면 무슨 문제인가!"라고 항변할 수 있지만 명백하게 옆 사람에게 고통과 피해를 주고 있다. 공자가 강조하는 예禮가 상호 존중을 중시하는 만큼 유교에서 쩍벌남을 반대할 수 있다. 설사 '내'가 아무리 제왕이라고 하더라도 쩍벌남은 안하무인의 행위가 명백하므로 결코 권장되지도 않을 뿐만 아니라 허용되지도 않을 것이다.

　이처럼 유교는 세계에서 벌어지는 다양한 현상에 대해 자기 목소리를 낼 때 현대 사회를 움직이는 사상계의 '시민'이 될 것이다.

3. 『흥부전興夫傳』과 인성人性 유교

『흥부전興夫傳』은 판소리 형식의 노래로 불리기도 하고 고전 소설로 읽히기도 했다. 부모가 죽은 뒤에 형인 놀부가 동생 흥부에게 재산을 나누어주지 않고 독차지했다가 악행으로 패가망신敗家亡身한 반면 흥부는 다리가 부러진 제비를 구해줘서 부자가 되고서 형 놀부를 용서하고 행복하게 살았다는 내용을 담고 있다. 놀부는 부모님이 돌아가시자 동생과 나누기로 한 재산을 가로챘다. 이로 인해 흥부는 겪지 않아도 될 배고픔의 고통을 피할 수 없었다. 굶주림에 지친 흥부는 다른 사람이 맞아야 할 곤장을 대신 맞기도 하고 식량을 얻으러 형님을 찾았다가 형수로부터 밥주걱으로 뺨을 얻어맞기도 했다.

이때 유교는 부모님의 재산을 독차지하려는 놀부가 사욕私欲에 빠져서 흥부에게 커다란 고통을 안겨주었다고 말한다. 흥부가 고통을 겪지 않으려면 어떻게 할까? 놀부가 부모님의 재산을 독차지하려는 마음을 먹지 않도록 하면 된다. 여기서 유교는 사람이 어떻게 사욕에 빠지고 또 사욕을 뉘우쳐서 개과천선改過遷善할 수 있을까라는 물음을 탐구했다. 이를 공公과 사私, 인심人心과 도심道心, 인욕人欲과 천리天理, 본연지성本然之性과 기질지성氣質之性 등으로 논의를 펼쳤다. 그 결과 유학은 행위(사건)가 일어나서 피해가 생기기 이전의 미발未發(未然) 본성本性에 주목했다. 즉 인성人性을 파악하여 통제할 수 있다면 놀부와 같은 사람이 나타나지 않을 것이라고 보았다.

『흥부전』의 이야기에 바탕을 두면 인성에 초점을 두는 유학, 즉 인성人性 유교는 사람이 악을 저지르지 않고 선을 행하도록 하는 체계와 방향을 갖추고 있다고 할 수 있다. 행위를 하고 난 다음에 비행을 처벌하는 것보다 행위를 하기 이전에 마음의 세계를 완전하게 규제한다면, 현실 세계는 악으로 인한 고통이 생겨나지 않기 때문이다. 고통을 주는 놀부와 고통을 겪는 흥부가 생기지 않는 것이다.

〈그림〉 공자성적도 사부자송

　하지만 현대 사회에서 가족의 사랑과 형제의 우애를 외치는 것으로 『흥부전』에서 벌어진 갈등을 치유할 수가 없다. 한국의 경우 재벌이 경영권을 승계할 때가 되면 총칼 없는 전쟁이 벌어진다. 우리나라의 굴지의 재벌도 경영권 장악을 두고 형과 동생이 한두 해가 아니라 몇 년에 걸쳐 소송을 벌이고 있다. 소송을 불사하는 형제에게 "천리를 보존하고 사욕을 극복하라"는 "존천리멸인욕存天理滅人欲"의 구호로 인성의 회복을 외친다고 하더라도 구두선에 그칠 것이다.

　공자가 대사구일 때 부자 사이의 소송이 생겨났을 때 사건을 심리하지 않고 3개월 방치한 적이 있다. 그 결과 교도소의 아버지가 잘못을 뉘우쳐서 소송을 취하하여 사건이 마무리되었다. 즉 공자가 강조한 '무송無訟'을 실현했다고 할 수 있다.[7] 오늘날 재벌의 형제는 논

---

7 『논어』「안연」 13(307) "子曰 : 聽訟, 吾猶人也. 必也使無訟乎!"

100평 정도의 자산이 아니라 수천억과 수조라는 막대한 자산을 두고
경영권 전쟁을 벌인다. 형제 사이가 다른 관계와 비교될 수 없을 정
도로 치열하고 지독하게 소송을 벌이고 있다. 이때 형제의 우애도 중
요하지만 정당성에 따른 공정한 판정의 중요성이 더 증대하고 있다.
우애를 지키는 인성도 중요하지만 각자의 몫을 엄정하고 공정하게 판
단하여 개인의 권리를 보장하는 것이 더 설득력을 갖는다.

4. 사익私益 추구 : 약탈과 가치의 창출의 차이

　맹자孟子가 인의仁義와 이익利益을 날카롭게 대립시키면서 사익의
추구와 도덕의 실현이 왜 양립 불가능한가라는 논의를 제기했다. 맹
자와『흥부전』의 시대는 소농小農에 바탕을 둔 농업 중심의 사회였
다.[8] 전국 시대 여불위呂不韋의 말처럼 농업 생산은 비약적인 이윤 창
출이 불가능한 특성을 가지고 있다.[9] 즉 개인이 아무리 열심히 노력
한다고 하더라도 이전보다 몇 배의 생산을 이룩하여 부자가 되기가
쉽지 않았다. 맹자와『흥부전』의 시대에는 자기 착취의 노동을 해야
생존이 보장되는 불안한 사회였다.
　이때 어떤 사람이 이전과 지금보다 더 많은 부를 추구하려고 하면
어떻게 될까? 농업 노동에 의해 부가 가치가 비약적으로 늘어나지 않
으므로 어떤 사람의 욕망은 부가 가치의 창출이 아니라 부의 이동에
의해서만 실현될 수 있다. 즉 놀부처럼 흥부에게 가야 할 몫을 주지
않은 약탈이 부를 이루는 길이다. 이 때문에 공자를 비롯하여 유교는

---

8 소농 사회의 물질적 형태와 사회 질서에 관해서 송영배,『완정판 중국사회사상사』,
　사회평론, 2012 참조.
9 『史記』「呂不韋列傳」.

가져야 할 몫 이상으로 가지려는 탐욕이 단순히 개인의 부당한 욕망에 한정되지 않고 공동체를 붕괴시키는 위험 요소로 보았던 것이다.

그런데 현대 사회는 후기 산업화를 넘어 정보화시대로 나아가고 있다. 개인의 창의적인 아이디어가 상상을 뛰어넘은 부가 가치를 창출한다. 예컨대 미국의 구글은 현재 신의 지위에 비견될 뿐만 아니라 주식의 가치가 나날이 늘어나고 있다. 마윈馬雲은 새로운 모델로 전자상거래로 기존의 대기업을 따돌리고 독보적인 입지를 구축하고 있다. 구글과 알리바바는 검색 엔진과 전자상거래의 기존 시장을 죽이는 것이 아니라 신기원을 이루는 혁명을 일구어냈을 뿐만 아니라 천문학적인 부가 가치를 창출해냈다.

현대 사회는 정당한 경쟁을 통해 부를 창출할 수 있는 시대이다. 약탈의 인욕을 통제하려는 인성人性 유교로만 정당한 부가 가치를 창출하는 현대인을 규제할 수 없다. 부가 가치의 창출이 탐욕도 아니고 죄악이 아니라고 한다면 인성人性 유교는 현대 사회에서 진화하지 않으면 안 된다. 그 길은 인권의 맥락에서 재해석되어야 한다.

5. 인권人權 유교의 길

현대 사회는 사람의 욕망欲望이 개인의 정당한 권리權利로 존중되고 법제화되는 시대이다. 그 결과 공중장소에서 타인에게 피해를 주면서도 자신의 만족을 추구하는 권리광權利狂(rights-mania)이 출현하기도 했다. 권리로 보장된 욕망은 기존에 없던 부가 가치를 창출하는 동력으로 작용하고 있다. 욕망을 도덕과 공동체의 질서에 대립하는 시각으로는 유교와 세계 문명의 대화가 결실을 맺기 어렵다. 사람이 사회적 존재라는 점을 고려할 때 욕망의 무제약적인 추구와 권리의 무한한 보장에 일정한 제약이 주어지겠지만 현대 사회는 사람이 자신의 지성으로 위협을 느끼지 않고 스스로 판단하는 자기 결정권의 자유를 보장하려고 한다. 따라서 우리는 사람의 내면에서 근원적으로 통제하는 인성 유교의 패러다임에만 갇힐 것이 아니라 피해를 주지 않고 행위로 드러나는 현실 세계에 주목하지 않을 수가 없다.

현실 세계는 내면의 성찰省察과 함양涵養에 치중하는 인성人性 유교만으로 규제되지 않고 다양한 개별적 인간이 서로 상이한 욕망을 추구하는 경쟁과 충돌의 장이다. 인성의 차원에서 경쟁과 충돌이 일어나지 않기를 바라면 수양에 노력한다면 동생의 몫을 빼앗은 놀부가 나타나지 않을 수 있지만 구글의 래리 페이지Larry Page는 나올 수가 없다. 오늘날 우리는 행복, 모험, 도전, 열정, 몰입, 창의, 심미처럼 도덕 인성과 다르더라도 개인의 자유와 행복을 제고시키는 인권의 영역을 끌어안지 않을 수가 없다. 그것이 바로 유교가 세계 문명과 대화를 위해 나아가야 할 인권 유교의 길이라고 할 수 있다.[10]

6. '국민-기계'론의 맹위-유교의 동아시아 맥락에서[11]

여담으로 성균관대학교 유학대학은 한 해 매학기마다 해외 학술 답사를 다니는데 지금까지 주로 중국을 방문해왔다. 사드 여파로 한중 관계가 갈등으로 치달을 때 2017년 4월에 해외 학술 답사가 예정되어 있었다. 이때 참가 희망자 중에 "지금 중국에 가도 되느냐?"는

---

10 중국에도 陳來, 王中江, 黃裕生 등도 人權에 관심을 갖고 글을 발표했다. 앞으로 유학과 인권의 논의가 활발하게 진행되기를 기대한다. 그래야만 유학이 현실 사회와 대화를 하고 나아가 세계문명과 대화를 나눌 수 있는 공적 세계를 일구어낼 수 있다.

11 이 절은 웹진 오늘의 선비(http://www.ssp21.or.kr/) 동양고전의 마당(121)에 실린 글(2017.04.03 게재)을 바탕으로 보완했다.

질문을 해왔다. 나는 사드 여파와 중국 여행의 안전 문제가 서로 관련이 없을 것이라며 행사를 진행했다. 사드의 '여파'가 중국을 찾아오게 힘들게 할 수는 있지만 중국에 온 사람을 적대시할 정도로 위험한 수위에 이르지 않았기 때문이다. 우리의 경우도 마찬가지이다. 중국이 자국의 당과 정부 지침에 따라 한국에 오기를 힘들어할 뿐 한국에 오더라도 중국인이라는 이유로 부당한 대우를 받은 일은 일어나지 않았다.

　2017년 4월 박근혜 전 대통령의 탄핵 국면이 마무리되기 이전에 우리나라는 대내외적으로 충돌을 겪고 있었다. 먼저 국내적으로 헌법과 반헌법 또는 민주주의와 반민주주의 세력이 갈등을 겪었다. 박근혜 전 대통령의 파면, 구속 수감 등으로 국정 농단을 일삼은 반헌법 세력이 법의 심판을 받고 있는 중이지만 그들은 아직도 "내가 뭘 잘못했다는 거야!"라는 식의 막무가내식 항변을 거듭하고 있다. 탄핵이 마무리되고 박 전 대통령이 구속 수감된 뒤에 '태극기' 집회는 매주 토요일 대학로에 열리고 있고, 박 전 대통령의 무죄와 석방 그리고 탄핵의 위법을 주장하고 있다. 법리에 따른 판결이 내려졌다면 그 허점과 문제점을 제기하며 반론을 펼쳐야지 "불쌍한 여인"이라는 인정과 감정에 호소하거나 보수가 무너진다는 진영 논리를 내세우고 있다. '태극기'는 헌재와 검찰과 법원의 심리를 믿을 수 없다며 반대를 위한 반대를 지속하고 있다.[12]

　국외로 보면 우리나라는 일본과 소녀상을 둘러싸고 갈등을 빚고 있다.(우리나라에서 외교부는 일본 정부의 입장을 대변하고 있으니 제외해야 한다) '군의 성노예'(일명 '정신대')를 둘러싸고 합의할 수 없는 형식

---

12 태극기 집회에 대한 견해는 웹진 오늘의 선비(http://www.ssp21.or.kr/) 동양고전의 마당(122)에 실린 글 신정근, 「태극기' 집회와 종교 의례」(2017.04.17 게재) 참조.

으로 합의해놓고 소녀상 철거를 외치고 있다. 즉 군의 성노예를 둘러싼 역사적 성찰이라는 본질은 사라지고 소녀상의 철거라는 새로운 문젯거리를 제기하고 있다. 소녀상에 집중하면 군의 성노예 사안으로 뚫고 들어가지 못하게 된다. 그럼에도 불구하고 우리나라의 외교부는 양국 협상에 따르면 소녀상을 철거해야 한다고 하니, 논점을 헛짚어도 참으로 헛짚었다고 할 수 있다.

그리고 우리나라는 중국과 사드THAAD(薩德) 문제를 둘러싸고 관광과 비자 발급 그리고 롯데마트의 영업 정지 등 '한한령限韓令'을 펼치고 있다.[13] 우리나라가 일본과 독도 문제로 갈등을 빚을 때 '혐한嫌韓' 현상이 크게 일어났다. 한한령과 혐한 현상이 기승을 부리자 그 이전에 K-pop, 드라마 등 대중문화와 관련해서 거세게 타올랐던 '한류韓流'가 차갑게 식어버린 '한류寒流'가 되었다. 드라마와 영화에 출연했던 배우의 팬 미팅 현장을 날아오거나 촬영지를 번질나게 드나들던 인파가 약속이나 한 것처럼 쑥 빠져버렸다. 그 결과 제주도에 가면 여기저기 중국인이 많아 '3다도'가 아니라 '4다도四多島'라고 했는데, 중국인이 썰물처럼 빠지니 다시 3다도로 돌아왔을 정도이다.[14]

여기서 한류가 일본과 중국에 들불처럼 일어났다가 차갑게 식어버린 현상을 설명하기 위해 논점의 정리가 필요하다. 일단 한류는 주로 대중문화의 현상으로 설명되지만 문화의 교류에는 정치적 장치가 빠질 수가 없다. 대중문화는 대중이 자발적으로 수용하는 탈脫정치적 교류의 특성을 갖기도 하지만 양국 관계에 따라 언제든지 교류가 영

---

13 http://www.sedaily.com/NewsView/1ODDQP0LTX 서울경제, 「[中 '한국 관광금지' 첫날] 베이징, 비자발급 절반 뚝」(2017.03.15 기사)

14 중국은 2017년 10월에 개최되었던 제19차 당 대회를 마치면서 한국 정부와 사드를 둘러싼 갈등 양상을 풀어가는 방향으로 가닥을 잡았다. 하지만 사드 갈등으로 인해 한중 관계는 탄탄대로가 아니라 정치적 군사적 관계에 따라 얼마든지 냉탕과 온탕을 되풀이할 수 있다는 불안정성을 보여주었다.

향 또는 통제될 수 있는 특성을 갖는다. 이런 측면에서 한류는 한국이 국제 질서의 종속 변수이거나 변경 지대에 머물고 있다가 무대 위로 등장하는 일종의 신호이다.

한류가 국가가 통제할 수 없는 '내적 동력'을 가지게 되면 정치 문화의 국제 질서에 약한 균열이 생길 수 있다. 이 균열은 국제 질서를 관리하고자 하는 기득권의 입장에서 반가울 리가 없다. 한류가 혐한 현상의 분노와 한한령의 통제를 벗어나지 못하고 그 교류가 줄어들고 있다. 이것은 한류가 문화의 독자적 힘으로 성장하지 못하여 정치의 영향을 아직 넘어서지 못하고 그 자장에 갇혀 있다는 점을 나타낸다. 따라서 한류는 거부할 수 없는 인류의 보편 문화로서 자리매김할 수 있는 새로운 접근을 필요로 한다.

이제 한류가 급격히 식어버리는 현상을 어떻게 이해해야 할까? 나는 '국민-기계' 개념으로 이 현상을 설명하고자 한다. 일본이나 중국의 시민이 이전에 한류韓流를 좋아하고 한상韓商(한국 상품의 줄임말)을 구입했다. 이 선호와 구입은 정치적 영향을 받는다고 하더라도 시민의 자발적인 선택에 바탕을 두고 있다. 누가 좋아하려고 해서 한류를 좋아하고 한상을 구입하지 않는다. '내'가 느끼기에 좋으니까 좋아하고 '내'가 생각하기에 만족스러우니까 사게 된다.

그런데 갑자기 한류를 좋아하지 않고 한상을 사지 않는다면 이전의 행위 패턴을 부정하는 것이다. 근대의 시민이라면 기호와 판단에서 '나'의 감성과 가치를 우선시한다. 시민이 그 감성과 가치를 일시적 또는 잠정적으로 유보한다면 자발적으로 한류와 한상을 이전과 달리 평가하기 때문일 것이다. 하지만 다른 평가가 특정 사태와 연동해서 일어났으며 다수의 시민이 동시적으로 동조하고 있다면, 이 현상은 단순히 개인의 자유로운 선택에 따라 합리적 판단이 아니라 개인을 넘어선 세계에 의해 통제하고 규율하는 정치 공학적 게임이거나 문화 권력의 통제라고 볼 수 있다.

나는 여기서 '국민－기계'라는 개념이 작동한다고 생각한다. '독도'와 '사드'는 개인의 합리적 선택을 유보시키고 정부의 방침이나 문화권력의 요구에 동조하게 만드는 기호이다. 즉 '독도'와 '사드'가 양국 관계에서 문제가 되는 순간부터 한류와 한상은 단순히 문화와 경제 영역의 독립적 행위가 아니라 국제 정치와 국제 질서의 영역으로 이월해가게 된다. 이 이월은 관용을 허용한다면 '독도'와 '사드'를 둘러싸고 내부에서 다른 목소리가 자유롭게 울러 퍼질 수 있다. 즉 공적 광장에서 문제를 둘러싼 자유로운 담론이 형성될 수 있다. 자유로운 담론이 없고 획일적 요구가 넘쳐난다면 시민은 더 이상 자유로운 인격체가 아니라 정부의 방침에 한 목소리로 화답하여 동일한 반응을 보이는 '국민-기계'가 된다. 국민이 기계가 작동되면서 목표물이 정해지면 일시에 늘 가던 걸음을 멈추거나 공격의 빌미가 보이면 폭력의 제의를 벌이게 된다. 중단과 폭력은 애국적 행위이기 때문에 반성의 대상이 되지 않고 그 강도가 강하면 강할수록 영웅적 행위로 우상화될 수 있다.

7. '국민－기계론'의 무용無用과 한국의 촛불혁명
(2016~2017)

동아시아에서 '국민－기계'만이 작동한다면 미래는 참으로 암담하다. 하지만 중국과 일본에서 벌어지고 있는 현상을 보면 '국민－기계'가 강한 동원력을 가지고 있지만 일정한 수준을 넘지 않은 절제의 브레이크를 가지고 있다. 2017년 3월 12일 선양의 롯데마트에서 한 여성이 상품을 몰래 훔쳐 먹고 고의로 훼손하며 또 출입문 앞에서 손가락 욕을 하는 장면을 중국판 인스타그램인 동영상 공유 SNS 콰이서우快手에서 동영상으로 보도한 적이 있다. 선양의 경찰 당국은 이 여성을 체포하여 수사를 했다는 보도가 전해지고 있다.[15] 아직 수사 결과가 전해지지 않지만 당국의 수사와 시민들의 비판은 영웅이 되고자 하는 '국민 - 기계'의 작동을 제지하는 반응이라고 할 수 있다.

오사카시는 2016년 7월에 일본 지자체 중에서 처음으로 혐한 시위 억제 조례를 시행했다. 그 결과 2017년 3월에 2013년 오사카 시내에서 열린 시위와 선전 활동을 담은 동영상 3건을 헤이트 스피치로 판단했다. 오사카시의 조례에 따라 변호사와 학자 등으로 구성된 '전문가 심사위원회'는 피해자 측 의견을 듣고 신고 내용을 검토해 헤이트 스피치에 해당하는지 판단을 내린다. 만약 발언이 헤이트 스피치로 판결이 나면 "오사카시는 발언 내용의 개요와 발언을 행한 단체나 개인의 이름을 홈페이지에 공표하고 삭제를 요청하는 등 조처를 해야 한다. 전문가 심사회의 판단을 전달받은 오사카시 측은 문제의 동영상을 올린 사람을 공개하고 삭제를 요청하는 등 구체적인 구제책을 강구하기로 했다."[16]

선양 여성의 체포와 오사카시의 전문가 심사위원회의 활동은 '국민-기계'가 중국 근대의 문화대혁명 기간의 홍위병, 관동대지진 당시의 조선인 살상처럼 무자비하게 작동하거나 오작동을 일으키지 않도록 제어할 수 있는 시스템이 있다는 점을 보여준다. 그 시스템이 얼마나 강고한지 아직 안심하기는 이르지만 '있다는 것'만으로 동아시아 공동체에 대한 희망이 사라지지 않는다.

앞으로 내년 유학생 숫자, 거대 단위의 경제 교역량에 주목할 만하다. 관광은 이번에 꼭 한국에 와야 하고 이번에 반드시 한상을 사

---

15 http://news.kbs.co.kr/news/view.do?ncd=3445915 KBS뉴스, 「'한국상품 고의훼손' 中 여성 체포(2017.03.15 보도)」

16 http://news.sbs.co.kr/news/endPage.do?news_id=N1004122039&plink=ORI& cooper=DAUM SBS뉴스, 「일본 오사카시, 혐한 동영상 3건 '철퇴' … 혐한시위억제 조례 적용」(2017.03.31 보도)

야 하는 것은 아니다. 우선순위를 조정해서 다음에 얼마든지 할 수 있는 일이다. 피해의 규모가 결코 작다고 할 수는 없지만 결정적 파탄에 이른다고 할 수 없다. 하지만 유학은 한 사람의 인생을 설계하는 중대한 사건이고 장기간에 걸친 어려운 결정이므로 '국민-기계'로 반응할 수가 없다. 국민이 정부의 방침에 순순히 따를 수만은 없다. 아울러 경제 교역은 실핏줄처럼 이어진 관계를 고려할 때 '전쟁'과도 같은 상황을 전제하지 않으면 안 된다. 따라서 앞으로 유학생이 현저히 줄고 경제 교역이 중단되는 사태가 발생한다면, 현재 통제력을 유지하는 '국민-기계'가 여기저기에 영웅을 낳는 비밀 병기로 변신할 것이다.

한국에서 시민들은 비선 실세에 의한 국정 농단에 항의했고 국회와 헌법재판소의 탄핵 결정으로 현직 대통령이 자리를 물러났다. 뒤이어 선거를 통해 새 정부가 등장했다. 부당한 권력의 정권 교체가 무력에 의지하지 않고 철저하게 평화 시위와 합법적 절차에 따라 진행되었다. 이를 촛불혁명이라고 부른다. 세계사에 유례가 없는 민주주의의 새로운 실험이자 완전한 승리하고 할 수 있다. 이 과정에서 유교는 대통령의 회심을 요구할 수도 있고 부당한 권력의 행사를 비판하는 이론적 근거를 제시할 수도 있다. 이때 부당한 권력 자체가 아니라 부당한 권력 행사와 그로 인한 국정의 난맥을 고려하면 회심의 요구가 아니라 혁명을 주장할 수 있다.

'진박'처럼 대통령과 개인적 관계의 관계를 중시하고 청와대 비서진과 행정부의 장관들처럼 임명권자에 대한 충성을 앞세운다면 탄핵의 요구나 그 인용은 있을 수 없는 일이다. 아울러 비선 실세가 국정을 농단했으므로 대통령은 책임질 일이 없다고 할 수 있다. 이것은 인성 유학의 본령에 미치지도 못하고 타락한 인성 유학의 주장일 뿐이다.[17]

세월호 참사는 국민의 생명을 보호해야 하는 책무를 어겼고 "생명

을 돌보고 죽은 자의 장례를 지내는 데에 유감이 없어야 한다"는 왕
도王道와도 어긋난다.[18] 기부금의 강요는 우월적 지위를 악용한 사례
이며 공과 사를 엄격하게 구분하지 못한 처사이고 견리사의見利思義
를 요구하는 도의와도 어긋난다. 따라서 비선 실세에 의한 국정 농단
은 인성 유학에 의해 정당화되지 않을 뿐만 아니라 인권의 기준에서
더더욱 정당화되기가 어렵다.

이처럼 유교 또는 유학이 현대 사회에 일어나는 현상과 사건에 대
해 인성 유교에 근거해서 자기 목소리를 낼 뿐만 아니라 인권의 기준
에서도 정체성의 확장을 시도하지 않을 수가 없다. 이것은 유학에 인
권의 요소가 있다거나 인권과 결합 가능하다는 정당화 논리를 펼치는
것만큼이나 현대 사회에서 유교의 정체성 구축에서 빼놓을 수 없는
작업이다. 이때 유학은 더 이상 시대에 뒤처지지 않고 시대와 함께
호흡할 수 있는 길을 찾게 될 것이다.

---

17 인성 유교의 단계에서 상소上疏는 신하가 군주나 대신 그리고 동료의 비위와 잘못
을 견제할 수 있는 전반위적으로 비판할 수 있는 제도이다. 가정에 지나지 않지만
상소 제도가 제대로 작동했다면 비선 실세에 의한 국정 농단은 조기에 차단될 수
있지 않을까라는 희망 섞인 기대를 해본다. 구체적인 사례는 신두환, 『상소 선비
왕을 꾸짖다』, 달과소, 2011 참조.

18 『맹자』「양혜왕」상 3 "養生喪死無憾, 王道之始也."

참고문헌

【 원전류 】

『周禮』

『禮記』

『春秋公羊傳』

『春秋穀梁傳』

『論語』

『墨子』

『孟子』

「中庸」

『商君書』

『荀子』

『莊子』

『韓非子』

『史記』

『春秋繁露』

『漢書』

『顏氏家訓』

『宋史』

『通書』

『張載集』

『二程集』

『朱子語類』

『傳習錄』

『大明一統志』

『孟子字義疏證』

『船山全書』

『大義覺迷錄』

『孟子字義疏證』

『聖學十圖』

『擊蒙要訣』

『鹿門集』

『江漢集』

『修山集』

『湛軒書』

『與猶堂全書』

『梁啓超全集』

『丹齋申采浩全集』

『勸學篇』

『吳虞文錄』

『譚嗣同全集』

『梁啓超全集』

【 저서류 】

가쓰라지마 노부히로, 김정근 외 역, 『동아시아 자타인식의 사상사』, 논
형, 2009.

거자와광, 이원석 역, 『이 중국에 거하라』, 글항아리, 2012.

고야스 노부쿠니, 이승연 여, 『동아·대동아·동아시아 – 근대 일본의 오리엔탈리즘』, 역사비평사, 2005 ; 2쇄 2006.

고희탁 외, 『국학과 일본주의 – 일본 보수주의의 원류』, 동북아역사재단, 2011.

길희성, 『인도철학사』, 민음사, 1984.

김동환, 『국학이란 무엇인가』, 흔뿌리, 2011.

김상봉, 『서로 주체성의 이념 – 철학의 혁신을 위한 서론』, 길, 2007.

김한규, 『천하국가』, 소나무, 2005.

나가오 다케시, 박규태 역, 『일본사상 이야기 40』, 예문서원, 2002.

나종석 외, 『한국인문학의 형성 – 대학 인문교육의 제도화 과정과 문제의식』, 한길사, 2011.

나종석 외, 『유학 오늘의 문제에 답을 줄 수 있는가』, 혜안, 2014.

니종석 외, 『유교적 공공성과 타자』, 혜안, 2014.

다케우치 요시미竹內好, 서광덕·백지운 역, 『일본과 아시아』, 소명출판, 2004 ; 2쇄 2006.

Robert Neville, *Boston Confucianism*, Albany, NY : State University of New York Press, 2000.

런지위任繼愈, 안유경·금장태 옮김, 『유교는 종교인가』, 지식과교양, 2011.

류승국·류정동·안병주·이동준, 『유학원론』, 성균관대학교출판부, 1978.

리쩌허우, 노승현 옮김, 『학설』, 들녘, 2005.

모토오리 노리나가, 고희탁 외 역, 『일본 '국체' 내셔널리즘의 원형 – 모토오리 노리나가의 국학』, 동북아역사재단, 2011.

미셸린 이샤이, 조효제 옮김, 『세계인권사상사』, 길(박이정), 2005.

미우라 쿠니오, 이승연·김영식 역, 『인간주자』, 창작과비평사, 1996.

박명규, 『국민·인민·시민 : 개념사로 본 한국의 정치 주체』, 소화, 2009.

박찬구, 『개념과 주제로 본 우리들의 윤리학』, 서광사, 2006.

새뮤얼 모인, 공민희 옮김, 『인권이란 무엇인가』, 21세기북스, 2011.

성균관대학교 학이회, 『유학 제3기 발전에 관한 전망』, 아세아문화사, 2007.

송영배, 『완정판 중국사회사상사』, 사회평론, 2012.

수징난束景南, 김태완 옮김, 『주자평전』 상하, 역사비평사, 2015.

신정근, 『동중서 : 중화주의의 개막』, 태학사, 2004.

신정근, 『사람다움의 발견 - 인仁 사상의 역사와 그 문화』, 이학사, 2004.

신정근, 『신정근교수의 동양고전이 뭐길래?』, 동아시아, 2012.

신정근, 『철학사의 전환』, 글항아리, 2012.

신정근, 『공자의 인생 강의 - 논어, 인간의 길을 묻다』, 휴머니스트, 2016.

신진욱, 『시민』, 책세상, 2008.

아이반호, 신정근 역, 『유학, 우리 삶의 철학』, 동아시아, 2008.

월리엄 K. 프랑케나, 황경식 옮김, 『윤리학』, 종로서적, 1987.

이기동, 『東洋三國의 주자학』, 성균관대학교출판부, 2003.

이시바시 다카오, 홍성구 역, 『대청제국 1616~1799: 100만의 만주족은 어떻게 1억의 한족을 지배하였을까?』, 휴머니스트, 2009; 2011 3쇄.

이혜경, 『천하관과 근대화론: 양계초를 중심으로』, 서울: 문학과지성사, 2002.

임옥균, 『주자학과 일본 고학파』, 성균관대학교출판부, 2012.

임옥균 · 조장연 외 옮김, 『증보 동유학안』, 나남출판, 2008.

자오지빈, 신정근 · 조남호 옮김, 『반논어』, 예문서원, 1996.

장타이옌, 조영래 역, 『중국학개론』, 지식을만드는지식, 2011.

전해종 외, 『중국의 천하사상』, 민음사, 1988.

정옥자, 『조선후기 조선중화사상연구』, 일지사, 1998; 2010 3쇄.

제프 자비스, 이진원 옮김, 『구글노믹스』, 21세기북스, 2010.

조너선 스펜스, 이준갑 역, 『반역의 책』, 이산, 2004; 2006 2쇄.

조효제, 『인권의 문법』, 후마니타스, 2007.

조효제·박은홍 엮음, 『동아시아의 인권－시민사회의 시각』, 아르케, 2008.

첸무錢穆, 『國學槪論』, 商務印書館, 1997.

최기영, 『식민지시기 민족지성과 문화운동』, 도서출판 한울, 2003.

최현, 『인권』, 책세상, 2008.

켄트 가이, 양휘웅 역, 『사고전서』, 생각의나무, 2009.

크리스토프 멩케·아른트 폴만, 정미라·주정립 옮김, 『인권철학입문』, 21세기북스, 2012.

토가와 요시오戶川芳郎·하치야 쿠니오蜂屋邦夫·미조구치 유조溝口雄三, 조성을·이동철 옮김, 『유교사』, 이론과실천, 1990; 2쇄 1994.

펑유란馮友蘭, 박성규 옮김, 『완역판 중국철학사』 상하, 까치, 1999.

한국국학진흥원 교육연구부 편, 『국학이란 무엇인가』, 한국국학진흥원, 2004.

한국종교연구회, 『종교 다시 읽기』, 청년사, 1999.

한상진 편, 『현대사회와 인권』, 나남출판, 1998; 2003 4쇄.

헌팅턴, 이희재 옮김, 『문명의 충돌』, 김영사, 1997.

황쥔졔黃俊傑, 정선모 옮김, 『동아시아학 연구방법론』, 심산, 2012.

【 논문류 】

가오천高琛, 「儒家孝文化研究綜述」, 『學理論』 第6期, 哈爾濱 : 哈爾濱市社會科學院, 2014.

권중달, 「주원장정권 참여 유학자의 사상적 배경」, 『인문학연구』 14, 1987.

권중달, 「元朝의 유학정책과 원말의 유학」, 『인문학연구』 18, 1991.

권중달, 「원대의 유학과 그 전파」, 『인문학연구』 24, 1996.

김성근, 「메이지 일본에서 '철학'이라는 용어의 탄생과 정착 — 니시 아마네의 "유학"과 "philosophy"를 중심으로」, 『동서철학연구』 59, 2011.

김성원, 「보스턴 유교(Boston Confucianism)의 초월성 개념에 관한 연구」, 『종교연구』 47, 2007.

김한규, 「전통시대 중국 중심의 동아시아 세계질서」, 『역사비평』 50, 2000.

나종석, 「인권에 대한 유교적 정당화의 가능성에 대한 연구」, 『다산과 현대』 제6호, 2013.

딩딩丁鼎, 「〈儀禮·喪服〉所蘊含的三綱五倫觀念」, 『管子學刊』, 2002년 제3기.

문병도, 「孔孟의 恕의 도덕 판단 방법론에 관한 소고」, 『동양철학』 제8집, 1997.

미야지마 히로시, 「일본의 국학과 한국의 조선학 : 비교를 위한 서론적 고찰」, 『동방학지』 143, 2008.

민두기, 「『대의각미록』에 대하여」, 『진단학보』 25~27합본, 1964.

박홍규, 「유교와 인권」, 『인문연구』 제53호, 2007.

박희병, 「淺見絅齋와 홍대용 — 중화적 화이론의 해체 양상과 그 의미」, 『대동문화연구』 40, 2002.

Bryan W. Van Norden, Reviews of *Boston Confucianism, Philosophy East & West*, 53:3(July 2003) : p.413~417.

쉬캉성許抗生, 「중국 유학의 미래 발전에 관한 몇 가지의 사고」, 김시업 편, 『동아시아학의 모색과 지향』, 성균관대학교출판부, 2005.

신정근, 「유교 지식인의 '사회'개선의 의의 — 선진시대에서 송대까지 유교 지식인을 중심으로」, 『동양철학연구』 26권, 2001.

신정근, 「도덕원칙으로 恕 요청의 필연성」, 『동양철학』 제신정근, 「유교 지식인의 '사회' 개선의 의의」, 『동양철학연구』 제26집, 2001.

신정근, 「사익 추구의 정당화 : 원망의 대상에서 주체의 일원으로」, 『동 양철학』 제32집, 2009.

신정근, 「경학사와 학술사의 쟁점으로 본 『사고전서총목제요』의 특징」, 『대동문화연구』 75, 2011.

신정근, 「신채호의 투쟁적 자아관」, 『철학』 109, 2011.

신정근, 「도덕적 완성에 이르는 네 가지의 길 : 추월(追越, 推越)론 정립 을 위한 시론」, 『동양철학』 37, 2012.

신정근, 「공자의 '마음' 논의 : 흰 마음과 검은 마음」, 『동양철학연구』 72, 2012.

신정근, 「人文(人權) 儒學으로서 21세기 동아시아학의 성립 가능성 모 색 : 儒學, 聖學・道學, 中華學, 國學의 궤적과 함께」, 『대동문 화연구』 제81집, 2013.

아리프 딜릭, 「아시아-태평양이라는 개념 - 지역 구조 창설에 있어서 현실과 표상의 문제」, 정문길 외, 『동아시아, 문제와 시각』, 문 학과지성사, 1995 ; 6쇄 2004.

안재호, 「왕부지의 夷夏觀 試探」, 『동양철학연구』 31, 2002.

왕푸런王富仁, 「新國學論綱」, 『新國學硏究』 第1輯, 人民文學出版社, 2005.

위요우쉐郁有學, 「近代中國知識分子對傳統孝道的批判與重建」, 『東岳論 叢』 第2期, 濟南: 山東社會科學院, 1996.

이상욱, 「현대 중국 "국학열" 소고」, 『인문과학연구』 12, 2007.

이성규, 「중화사상과 민족주의」, 『철학』 37, 1992.

이성규, 「중화제국의 팽창과 축소 - 그 이념과 실제」, 『역사학보』 186, 2005.

이승환, 「유교와 인권 : 상호보완의 필요성에 대하여」, 한상진 편, 『현대 사회와 인권』, 나남출판, 1998 ; 2003 4쇄, 99~119쪽.

이승환, 「인권」, 이동철 외 편, 『21세기의 동양철학』, 을유문화사, 2005, 425~432쪽.

이우성, 「동아시아와 한국」, 김시업 외 편, 『동아시아학의 모색과 지향』, 성균관대학교출판부, 2005.

이행훈, 「동아시아 공덕과 사덕 담론과 근대 주체 기획」, 『동양철학연구』 90, 2017, 97~124쪽.

장위안張淵, 「淺析儒家傳統現代轉化的家庭動力 : 以三綱權威主義與五倫仁愛思想爲中心」, 『內蒙古農業大學學報(社會科學版)』, 제10권 총제42기, 2008년 제6기.

저우수핑周淑萍, 「宋代孟子昇格運動與宋代儒學轉型」, 『史學月刊』, 2007 제08기.

정석범, 「康雍乾시대 '大一統' 정책과 시각 이미지」, 『미술사학』 23, 2009.

정용화, 「유교와 인권(Ⅰ) : 유길준의 '인민의 권리'론」, 『한국정치학회보』 33집 4호, 2002.

정인재, 「도덕성 회복을 위한 동양철학의 한 시론 : 인륜의 현대적 해석을 중심으로」, 『철학윤리교육연구』, 제10권 제21호, 1994.

조경란, 「동아시아 인권 담론의 의미와 한계 그리고 전망 – 한국의 인권 담론과 동아시아 인권사상의 비판적 재구성」, 나종석 외, 『유학 오늘의 문제에 답을 줄 수 있는가』, 혜안, 2014, 83~110쪽.

조성산, 「18세기 후반~19세기 전반 '조선학' 형성의 전제와 가능성」, 『동방학지』 148, 2009.

최혜연, 「淸 雍正帝 정치사상의 시각적 구현에 관한 연구」, 성균관대학교 동양철학과 석사학위논문, 2017.

톈정핑田正平 · 리청쥔李成軍, 「近代'國學'槪念出處考」, 『華南師範大學學報(社會科學版)』, 2009년 제2기.

펑톈위馮天瑜, 「五倫說 : 建構和諧社會應當汲納的歷史資源」, 『武漢大學學報(人文科學版)』 제61권 제2기, 2008.3.

함재봉, 「유교 전통과 인권사상」, 『계간 사상』 1996년 겨울호.

형려국, 「오늘날 중국의 '國學熱'의 몇 가지 사고에 대해」, 『공자학』 16, 2009.

황루시, 「강릉 단오제 전승에 관한 검토」, 『인문학연구』 17, 2012.

후이츠惠賜, 「淸末'國學'槪念的提出及特點硏究」, 『儒家中國』, 2012.9.25.